应用技能型院校"十四五"规划教材·立体化校企合作财经教材

适用"一带一路"暨金砖国家技能发展与技术创新大赛会计实务技能赛项

U0780734

大数据智能
财税轮岗实训

陈美丽◎主　编

黄华晶◎副主编

立信会计出版社

LIXIN ACCOUNTING PUBLISHING HOUSE

图书在版编目（CIP）数据

大数据智能财税轮岗实训 / 陈美丽主编. -- 上海：
立信会计出版社，2025. 8. -- ISBN 978-7-5429-7923-0

Ⅰ. F810-39

中国国家版本馆 CIP 数据核字第 2025A64M54 号

策划编辑　　　王斯龙　　郑文婧
责任编辑　　　王斯龙
助理编辑　　　郑文婧
美术编辑　　　吴博闻

大数据智能财税轮岗实训

DASHUJU ZHINENG CAISHUI LUNGANG SHIXUN

出版发行	立信会计出版社			
地　　址	上海市中山西路 2230 号		邮政编码	200235
电　　话	(021)64411389		传　　真	(021)64411325
网　　址	www.lixinaph.com		电子邮箱	lixinaph2019@126.com
网上书店	http://lixin.jd.com		http://lxkjcbs.tmall.com	
经　　销	各地新华书店			

印　　刷	上海华业装潢印刷有限公司
开　　本	787 毫米×1092 毫米　　1/16
印　　张	17.5
字　　数	383 千字
版　　次	2025 年 8 月第 1 版
印　　次	2025 年 8 月第 1 次
书　　号	ISBN 978-7-5429-7923-0/F
定　　价	49.00 元

如有印订差错，请与本社联系调换

前　言

为深入贯彻党的二十大精神,落实培养高素质人才的要求,践行立德树人根本任务,本书聚焦产业数字化转型财会人才需求,对接新技术、新产业、新业态、新模式,积极推动财会人才数字化转型。本书融入了更多智能财务的处理技术和流程,以制造企业 1 个月的业务为例,提升学生在云财务会计环境下进行业财典型业务处理、资金管理、成本核算、业务审核、会计核算、报表编制、财务分析、纳税申报等业务处理技能。

本书具有以下特色。

1. 仿真性和操作性强

本书通过仿真模拟企业真实经济业务处理流程、真实票证账表,按照"典型业务处理、资金收付、票据整理、成本核算、会计凭证编制、报表编制、纳税申报、成本分析"等财务工作全流程进行设计。本书按照业务会计、成本会计、共享会计、财务主管四大岗位设置任务,学生既可以分岗合作完成,也可以单人多岗独立完成。

2. 时效性和灵活性强

本书以截至 2025 年 6 月 30 日的最新财税法规为依据,紧跟最新财税政策变化,并结合前沿的财务分析技术编写。本书可以作为手工财务会计综合实训教材,也可以结合网中网"会计实务岗课赛训一体化平台""金砖国家技能大赛会计实务技能竞赛训练平台",申请使用其配套实训平台和配套案例,运用智能化技术单人单岗或单人多岗完成实训。

3. 岗课赛证融通,培养职业能力

随着会计实务技能竞赛的不断升级,智能化、自动化竞赛内容与形式正引领会计类专业的改革与发展。为更好实现"以赛促教促学、以赛促建促改"的宗旨,发挥大赛的引领作用,培养一大批具备强专业、精数据、懂业务、擅分析、会工具、能决策、守道德、有素养的新时代数智化财会人才,本书结合"一带一路"暨金砖国家技能发展与技术创新大赛会计实务技能赛项的竞赛文件精神和内容进行编写和设计。本书通过与厦门网中网软件有限公司开展校企合作,将会计实务技能赛项内容转化为会计专业实训素材,共同开发形成相应的专业实训课程和教材。

4. 思政元素深度融合

本书结合党的二十大精神设计课程思政内容,主要围绕诚信与职业道德、法律法规遵守、社会责任与担当、国家意识与爱国情怀、精益求精的工匠精神、创新与实践能力等方面开展,安排诚信意识、法律意识、社会责任意识、国家意识、职业道德素养和人文素养等思政内容学习,充分融入课程思政元素。

　　本书主要面向会计类专业学生以及参加"一带一路"暨金砖国家技能发展与技术创新大赛会计实务技能赛项的参赛学员。

　　本书可以配套申请网中网"会计实务岗课赛训一体化平台""金砖国家技能大赛会计实务技能竞赛训练平台"的试用账号(详见"郑重声明"资源服务提示)进行操作。本书还应用数字化技术配套了教学PPT、参考答案以及操作演示等数字化资源。学生通过扫描二维码,可轻松获取学习资料,提高学习效率。

　　本书由陈美丽担任主编,由黄华晶担任副主编,由具有多年会计赛项指导经验和企业实务经历的专家团队联合编写,旨在为日常综合实训和参与会计实务技能赛项提供帮助和指导。感谢厦门网中网软件有限公司黄华晶等相关工作人员参与编写与指导,感谢"一带一路"暨金砖国家技能发展与技术创新大赛会计实务技能赛项的指导教师给予的宝贵意见。欢迎各位师生使用并提出宝贵意见和建议。

　　会计教育一直处于不断改革和探索中,本书只是我们结合最新竞赛精神、内容、形式作出的阶段性探索和总结,之后会不断动态调整、适时修订,期望为读者提供更好的帮助。

　　"郑重声明"资源服务提示:

　　网址访问链接:http://kjsw. netinnet. cn/match/login/cwkjLogin,申请开通练习账号客服电话:4000592228(说明开通账号数,选择竞赛模式或练习模式)。

编者

2025 年 6 月

目　录

Contents

学习场景 1

明确实训指导

学习子场景 1.1　了解实训目的

本课程以"一带一路"暨金砖国家技能发展与技术创新大赛会计实务技能赛项为依托,秉持"以赛促教促学、以赛促建促改"的目标,通过课程综合实训,切实提高学生财税综合职业能力、大数据财务分析能力和职业素养。

1. 财税综合职业能力

通过实训,学生能够根据企业具体情况,熟悉制造业会计岗位设置和岗位职责,并正确执行企业内部会计制度;能够为企业进行期初建账,正确进行采购、销售、资产购进等经济业务的业财流程核算以及成本费用核算,进行期末会计业务处理、期末损益结转、财务成果核算,进行期末过账、对账和结账,出具会计报表;能够编制增值税及附加税纳税申报表,进行年度企业所得税汇算清缴和编制企业所得税年度纳税申报表。

2. 大数据财务分析能力

大数据时代,财务分析越来越受到重视,培养大数据财务分析能力已成为财会类专业必不可少的教学需要。通过实训,借助网中网"会计实务岗课赛训一体化平台",利用商业智能工具 Power BI 和 Python 对企业经营数据进行爬取、清洗、加工、建模和可视化呈现,让学生仿真模拟体验大数据财务分析的过程,锻炼大数据财务分析能力,实现财务为企业决策服务的价值创造目的。

3. 职业素养

引导学生遵守财经法规和企业内部规章制度,养成认真、严谨、细致的工作态度,培养部门、岗位之间相互沟通与协调的能力。

学习子场景 1.2　把握实训内容

按照业财融合的教学理念,基于一家制造业企业的经营背景,针对业务会计、成本会计、共享会计、财务主管四大岗位,要求学生能够进行企业业务合规性判断,在企业会计信息系统中完成基础档案维护、业财融合业务处理、业财税资共享业务处理、财务报表编制、企业纳税申报等工作任务,并能设计或运用数据模型完成大数据业财分析等工作任务。

1.2.1 基础档案维护

在会计信息系统中维护财务档案、业务档案,进行业务系统期初数据维护、财务系统期初数据维护,完成期初账套创建。

1.2.2 业财税资融合业务处理

1)业财税资共享业务处理

(1)销售与应收共享业务处理:整理审核销售业务原始票据并判断合规性,确定销售业务类型,在会计信息系统中完成销售与应收业务处理,并智能生成凭证。

(2)采购与应付共享业务处理:整理审核采购业务原始票据并判断合规性,确定采购业务类型,在会计信息系统中完成采购与应付业务处理,并智能生成凭证。

(3)费用共享业务处理:根据企业费用管控要求,确定费用类别,在会计信息化系统中完成商旅费用标准设置、费用借款及报销业务处理,并智能生成业务凭证。

2)核算业务处理

在会计信息系统中完成相关账务处理,包括货币资金、无形资产、金融工具、流动负债、非流动负债、收入、费用、其他收益、资产处置损益和应交税费等。

3)成本核算及成本管理

根据企业产品成本核算制度和企业生产业务要求,进行材料成本核算、委外产品核算、产品成本核算、废品损失计算等。了解企业产品成本情况、对成本报表进行分析,为企业成本控制决策提供支持。

4)税务业务处理

在会计信息系统中,进行增值税发票开具、进项税发票真伪验证、执行发票勾选确认、进行增值税及附加税费申报、财产和行为税费申报、个人所得税(以下简称个税)及社保申报、所得税优惠计算、所得税申报以及税费风险预警与风险管控等。

5)其他业务处理

其他业务处理主要包括固定资产处理、薪资处理等。

1.2.3 财务报表编制

(1)期末完成凭证的审核、过账、结转损益及结账。

(2)完成资产负债表、利润表、现金流量表的编制。

1.2.4 大数据业财分析

结合企业业务场景进行数据采集与数据挖掘模型设计,利用 Power BI 或 Python 等大数据技术采集企业内外部环境的数据,并进行数据存储、数据清洗、数据连接、数据加工、数据建模分析以及可视化呈现。

1)财务报表数据挖掘与可视化模型设计与分析

运用 Power BI 或 Python 进行企业财务报表数据采集、清洗、建模、分析以及可视化呈现。

2）财务指标数据挖掘与可视化模型设计与分析

运用 Power BI 或 Python 进行企业财务指标数据采集、数据清洗、数据加工，完成案例企业财务报表以及财务效率分析，并与选定企业或同行业进行比较，得出分析结论，帮助企业更好地理解自身的财务状况，提高经营决策的准确性和效率。

3）企业业财数据挖掘与可视化模型设计与分析

运用 Power BI 或 Python 对企业其他业财数据（如营业收入数据、存货数据等）进行建模分析，并完成可视化呈现。

学习子场景 1.3　了解实训条件

本课程采用虚拟仿真模拟真实工作岗位的方式开展实训，需要具备以下实训条件：

（1）提供虚拟仿真模拟实训的平台或软件。鉴于现有的实训条件和实训目标要求，本课程采用网中网"会计实务岗课赛训一体化平台"作为实训载体，由竞赛内容转化形成实训课程方式，综合提升大数据与会计专业学生财务税务综合运用能力和大数据分析能力。

（2）多媒体教室，并布置有投影、展示黑板，以便进行实训展示与讲解。多媒体教室需为每位实训学生配备计算机 1 台，每个实训小组岗位工牌 4 个，包括业务会计、成本会计、共享会计和财务主管。

学习子场景 1.4　明确实训方法

本课程实训采用"项目教学法"，同时结合任务驱动教学法和角色扮演法进行教学。按照制造业企业会计工作要求，将 4 名学生组成一个项目组，根据会计工作岗位分工，设置业务会计、成本会计、共享会计和财务主管 4 个工作岗位角色，分别承担相应的会计岗位工作任务，协同分工处理企业业务，再进行各岗位轮换，以充分掌握会计岗位全流程职业技能，遍历完整的会计工作流程，切实增强对会计工作岗位的认知和适应性，切实提高财税综合业务能力、大数据财务分析能力和职业素养。

学习子场景 1.5　设置实训评价

本课程采用"综合评分法"，对学生学习情况进行综合考核。该方法采用百分制，包括过程考核和期末考核两部分，其中过程考核和期末考核均可以申请平台进行操作和考核，按照平台分设的四大岗位既定分值进行知识点考核，最终建议按照平时成绩占 20%、过程考核成绩占 30%、期末考核成绩占 50% 的成绩构成进行综合评价。

学习场景 2

认知实训企业及会计工作

 德技并修

瑞幸造假事件

2020年4月2日晚,瑞幸发布公告称从2019年第二季度到第四季度存在伪造交易行为,涉及销售总金额约为22亿元。其中,某些成本和费用也因虚假交易大幅增加。公告一经发布,震惊整个行业。这个数字逼近瑞幸财报披露的2019年前三季度29亿元的总收入。瑞幸股票开盘暴跌80%,数度触发熔断,收跌75%。瑞幸官微发布道歉声明,表示对于此次涉嫌财务造假事件及其所造成的极恶劣影响,向社会公众致以最诚挚的道歉,并称涉事高管及员工已被停职调查。瑞幸"自查"公告中指出捏造交易的是瑞幸COO刘剑和向他汇报的员工,但瑞幸董事长陆正耀和CEO钱治亚恐怕难辞其咎,其未来的职业生涯必定会蒙上阴影。

★思考与践行

瑞幸造假事件随着时间的流逝渐成过往,但其恶劣的影响却让人印象深刻。所有财务造假的背后都折射出财务人员在领导的压力下不得不造假的无奈和委屈,也暴露出相关财务人员自身职业道德沦丧、不能坚守职业底线的事实。财务工作确实存在风险,广大财务人员要不断加强自身会计职业道德修养,严格遵守财经纪律,懂得利用法律赋予我们的权利好好保护自己,捍卫社会公众利益,做个有良知的职业人。

学习子场景 2.1 了解实训企业概况

2.1.1 企业基本情况

北京三花电气有限公司(以下简称三花电气)是专业设计、生产和销售配电控制设备的企业,目前主要生产低压柜、中压柜2种产品。三花电气于2019年5月成立,位于北京市通州区群芳路194号,联系方式为010-63846234,法定代表人为韩国伟,纳税人识别号为911101060911083566,注册资本金为1 500万元,三花电气在银行的预留印鉴为财务专用章和法定代表人章。

三花电气开户银行为交通银行北京群芳支行,具体银行账号信息如表 2-1-1 所示。

表 2-1-1　三花电气银行账号信息一览表

账户	开户行	账号
基本存款账户	交通银行北京群芳支行	11000204905248628906
一般存款账户	交通银行北京东城支行	11000203564872196392
住房公积金账户	交通银行北京群芳支行	11000203564872196353
工资账户	交通银行北京群芳支行	11000203564872185392

2.1.2　企业组织结构

按照有限责任公司的规定,三花电气的权力机构为股东会,设立董事会对股东会负责,总经理由董事长韩国伟兼任。三花电气建立了职能型组织结构,共有 7 个部门(总经办、管理部、财务部、销售部、采购部、生产部、研发部)和 2 个车间(钣金车间、成套车间),如图 2-1-1 所示。

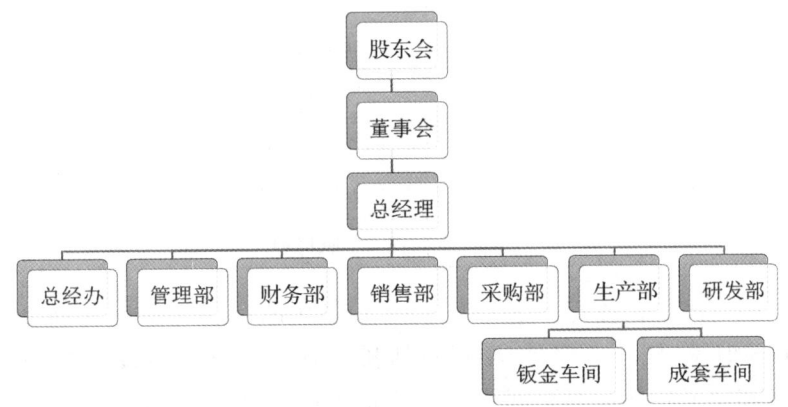

图 2-1-1　三花电气的企业组织结构

三花电气各部门的主要职责如下:

(1)董事会:负责召集股东会会议,并向股东会报告工作;执行股东会的决议;决定公司的经营计划和投资方案;制订公司的年度财务预算方案、决算方案;制订公司的利润分配方案和弥补亏损方案;制订公司增加或者减少注册资本以及发行公司债券的方案;制订公司合并、分立、解散或者变更公司形式的方案;决定公司内部管理机构的设置;决定聘任或者解聘公司经理及其报酬事项,并根据经理的提名决定聘任或者解聘公司副经理、财务负责人及其报酬事项;制定公司的基本管理制度;公司章程规定的其他职权。

(2)总经办:负责企业行政管理、人力资源管理、日常事务、企业策划、安全保卫、后勤服务等工作。

(3)管理部:负责企业工作,包括绩效考核与薪酬管理等。

(4)财务部:负责会计核算和会计监督工作。

（5）销售部：负责产品销售的管理工作。

（6）采购部：负责原材料、周转材料的日常采购，负责材料库、半成品和产成品的管理工作。

（7）研发部：负责产品的研发工作。

（8）生产部：负责下辖2个车间的日常组织管理、车间设备的日常保养和维修。

（9）钣金车间：领用原材料，加工生产低压柜体、中压柜体、低压母线排、中压母线排。

（10）成套车间：领用原材料、半成品，加工生产低压柜、中压柜。

2.1.3 产品及生产基本流程

三花电气的产品主要有2类：一是产成品，包括低压柜、中压柜；二是半成品，包括低压柜体、中压柜体、低压母线排、中压母线排。具体产品名称和其他信息如表2-1-2所示。

表 2-1-2　三花电气的产品

分类	产品名称	单位	组件名称	单位	标准用量
产成品	低压柜	个	低压柜体	个	1
			低压母线排	套	1
			原材料	千克	若干
	中压柜	个	中压柜体	个	1
			中压母线排	套	1
			原材料	千克	若干

三花电气的生产工艺流程如下：首先，分别领用原材料在钣金车间加工成半成品低压柜体、中压柜体、低压母线排、中压母线排，验收入半成品仓；其次，领用钣金车间加工的半成品和原材料在成套车间再生产为最终产成品，入成品仓。具体生产流程如图2-1-2所示。

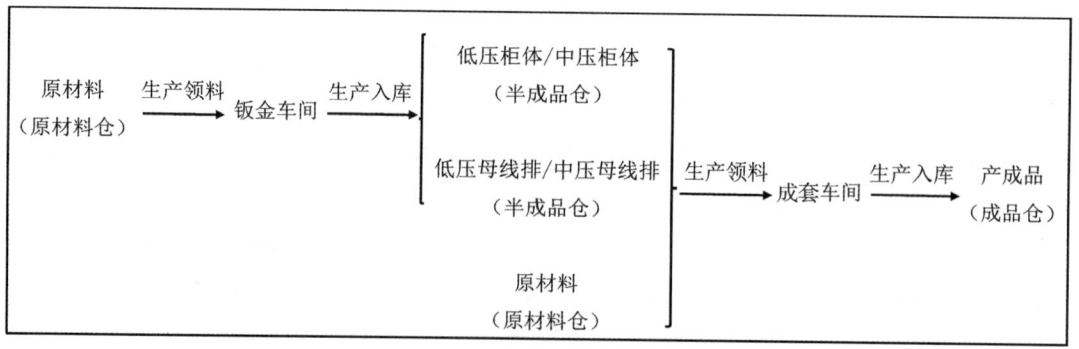

图 2-1-2　三花电气的生产流程

学习子场景 2.2　熟悉会计岗位与工作流程

2.2.1　会计岗位的主要职责

模拟企业财务部设置了 4 个岗位,分别为业务会计、成本会计、共享会计和财务主管,通过分工协作完成工作任务。

2.2.1.1　业务会计岗

业务会计岗主要负责会计信息系统期初数据维护、职业判断与业务票据处理和业财一体化业务处理,具体包括以下内容:

(1)会计信息系统期初数据维护:在会计信息系统中根据设计完成的业财一体化流程,进行业务系统、财务系统期初数据维护,包括部门人员维护、客户供应商档案维护等。

(2)职业判断与业务票据处理:原始票据识别判断与整理,数电发票智能开票及智能勾选认证、票据验真、票据审核、票据整理等。

(3)业财一体业务处理:采购订单、到货单、采购入库单、采购发票、采购结算等采购业务处理,销售订单、销售出库单、销售发票等销售业务处理,库存出入库、库存调拨等库存业务处理,费用标准、借款及报销业务处理。

2.2.1.2　成本会计岗

成本会计岗主要负责成本核算及成本分析等,具体包括以下内容:

(1)固定资产折旧计提与账务处理。

(2)成本核算:进行材料成本核算、费用归集、在产品与完工产品成本分配、产成品成本核算、废品成本计算、销售成本计算等。

(3)填制成本凭证:完成成本核算原始凭证、计算产品成本、核算收入、填制相关记账凭证、编制成本报表等。

(4)成本分析:了解企业产品成本情况、对成本报表进行分析。

2.2.1.3　共享会计岗

共享会计岗主要负责资金结算、费用报销、往来业务和其他业务处理,具体包括以下内容:

(1)资金结算:往来业务中收付款结算业务处理、借款报销结算业务处理及智能生成凭证、凭证签字、审核、记账等。

(2)费用报销:对企业日常发生的需进行费用审批的业务,在财务共享中心中完成审批及并自动生成记账凭证。

(3)往来业务:采购业务、销售业务、库存业务的处理,债权、债务核算等。

(4)其他业务处理:填制除成本核算以外的相关业务原始凭证、填制除成本业务以外的记账凭证、审核薪资凭证等。

2.2.1.4 财务主管岗

财务主管岗主要负责期初数据维护、薪资业务处理、凭证审核与记账、财务报表编制、涉税业务处理和大数据业财分析等工作,具体包括以下内容:

(1)期初数据维护:在会计信息系统中维护业务及财务期初数据,并完成期初账套创建。

(2)薪资业务处理:在会计信息系统中完成薪资业务处理。

(3)凭证审核与记账:在会计信息系统中完成凭证的审核、过账、结转损益。

(4)财务报表编制:在会计信息系统中完成业务环节月末结账,编制资产负债表、利润表、现金流量表。

(5)涉税业务处理:增值税及附加税费计算申报、消费税及附加税费计算及申报、个税及社保计算、所得税计算及申报、税费风险预警与风险管控等。

(6)大数据业财分析:利用大数据采集工具 Power BI、Python 等进行财务报表、财务指标及企业业财数据的挖掘,设计可视化模型并进行分析。

2.2.2 基本工作流程

业务会计、成本会计、共享会计和财务主管 4 人分岗位操作的基本工作流程如下。

2.2.2.1 创建账套

这是一个团队实训项目,先由财务主管岗进行账套基本信息设置,再由业务会计岗进行业务系统的期初数据维护,最后由财务主管岗完成账套的创建和启用。

2.2.2.2 填制和审核原始凭证

业务会计岗要进行职业判断,判断与整理相关业务票据,对票据进行验真审核,进行采购订单、到货单、采购入库单、采购发票、采购结算等采购业务单据处理,进行销售订单、销售出库单、销售发票等销售业务单据处理,进行库存出入库、库存调拨等库存业务单据处理等,根据费用标准进行借款及报销业务单据处理,成本会计岗要填制各项成本费用归集和分配相关的原始凭证。

2.2.2.3 填制和审核记账凭证

成本会计岗负责成本核算相关记账凭证的填制,共享会计岗负责除成本核算外其他所有业务记账凭证的填制或在财务共享中心自动生成凭证。成本会计岗和共享会计岗在填制记账凭证时对涉及现金项目要直接填制现金流量表项目,直接生成现金流量表数据。

2.2.2.4 出纳签字、凭证审核

对于收付款凭证需要先传递至业务会计岗履行凭证的出纳签字手续,再传至财务主管岗进行凭证审核。其他转账凭证无需出纳签字,直接由财务主管岗进行凭证审核。

2.2.2.5 期末过账和结转损益

期末过账即登记会计账簿,在软件中,一般由财务主管岗统一负责期末审核过账工作。完成过账工作后,在记账凭证的"过账"处签名或盖章,先由财务主管岗完成期末审核、过账,再由共享会计岗进行期末的结转损益。结转损益后,将生成一笔结转损益的记

账凭证,该凭证在期末结账前仍需要进行凭证审核和期末过账。

2.2.2.6　期末结账

待完成企业本月所有凭证的期末过账后,财务主管岗就可以进行期末结账。

2.2.2.7　编制报表、纳税申报、个税和社保费申报

财务主管岗负责生成资产负债表、利润表和现金流量表,还要负责每月增值税及附加税费纳税申报、每季度企业所得税预缴申报和每个纳税年度的企业所得税汇算清缴工作。

2.2.2.8　大数据业财分析

财务主管岗结合公司财务报表和行业经营数据可以利用 Power BI 开展现金净流量、净利润、财务指标的分析和可视化呈现,利用 Python 爬取相关企业的报表数据并进行数据清洗和指标计算,自行创建可视化分析模型,完成分析和可视化呈现。

学习子场景 2.3　了解实训企业内部会计制度和费用报销制度

2.3.1　会计核算方法及制度

三花电气以人民币为记账本位币,记账文字为中文,会计核算采用科目汇总表账务处理程序。

三花电气为增值税一般纳税人,不属于科技型中小企业,按以下规定计算缴纳相关税费:

(1)销售商品增值税税率为 13%;当期取得的增值税专用发票,按照现行增值税制度规定当期准予抵扣的,均已认证且于当期一次性抵扣。

(2)地处北京市区,适用的城市维护建设税税率为 7%,教育费附加征收率为 3%,地方教育附加征收率为 2%。

(3)按规定代扣代缴个人所得税。

(4)适用的企业所得税税率为 15%,并假设这一税率适用于未来可预见的期间。三花电气不享受其他税收优惠政策。企业所得税的核算采用资产负债表债务法。

(5)企业所得税缴纳采用按季预缴,按年汇算清缴的方式,三花电气以前年度的企业所得税已进行汇算清缴。此处不考虑除上述税费以外的其他税费。

三花电气原材料、周转材料、库存商品采用实际成本计价法组织日常核算,发出原材料、周转材料、库存商品采用全月一次加权平均法计价。原材料入库业务,于月末根据收料单编制收料凭证汇总表,并据以进行原材料入库业务的总分类核算。原材料发出业务,于月末根据领料单编制发出材料汇总表、生产车间材料费用分配表,并据以进行原材料出库业务的总分类核算,计算过程中,无特殊说明的金额均保留小数点后 2 位。

三花电气应收账款坏账准备采用账龄分析法估计,其他的应收及预付款项不计提坏账准备。不同账龄计提坏账准备的比例:未到期为 0,逾期 1~90 天为 2%,逾期 91~

270 天为 4%，逾期 271～360 天为 6%，逾期 361～540 天为 10%，逾期 541～720 天为 12%，逾期 720 天以上为 15%。

三花电气固定资产折旧和无形资产摊销采用年限平均法。固定资产折旧方法和无形资产摊销方法与税法规定一致。固定资产预计净残值率为 4%，无形资产无净残值，如表 2-3-1 和表 2-3-2 所示。

表 2-3-1　三花电气固定资产折旧

固定资产类别	折旧年限（年）	年折旧率
房屋建筑物	20	4.80%
生产设备	10	9.60%
运输设备	4	24.00%
管理设备	5	19.20%

表 2-3-2　三花电气无形资产摊销

无形资产类别	摊销年限（年）
土地使用权	30
专利权	10
非专利技术	10

三花电气按有关规定计算缴纳社会保险费和住房公积金，基本社会保险费及住房公积金以上一年度职工月平均工资为计提基数。相关规定如下：

（1）计提比例：基本养老保险为 24%，其中企业承担 16%，个人承担 8%；医疗保险为 12.80%，其中企业承担 10.80%，个人承担 2%，另每月个人需缴纳大额互助基金 3 元；失业保险为 1%，其中企业承担 0.8%，个人承担 0.2%；工伤保险为 0.2%，全部由企业承担。住房公积金为 24%，其中企业承担 12%，个人承担 12%。

（2）由个人承担的社会保险费、住房公积金在缴纳时直接从"应付职工薪酬——短期薪酬（工资）"明细账中冲销，不通过"其他应付款"账户进行核算。

（3）个人所得税由公司代扣代缴，通过"应交税费"账户进行核算。

（4）研发人员发生的四险一金与工资分开核算。

三花电气的职工福利费和职工教育经费不预提，按实际发生金额列支；工会经费按应付工资总额的 2% 比例计提，工会经费按月划拨给工会专户。

三花电气根据有关规定，每年按当年净利润（扣减以前年度未弥补亏损后）的 10% 计提法定盈余公积，不计提任意盈余公积。

三花电气采用逐步综合结转分步法计算产品成本，成本项目为直接材料、直接人工和制造费用，具体如下：

（1）本月发生的直接材料费若属于多种产品共同耗用的材料以各种产品材料定额耗用量为标准在各种产品之间进行分配，本月发生的职工薪酬和制造费用按实际生产工时在各种产品之间进行分配。

（2）生产费用在月末在产品和完工产品之间的分配采用约当产量法，原材料在第一道工序开始时投入,直接人工费用和制造费用的完工程度分工序按定额生产工时计算,月末在产品在本工序的完工程度均为 50%。

三花电气专设独立销售机构。

未列明的其他会计事项,三花电气根据现行《企业会计准则》的相关规定处理。

计算过程中,无特殊说明的金额均保留小数点后 2 位。

会计分录中涉及的明细科目以系统内置的为准,所有凭证的科目金额均不能以负数表示。

财务共享中心录入的表单应作为对应凭证的附件数填入到凭证中。

2.3.2　费用报销制度

北京三花电气有限公司费用报销管理制度

第一章　总则

1. 为有效控制费用开支,规范费用报销流程,结合公司的具体情况,特制定本制度。

2. 本制度所指的费用包括:市内交通费、差旅费、汽车费用、业务招待费、办公费、劳保费、水电费、广告宣传费、保险费、租赁费、其他费用等。

3. 职工薪酬包含:工资、职工福利费、工会经费、职工教育经费、社保费、住房公积金等人工费用。职工薪酬按相关规定处理,本制度不作详细说明。

第二章　费用报销原则

1. 预算管理原则。费用报销纳入公司年度预算范围内管理,实行季度预算控制,在预算范围内按照相关审批手续支出。

2. 严格审批原则。审批人要严格审查各项费用,在季度预算内且符合规定方可审批。

第三章　差旅费报销标准

1. 差旅费是指因公外出所发生的相关费用,包括往返交通费、市内交通费、住宿费、出差补贴等。差旅费按出差人员不同的级别实行"限额控制、凭票报销、超支自理"的管理办法,出差返回应及时办理报销手续。

2. 参加公司统一安排住宿的会议、培训等仅报销往返交通费及出差补贴。

3. 出差期间经领导批准就近回家探亲、办事的,其绕道交通费用由本人自理,不给予在家期间的出差补贴。

4. 出差交通标准。出差期间应按级别选择相应的交通工具,市内交通费实报实销,具体如下。

级别	乘坐标准		
	火车(含高铁、动车)	轮船(不含旅游船)	飞机
董事长、总经理、副总经理、总监	火车软座/卧、高铁/动车商务座	一等舱	头等舱
部门经理	火车软座/卧、高铁/动车一等座	二等舱	经济舱
普通员工	火车软座/卧、高铁/动车二等座	三等舱	经济舱

5. 出差住宿标准：出差期间应按级别选择相应的住宿酒店，具体如下。

级别	住宿标准（人/天/元）	
	北上广深、省会城市及其他直辖市	其他地区
董事长、总经理、副总经理、总监	400	350
部门经理	350	250
普通员工	300	200

6. 餐饮费报销标准：采用凭票报销制度，餐饮费报销标准如下，超支自理。

级别	餐饮费报销标准（元/天·人）
董事长、总经理、副总经理、总监	300
部门经理	200
普通员工	150

第四章 业务招待费标准

1. 支出范围：招待来访客户所需的茶叶、烟、水果、饮料及赠送客户纪念品等费用；因工作关系招待客户发生的餐费、娱乐费、宴请客户酒水、烟等费用。

2. 申请原则：实行"预先申请，据实报销"的原则。

3. 审批程序：部门经理审批单次预算 2 000 元以内限额的招待费；总经理审批单次预算 2 000 元以上限额的招待费。

4. 报销限额：

（1）单次招待费礼品支出不得超过 500 元；

（2）餐费按照 200 元/人执行，超标部分不予报销；

（3）餐费单次超过 500 元以上者须提供消费清单；

（4）业务招待费必须经过事前审批，没有业务招待费审批单不得报销；礼品支出和餐费支出报销严格按照以上标准，两项不可混合报销。

第五章 填写规范及要求

1. 字迹清晰、填写完整、金额大小写一致，摘要简明扼要描述报销事项的内容。

2. 票据自左上角依次粘贴于粘贴单上，并按费用分类粘贴，保证票据金额不被覆盖。

3. 提供真实有效的发票，发票开具日期须在报销日前 3 个月内，跨年发票有效期不超过 1 个月。

第六章 其他规定

财务部根据相关制度规定严格审核单据，如有下列情形的，应退回补办：

1. 提供虚假发票或取得发票所标注的经济事项与发票类型不符。

2. 需加盖印章而未加盖或所加盖的印章模糊不清。

3. 大小写金额不相符或大小写金额书写错误。

4. 原始凭证外观不完整、不清楚，存在涂改痕迹。

第七章　附则

1. 本制度由财务部负责解释和修订。
2. 本制度自 2025 年 1 月 1 日起实施。

学习子场景 2.4　准备实训企业期初数据

三花电气于 2025 年 3 月开设账簿，所需的期初数据如表 2-4-1 所示。

表 2-4-1　三花电气 2025 年 3 月期初数据

单位：北京三花电气有限公司　　　　　　　　　　　　　　　　　　　　　　单位：元

科目名称	科目代码	期初余额		余额数量	余额单价	数量金额是否核算
		借	贷			
库存现金	1001	2 345.06	0	0	0	0
银行存款	1002	2 239 969.57	0	0	0	0
交通银行北京群芳支行	100201	2 182 169.57	0	0	0	0
交通银行北京东城支行	100202	57 800.00	0	0	0	0
其他货币资金	1012	52 380.00	0	0	0	0
存出投资款	101201	52 380.00	0	0	0	0
银行汇票存款	101202	0	0	0	0	0
交易性金融资产	1101	630 000.00	0	0	0	0
北京新阳股份有限公司	110101	630 000.00	0	0	0	0
成本	11010101	630 000.00	0	0	0	0
公允价值变动	11010102	0	0	0	0	0
中国平安	110102	0	0	0	0	0
成本	11010201	0	0	0	0	0
公允价值变动	11010202	0	0	0	0	0
应收票据	1121	1 200 000.00	0	0	0	0
山西省太原市电力公司	112101	0	0	0	0	0
河北唐山市电力公司	112102	0	0	0	0	0
天津讯科电气有限公司	112103	950 000.00	0	0	0	0
河北华盛科技有限公司	112104	250 000.00	0	0	0	0
应收账款	1122	11 397 771.00	0	0	0	0
武汉钢铁集团公司	112201	1 358 160.00	0	0	0	0
中国移动通信有限公司北京分公司	112202	1 850 000.00	0	0	0	0
中国海洋集团总公司	112203	877 620.00	0	0	0	0
北京 ABB 开关有限公司	112204	2 320 000.00	0	0	0	0
河北唐山市电力公司	112205	2 485 900.00	0	0	0	0

（续表）

科目名称	科目代码	期初余额		余额数量	余额单价	数量金额是否核算
		借	贷			
河北通用电气有限公司	112206	650 000.00				
山西省太原市电力公司	112207	1 856 091.00				
天津市电力公司	112208	0				
华电开关股份有限公司	112209	0				
北京市电力公司	112210	0				
预付账款	1123	0	0	0	0	0
北京立信会计师事务所	112301	0		0	0	0
应收股利	1131	0	0	0	0	0
应收利息	1132	0	0	0	0	0
其他应收款	1221	10 000.00	0	0	0	0
王光辉	122101	7 000.00	0	0	0	0
李伟	122102	3 000.00	0	0	0	0
坏账准备	1231	0	23 519.63	0	0	0
应收账款	123101	0	23 519.63	0	0	0
材料采购	1401	0	0	0	0	1
在途物资	1402	0	0	0	0	1
原材料	1403	1 160 580.00	0	0	0	1
敷铝锌板	140301	144 000.00	0	36 000	4.00	1
铜排	140302	360 000.00	0	8 000	45.00	1
热缩套管	140303	64 000.00	0	16 000	4.00	1
电流互感器	140304	61 600.00	0	28	2 200.00	1
电压互感器	140305	50 400.00	0	28	1 800.00	1
继电器	140306	16 200.00	0	540	30.00	1
断路器	140307	40 000.00	0	10	4 000.00	1
高压熔断器	140308	36 000.00	0	360	100.00	1
接地开关	140309	16 200.00	0	360	45.00	1
隔离开关	140310	17 480.00	0	460	38.00	1
负荷开关	140311	13 800.00	0	460	30.00	1
干变变压器	140312	150 000.00	0	15	10 000.00	1
避雷器	140313	30 000.00	0	20	1 500.00	1
电压表	140314	35 000.00	0	350	100.00	1
电流表	140315	42 000.00	0	350	120.00	1
电度表	140316	64 400.00	0	230	280.00	1
螺母	140317	7 500.00	0	500	15.00	1
木箱	140318	12 000.00	0	120	100.00	1

（续表）

科目名称	科目代码	期初余额		余额数量	余额单价	数量金额是否核算
		借	贷			
材料成本差异	1404	0	0	0	0	0
库存商品	1405	2 225 855.00	0	0	0	1
半成品	140501	501 055.00	0	0	0	1
低压柜体	14050101	94 710.00	0	15	6 314.00	1
中压柜体	14050102	53 420.00	0	10	5 342.00	1
低压母线排	14050103	277 875.00	0	15	18 525.00	1
中压母线排	14050104	75 050.00	0	10	7 505.00	1
产成品	140502	1 724 800.00	0	0	0	1
低压柜	14050201	1 150 000.00	0	25	46 000.00	1
中压柜	14050202	574 800.00	0	12	47 900.00	1
发出商品	1406	0	0	0	0	1
商品进销差价	1407	0	0	0	0	0
委托加工物资	1408	0	0	0	0	1
周转材料	1411	0	0	0	0	1
存货跌价准备	1471	0	0	0	0	0
合同资产	1472	0	0	0	0	0
合同资产减值准备	1473	0	0	0	0	0
持有待售资产	1481	0	0	0	0	0
持有待售资产减值准备	1482	0	0	0	0	0
债权投资	1501	0	0	0	0	0
债权投资减值准备	1502	0	0	0	0	0
其他债权投资	1503	0	0	0	0	0
长期股权投资	1511	0	0	0	0	0
长期股权投资减值准备	1512	0	0	0	0	0
其他权益工具投资	1513	0	0	0	0	0
投资性房地产	1521	0	0	0	0	0
投资性房地产累计折旧	1522	0	0	0	0	0
投资性房地产减值准备	1523	0	0	0	0	0
长期应收款	1531	0	0	0	0	0
未实现融资收益	1532	0	0	0	0	0
固定资产	1601	13 800 000.00	0	0	0	0
房屋建筑物	160101	8 400 000.00	0	0	0	0
生产设备	160102	4 660 000.00	0	0	0	0
运输设备	160103	500 000.00	0	0	0	0
管理设备	160104	240 000.00	0	0	0	0

（续表）

科目名称	科目代码	期初余额		余额数量	余额单价	数量金额是否核算
		借	贷			
累计折旧	1602	0	4 542 480.00	0	0	0
房屋建筑物	160201	0	1 841 600.00	0	0	0
生产设备	160202	0	2 045 840.00	0	0	0
运输设备	160203	0	440 000.00	0	0	0
管理设备	160204	0	215 040.00	0	0	0
固定资产减值准备	1603	0	0	0	0	0
在建工程	1604	299 492.63	0	0	0	0
3#厂房	160401	299 492.63	0	0	0	0
设备	160402	0	0	0	0	0
工程物资	1605	0	0	0	0	0
固定资产清理	1606	0	0	0	0	0
生产性生物资产	1621	0	0	0	0	0
生产性生物资产累计折旧	1622	0	0	0	0	0
油气资产	1631	0	0	0	0	0
累计折耗	1632	0	0	0	0	0
使用权资产	1641	0	0	0	0	0
无形资产	1701	6 078 900.00	0	0	0	0
土地使用权	170101	4 800 000.00	0	0	0	0
非专利技术	170102	1 258 900.00	0	0	0	0
商标权	170103	20 000.00	0	0	0	0
累计摊销	1702	0	945 882.39	0	0	0
土地使用权	170201	0	613 333.18	0	0	0
非专利技术	170202	0	325 215.73	0	0	0
商标权	170203	0	7 333.48	0	0	0
无形资产减值准备	1703	0	0	0	0	0
商誉	1711	0	0	0	0	0
长期待摊费用	1801	0	0	0	0	0
递延所得税资产	1811	3 182.88	0	0	0	0
应收账款	181101	3 182.88	0	0	0	0
待处理财产损溢	1901	0	0	0	0	0
短期借款	2001	0	0	0	0	0
交易性金融负债	2101	0	0	0	0	0
应付票据	2201	0	0	0	0	0
应付账款	2202	0	6 240 942.42	0	0	0
北京浪博铜业有限公司	220201	0	2 681 976.42	0	0	0

科目名称	科目代码	期初余额		余额数量	余额单价	数量金额是否核算
		借	贷			
河北铭祺电气有限公司	220202	0	1 578 520.00	0	0	0
北京高宝自动化有限公司	220203	0	854 600.00	0	0	0
上海民赛电气有限公司	220204	100 000.00	0	0	0	0
北京鑫源达板材有限公司	220205	0	1 225 846.00	0	0	0
青岛盛通机械科技有限公司	220206	0	0	0	0	0
北京正阳实业有限公司	220207	0	0	0	0	0
暂估应付款	220208	0	0			
北京浪博铜业有限公司	22020801	0	0			
河北铭祺电气有限公司	22020802	0	0			
北京高宝自动化有限公司	22020803	0	0			
上海民赛电气有限公司	22020804	0	0			
北京鑫源达板材有限公司	22020805	0	0			
青岛盛通机械科技有限公司	22020806	0	0			
北京正阳实业有限公司	22020807	0	0			
预收账款	2203	100 000.00	0	0	0	0
福建省福州电力公司	220301	100 000.00	0			
华润置业有限公司	220302	0	0			
合同负债	2204	0	0	0	0	0
华润置业有限公司	220401	0	0			
应付职工薪酬	2211	0	602 758.93	0	0	0
短期薪酬	221101	0	602 758.93	0	0	0
工资	22110101	0	588 193.93	0	0	0
医疗保险	22110102	0	0	0	0	0
工伤保险	22110103	0	0	0	0	0
生育保险	22110104	0	0	0	0	0
住房公积金	22110105	0	0	0	0	0
工会经费	22110106	0	14 565.00	0	0	0
职工福利费	22110107	0	0	0	0	0
职工教育经费	22110108	0	0	0	0	0
离职后福利	221102	0	0	0	0	0
养老保险	22110201	0	0	0	0	0
失业保险	22110202	0	0	0	0	0
应交税费	2221	0	180 360.07	0	0	0
应交增值税	222101	0	0	0	0	0
进项税额	22210101	20 514 450.00	0	0	0	0

科目名称	科目代码	期初余额		余额数量	余额单价	数量金额是否核算
		借	贷			
销项税额抵减	22210102	0	0	0	0	0
已交税金	22210103	0	0	0	0	0
转出未交增值税	22210104	4 206 647.50	0	0	0	0
减免税款	22210105	0	0	0	0	0
出口抵减内销产品应纳税额	22210106	0	0	0	0	0
销项税额	22210107	0	24 721 097.50	0	0	0
出口退税	22210108	0	0	0	0	0
进项税额转出	22210109	0	0	0	0	0
转出多交增值税	22210110	0	0	0	0	0
未交增值税	222102	0	156 800.00	0	0	0
预交增值税	222103	0	0	0	0	0
待抵扣进项税额	222104	0	0	0	0	0
待认证进项税额	222105	0	0	0	0	0
待转销项税额	222106	0	0	0	0	0
简易计税	222107	0	0	0	0	0
转让金融商品应交增值税	222108	0	0	0	0	0
代扣代缴增值税	222109	0	0	0	0	0
应交所得税	222110	0	0	0	0	0
应交消费税	222111	0	0	0	0	0
应交资源税	222112	0	0	0	0	0
应交土地增值税	222113	0	0	0	0	0
应交城市维护建设税	222114	0	10 976.00	0	0	0
应交教育费附加	222115	0	4 704.00	0	0	0
应交地方教育附加	222116	0	3 136.00	0	0	0
应交房产税	222117	0	0	0	0	0
应交城镇土地使用税	222118	0	0	0	0	0
应交车船税	222119	0	0	0	0	0
应交个人所得税	222120	0	4 744.07	0	0	0
应付利息	2231	0	32 000.00	0	0	0
应付股利	2232	0	0	0	0	0
其他应付款	2241	0	0	0	0	0
持有待售负债	2251	0	0	0	0	0
递延收益	2401	0	0	0	0	0
长期借款	2501	0	2 000 000.00	0	0	0
交通银行北京群芳支行	250101		2 000 000.00			

（续表）

科目名称	科目代码	期初余额		余额数量	余额单价	数量金额是否核算
		借	贷			
应付债券	2502	0	0	0	0	0
租赁负债	2503	0	0	0	0	0
长期应付款	2701	0	0	0	0	0
未确认融资费用	2702	0	0	0	0	0
专项应付款	2711	0	0	0	0	0
预计负债	2801	0	0	0	0	0
递延所得税负债	2901	0	0	0	0	0
交易性金融资产	290101	0	0	0	0	0
衍生工具	3101	0	32 000.00	0	0	0
实收资本	4001	0	15 000 000.00	0	0	0
资本公积	4002	0	0	0	0	0
资本溢价	400201	0	0	0	0	0
其他资本公积	400202		0			
其他综合收益	4003	0	0	0	0	0
盈余公积	4101	0	855 600.00	0	0	0
法定盈余公积	410101	0	855 600.00	0	0	0
本年利润	4103	0	3 157 120.16	0	0	0
利润分配	4104	0	7 700 400.00	0	0	0
未分配利润	410401	0	7 700 400.00	0	0	0
库存股	4201	0	0	0	0	0
专项储备	4301	0	0	0	0	0
其他权益工具	4401	0	0	0	0	0
生产成本	5001	2 080 587.46	0	0	0	0
低压柜体	500101	119 714.25	0	0	0	0
直接材料	50010101	83 800.00	0	0	0	0
直接人工	50010102	23 942.85	0	0	0	0
制造费用	50010103	11 971.40	0	0	0	0
中压柜体	500102	76 856.00	0	0	0	0
直接材料	50010201	53 799.20	0	0	0	0
直接人工	50010202	15 371.20	0	0	0	0
制造费用	50010203	7 685.60	0	0	0	0
低压母线排	500103	246 650.35	0	0	0	0
直接材料	50010301	224 227.60	0	0	0	0
直接人工	50010302	14 948.50	0	0	0	0
制造费用	50010303	7 474.25	0	0	0	0

（续表）

科目名称	科目代码	期初余额		余额数量	余额单价	数量金额是否核算
		借	贷			
中压母线排	500104	144 456.41	0	0	0	0
直接材料	50010401	131 324.00	0	0	0	0
直接人工	50010402	8 754.93	0	0	0	0
制造费用	50010403	4 377.48	0	0	0	0
低压柜	500105	960 374.28	0	0	0	0
直接材料	50010501	868 762.73	0	0	0	0
直接人工	50010502	68 299.25	0	0	0	0
制造费用	50010503	23 312.30	0	0	0	0
中压柜	500106	532 536.17	0	0	0	0
直接材料	50010601	494 874.18	0	0	0	0
直接人工	50010602	27 467.19	0	0	0	0
制造费用	50010603	10 194.80	0	0	0	0
制造费用	5101	0	0	0	0	0
钣金车间	510101	0	0	0	0	0
职工薪酬	51010101	0	0	0	0	0
职工教育经费	51010102	0	0	0	0	0
水电费	51010103	0	0	0	0	0
折旧费	51010104	0	0	0	0	0
设计费	51010105	0	0	0	0	0
成套车间	510102	0	0	0	0	0
职工薪酬	51010201	0	0	0	0	0
职工教育经费	51010202	0	0	0	0	0
水电费	51010203	0	0	0	0	0
折旧费	51010204	0	0	0	0	0
无形资产摊销	51010205	0	0	0	0	0
设计费	51010206	0	0	0	0	0
劳务成本	5201	0	0	0	0	0
研发支出	5301	0	0	0	0	0
费用化支出	530101	0	0	0	0	0
工资	53010101	0	0	0	0	0
四险一金	53010102	0	0	0	0	0
设备检测费	53010103	0	0	0	0	0
新产品检测费	53010104	0	0	0	0	0
折旧	53010105	0	0	0	0	0
职工教育经费	53010106	0	0	0	0	0

科目名称	科目代码	期初余额		余额数量	余额单价	数量金额是否核算
		借	贷			
水电费	53010107	0	0	0	0	0
其他	53010108	0	0	0	0	0
工会经费	53010109	0	0	0	0	0
资本化支出	530102	0	0	0	0	0
工程施工	5401	0	0	0	0	0
工程结算	5402	0	0	0	0	0
机械作业	5403	0	0	0	0	0
应收退货成本	5404	0	0	0	0	0
合同履约成本	5405	0	0	0	0	0
合同履约成本减值准备	5406	0	0	0	0	0
合同取得成本	5407	0	0	0	0	0
合同取得成本减值准备	5408	0	0	0	0	0
主营业务收入	6001	0	0	0	0	0
低压柜	600101	0	0	0	0	0
中压柜	600102	0	0	0	0	0
其他业务收入	6051	0	0	0	0	0
公允价值变动损益	6101	0	0	0	0	0
投资收益	6111	0	0	0	0	0
交易手续费	611101	0	0	0	0	0
出售金融资产损益	611102	0	0	0	0	0
债务重组损益	611103	0	0	0	0	0
其他收益	611104	0	0	0	0	0
资产处置损益	6112	0	0	0	0	0
其他收益	6113	0	0	0	0	0
营业外收入	6301	0	0	0	0	0
主营业务成本	6401	0	0	0	0	0
低压柜	640101	0	0	0	0	0
中压柜	640102	0	0	0	0	0
其他业务成本	6402	0	0	0	0	0
税金及附加	6403	0	0	0	0	0
城市维护建设税	640301	0	0	0	0	0
教育费附加	640302	0	0	0	0	0
地方教育附加	640303	0	0	0	0	0
销售费用	6601	0	0	0	0	0
职工薪酬	660101	0	0	0	0	0

（续表）

科目名称	科目代码	期初余额		余额数量	余额单价	数量金额是否核算
		借	贷			
职工教育经费	660102	0	0	0	0	0
业务宣传费	660103	0	0	0	0	0
水电费	660104	0	0	0	0	0
折旧费	660105	0	0	0	0	0
物流费	660106	0	0	0	0	0
管理费用	6602	0	0	0	0	0
职工薪酬	660201	0	0	0	0	0
职工教育经费	660202	0	0	0	0	0
办公费	660203	0	0	0	0	0
通信费	660204	0	0	0	0	0
业务招待费	660205	0	0	0	0	0
差旅费	660206	0	0	0	0	0
水电费	660207	0	0	0	0	0
折旧费	660208	0	0	0	0	0
无形资产摊销	660209	0	0	0	0	0
车辆费用	660210	0	0	0	0	0
审计费	660211	0	0	0	0	0
盘盈亏	660212	0	0	0	0	0
研发支出	660213	0	0	0	0	0
财务费用	6603	0	0	0	0	0
手续费	660301	0	0	0	0	0
利息收入	660302	0	0	0	0	0
利息支出	660303	0	0	0	0	0
现金折扣	660304	0	0	0	0	0
勘探费用	6604	0	0	0	0	0
资产减值损失	6701	0	0	0	0	0
信用减值损失	6702	0	0	0	0	0
营业外支出	6711	0	0	0	0	0
所得税费用	6801	0	0	0	0	0
以前年度损益调整	6901	0	0	0	0	0

落实实训岗位工作任务

学习子场景3.1 开展业务会计岗工作任务

 **德技并修**

95后公职人员贪污7000万元住高价酒店、买顶级游戏装备

这个贪腐案的主角是张某某,曾任A省B市不动产登记中心的工作人员。与传统腐败案件不同,此案的涉案财物颇为特别,包含了大量游戏装备。张某某产生侵吞公款的念头,源于他对网游的沉迷。2016年,一名购房者携带数万元现金前来办理资金托管,按规定只能刷卡支付,张某某为其办理手续,先将现金存入自己账户,计划次日代为刷卡。然而,当晚他在游戏中充值购买装备,失控地将这笔钱挥霍一空。令张某某难以自拔的是,充值后产生了截然不同的游戏体验。在网游世界,只要舍得花钱,便能成为所向披靡的强者。张某某通过不断充值购买顶级装备,登上了某款网游某赛区的排行榜首位,沉醉于虚拟世界中用金钱换取的成就感,进而发展到在现实中也用金钱满足各种欲望。调查显示,张某某贪污的近7000万元几乎挥霍殆尽,其中用于游戏的仅占少数,大部分用于各类高端消费。每当资金告罄,他便染指公款,3年间累计贪污公款达400余次。

在该案中,单位的管理责任显得尤为关键。若监督制约到位,无隙可乘,便能避免或减少问题的发生。然而,遗憾的是,单位的监督管理层层失守,暴露出诸多问题。调查发现,从B市房产交易主管部门到不动产登记中心、交易管理科,均存在失职失责现象。根据B市2011年出台的相关制度,资金托管窗口岗位分设,一人收件、一人审核、一人办理凭证,相互监督,但不动产登记中心从未执行该制度,从主要领导到科长,竟无一人知晓此制度。资金托管机构的职能是为二手房买卖双方提供第三方资金托管平台,保障交易安全;购房者将房款交至资金托管机构,进入资金池,待交易手续审核完备后,再从资金池放款至卖方账户。然而,收款、审核、办理凭证均由张某某一人包办,为其贪污提供了可乘之机,其贪污手法甚为简单。由于B市二手房交易量较大,资金池常年有资金进出,张某某从中侵吞部分资金,缺口不易察觉。但实际上,只要认真比对进账与出账,发现问题并不难。然而,无论是科室会计还是各级管理人员,均缺乏风险意识,麻痹大意,连基本的对账

也未认真执行。此外,按制度规定,放款前全套资料需经房产交易管理科副科长、科长、不动产登记中心分管副主任三级审核、三级签字,但实际操作中却变为只签字不审核。早在2016 年8 月,国家住建部、发改委等七部委已联合发文,要求各地主管部门检查评估二手房资金监管情况及制度,B 市主管部门却仅下发文件要求各单位自查。

正是由于单位管理严重缺失,张某某才敢屡次铤而走险。2019 年,他计划结婚,便以女友名义购买了一套二手别墅,利用职务之便虚开资金托管手续,购房款直接从资金池中支付,自己未支付分文房款。随后,他辞去公职,幻想能逍遥法外。未曾料到,新冠疫情的突发使他的行为迅速暴露。资金池空虚,发现尚有近7 000 万元待支付的资金缺口,经调查迅速锁定张某某。2020 年11 月,张某某被判处无期徒刑。

★思考与践行

财务人员近年来已成为资金管理犯罪的易发和高发人群。从事资金管理工作的财务人员应强化财经纪律和自身会计职业道德教育,摒弃不良嗜好,坚定廉洁自律的信念,抵御金钱诱惑。然而,建立健全的内控制度并确保其有效执行,才是加强资金管理的根本所在。各级管理部门需培养资金管理内控制度相关环节人员的风险意识,明确并落实各环节人员的权力与责任,防止审核、授权审批环节流于形式,杜绝工作人员玩忽职守现象。唯有如此,才能使优良制度切实约束工作人员,形成不敢腐、不能腐、不想腐的良性机制。

3.1.1　基础档案维护

【业务 3-1-1】(平台业务 2)　增加供应商档案

【背景资料】

三花电气 2025 年 3 月新增供应商信息,如表 3-1-1 所示。

表 3-1-1　三花电气新增供应商信息

供应商编码	供应商名称	统一社会信用代码	开户银行	银行账号
006	青岛盛通机械科技有限公司	913702051240084923	中国农业银行青岛四方支行	41622124375791319052
007	北京正阳实业有限公司	911101128937417666	中国工商银行北京通州支行	41000650720022174237

【业务处理】

根据相关资料,增加供应商档案,填写单据 3-1-1-1。

单据 3-1-1-1

三花电气新增供应商

序号	供应商编码	供应商名称	统一社会信用代码	开户银行	银行账号

【业务 3-1-2】(平台业务 3)　增加客户档案

【背景资料】

三花电气 2025 年 3 月新增客户信息,如表 3-1-2 所示。

表 3-1-2　三花电气新增客户信息

客户编码	客户名称	统一社会信用代码	开户银行	银行账号
009	华电开关股份有限公司	911401051304810285	中国建设银行太原小店支行	41000128591280557772
010	北京市电力公司	911101025812038950	中国建设银行北京西城支行	41000128591280512809

【业务处理】

根据相关资料,增加客户档案,填写单据 3-1-2-1。

单据 3-1-2-1

三花电气新增客户

序号	客户编码	客户名称	统一社会信用代码	开户银行	银行账号

【业务 3-1-3】(平台业务 4)　增加部门档案

【背景资料】

三花电气 2025 年 3 月下设部门情况,如表 3-1-3 所示。

表 3-1-3　三花电气下设部门情况

部门编码	部门名称
001	总经办
002	财务部
003	管理部
004	采购部
005	销售部
006	研发部
007	生产部

【业务处理】

根据相关资料,增加部门档案,填写单据 3-1-3-1。

单据 3-1-3-1

三花电气新增部门

序号	部门编码	部门名称

【业务3-1-4】(平台业务5) 增加职工档案

【背景资料】

三花电气2025年3月新增2月入职职工信息,如表3-1-4所示。

表3-1-4 三花电气新增职工信息

工号	姓名	性别	所属部门	职位	入职日期
01562	谢小莲	女	生产部	普通员工	2025-2-27
01563	李大红	女	生产部	普通员工	2025-2-26
01564	李忠诚	男	生产部	普通员工	2025-2-28

【业务处理】

根据相关资料,增加职工档案,填写单据3-1-4-1。

单据3-1-4-1

三花电气新增职工

序号	工号	姓名	性别	所属部门	职位	入职日期

【业务3-1-5】(平台业务6) 增加计量单位

【背景资料】

三花电气2025年3月新增计量单位信息,如表3-1-5所示。

表3-1-5 三花电气新增计量单位信息

计量单位编码	计量单位
001	千克
002	米
003	个
004	包
005	台
006	双
007	次
008	箱

【业务处理】

根据相关资料,增加计量单位,填写单据3-1-5-1。

单据 3-1-5-1

三花电气新增计量单位

序号	计量单位编码	计量单位

【业务 3-1-6】(平台业务 7)　增加存货档案

【背景资料】

三花电气 2025 年 3 月新增存货信息,如表 3-1-6 所示。

表 3-1-6　三花电气新增存货信息

存货编码	存货名称	计量单位	规格型号
ccp01	低压柜	台	无
ccp02	中压柜	台	无

【业务处理】

根据相关资料,增加存货档案,填写单据 3-1-6-1。

单据 3-1-6-1

三花电气新增存货

序号	存货编码	存货名称	计量单位	规格型号

3.1.2　职业判断与业务票据处理

【业务 3-1-7】(平台业务 9)　判断报销招待费业务合规性

【背景资料】

相关资料,如单据 3-1-7-1 至单据 3-1-7-5 所示。

单据 3-1-7-1

报销单

填报日期:　2025 年 03 月 18日　　　　　　　　单据及附件共 1 张

姓名	李伟	所属部门	销售部	报销形式		现金	
				支票号码			
	报销项目		摘要		金额		备注
	招待费		报销招待费		1552.00		
			现金付讫				
	合　　　　计				¥1,552.00		

金额大写: 零拾零万壹仟伍佰伍拾贰元零角零分　　|　原借款: ¥0.00元　|　应退（补）款: ¥1552.00元

总经理:韩国伟　　财务经理:　　部门经理:谭雄天　　会计:陈姗姗　　出纳:林秀娟　　报销人:李伟

单据 3-1-7-2

公司招待费报销制度

公司招待费报销制度部分要求：

（1）严格控制招待费支出，没有审批不得报销；招待费2000元以下由部门经理审批，超过2000元由总经理审批。

（2）单次招待费礼品支出不得超过500元。

（3）餐费按照200元/人执行，超标部分不予报销。

（4）餐费单次超过500元以上者需提供消费清单。

（5）业务招待费必须经过事前审批，没有业务招待费审批单不得报销；礼品支出和餐费支出报销严格按照以上标准，两项不可混合报销。

单据 3-1-7-3

招待消费清单

北京正厅餐饮有限公司 客人消费清单 桌号：210

| 酒店日期：2025/3/18 | 餐段：晚市 |
| 单号：♯3562 | 服务员：欣欣 |

菜品名称	数量	规格	小计
豪华自助	5	位	￥1 100.00
		累计：	￥1 100.00

单据 3-1-7-4

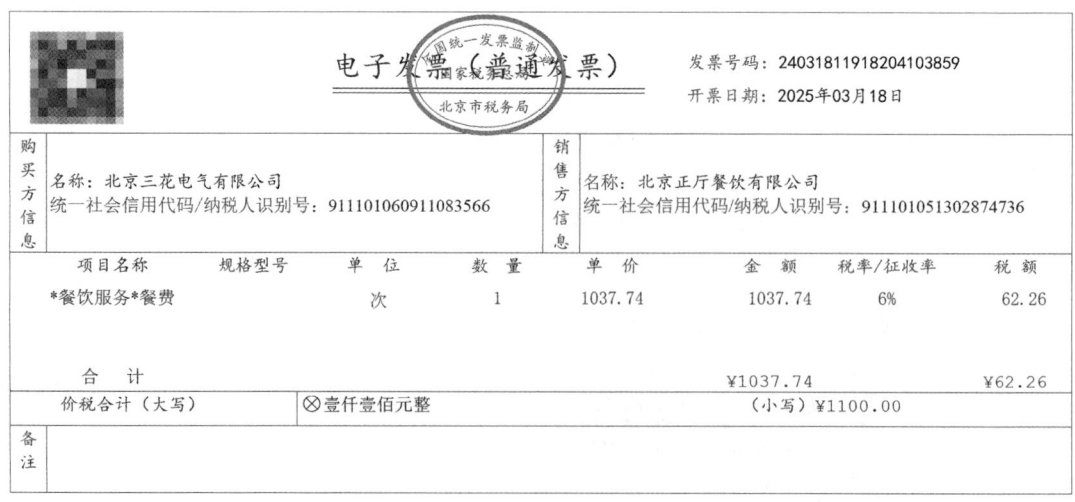

电子发票（普通发票）	发票号码：24031811918204103859
	开票日期：2025年03月18日

购买方信息	名称：北京三花电气有限公司 统一社会信用代码/纳税人识别号：911101060911083566	销售方信息	名称：北京正厅餐饮有限公司 统一社会信用代码/纳税人识别号：911101051302874736

项目名称	规格型号	单 位	数 量	单 价	金 额	税率/征收率	税 额
*餐饮服务*餐费		次	1	1037.74	1037.74	6%	62.26
合　计					￥1037.74		￥62.26

价税合计（大写）	⊗壹仟壹佰元整	（小写）￥1100.00

备注	

开票人：陈晓芝

单据 3-1-7-5

电子发票（普通发票）

发票号码：24310112513300042287
开票日期：2025年03月17日

购买方信息	名称：北京三花电气有限公司 统一社会信用代码/纳税人识别号：911101060911083566
销售方信息	名称：北京熊米电器有限公司 统一社会信用代码/纳税人识别号：913101052248026389

项目名称	规格型号	单位	数量	单价	金额	税率/征收率	税额
*家用视频设备配件*充电器		个	5	80.00	400.00	13%	52.00
合　计					¥400.00		¥52.00
价税合计（大写）	⊗肆佰伍拾贰元整				（小写）¥452.00		
备注							

开票人：陈晓

【业务处理】

【多选】财务部对管理部员工李伟提交的招待费报销进行了审批、款项支付和财务记账。请根据背景资料，判断该笔报销及其记账处理中的不合理之处有（　　）。

A. 餐费缺少消费清单　　　　　　　　B. 业务招待费没有审批或审批不当

C. 清单、报销单、发票内容不符　　　D. 招待费礼品支出超标

E. 招待费餐费支出超标

F. 本次招待费报销金额没有超过招待费审批单，可以全额报销

【业务 3-1-8】（平台业务 10-14）　票据整理

【背景资料】

相关资料，如单据 3-1-8-1 至单据 3-1-8-12 所示。

单据 3-1-8-1

公益事业捐赠统一票据

UNIFIED INVOICE OF DONATION FOR PUBLIC WELFARE

国财00202　　　　　　　2025　年 03月 20日　　　　　NO 59180372
捐赠人Donor：　北京三花电气有限公司　　　　Y M D

捐赠项目For purpose	实物（外币）种类 Material objects(Currency)	数量Amount	金额Total Amount
助学救助款	人民币		20000.00
金额合计（小写）：			¥20,000.00
金额合计（大写）：贰万元整			
接受单位（盖章）Receiver's Seal：　　　复核人Verified by：　　　开票人Handing Person:蒋成毅			

第二联 收据

单据 3-1-8-2

工会专用结算凭证(行政拨交工会经费缴款书)
缴款日期　2025 年 03 月 15 日

付款单位	全称	北京三花电气有限公司				比例 60%	(1)全称	北京三花电气有限公司工会委员会		金额								
	账号	110002045290192252688					账号	110002045290192277609		万	千	百	十	元	角	分		
	开户银行	交通银行北京群芳支行					开户银行	交通银行北京群芳支行		¥	8	7	3	9	0	0		
所属月份	02		职工人数	112		收款单位	(2)全称	北京市通州区工会委员会		金额								
上月职工工资总额	728250.00		按2%计应缴交经费	14565.00			账号	11008888000025987102		万	千	百	十	元	角	分		
迟交天数			按1%计应缴滞纳金			比例 40%	开户银行	交通银行北京群芳支行										
合计金额(入民币大写)**捌仟柒佰叁拾玖元整**									十	万	千	百	十	元	角	分		
										¥	8	7	3	9	0	0	

缴款单位 盖章	工会委员会 盖章 年 月 日	银行盖章 年 月 日

此联交缴款单位作回单

单据 3-1-8-3

提现申请单

2025 年　03 月　01 日

收款单位	北京三花电气有限公司		
地址	北京市通州区群芳街194号	联系电话	010-63846234
收款人开户行	交通银行北京群芳支行	开户账号	110002049052486289066
内容	提取备用金		
大写	人民币贰万元整	￥20000.00	

审批：王光辉　　　　　审核：陈珊珊　　　　　经办人：林秀娟

单据 3-1-8-4

交通银行电子回单凭证

回单编号：　81842235658	回单类型：网银业务	业务名称：
凭证种类：	凭证号码：　借贷标志：借记	回单格式码：S
账号：　11000204905248628906	开户行名称：交通银行北京群芳支行	
户名：　北京三花电气有限公司		
对方账号：　41622124375791319052		
对方户名：　青岛盛通机械科技有限公司	开户行名称：中国农业银行青岛四方支行	
币种：CNY	金额（小写）：813600.00	

金额（大写）：捌拾壹万叁仟陆佰元整

兑换信息：　币种：　金额：0.00　牌价：0.00　币种：　金额：0.00

摘要：

附加信息：

打印次数：0001	记账日期：20250325	会计流水员：EEZ0000012060267
记账机构：010120003999	经办柜员：EBB0C记账柜员：EEZ000 复核柜员：	授权柜员：
打印机构：010120003999	打印柜员：202500557519222	批次号：

单据 3-1-8-5

单据 3-1-8-6

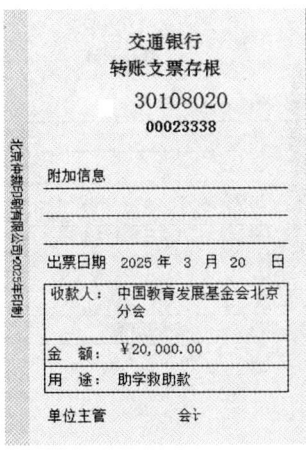

单据 3-1-8-7

贴 现 凭 证 （收款通知）

填写日期 2025 年 03 月 20 日　第　　　号

<table>
<tr><td rowspan="4">贴现汇票</td><td>种　类</td><td>银行承兑汇票</td><td>号码</td><td>9937192</td><td rowspan="3">申请人</td><td>名　称</td><td colspan="4">北京三花电气有限公司</td><td rowspan="8">此联银行给申请人的收款通知</td></tr>
<tr><td>出票日</td><td colspan="3">2024 年 10 月 20日</td><td>账　号</td><td colspan="4">11000204905248628 9066</td></tr>
<tr><td>到期日</td><td colspan="3">2025 年 04 月 20日</td><td>开户银行</td><td colspan="4">交通银行北京群芳支行</td></tr>
<tr><td colspan="2">汇票承兑人（或银行）</td><td>名称</td><td colspan="2">中国建设银行唐山路北支行</td><td>账号</td><td></td><td colspan="2">开户银行</td><td></td></tr>
</table>

<table>
<tr><td>汇 票 金 额
（即贴现金额）</td><td colspan="3">人 民 币
（大写）贰拾伍万元整</td><td>千</td><td>百</td><td>十</td><td>万</td><td>千</td><td>百</td><td>十</td><td>元</td><td>角</td><td>分</td></tr>
<tr><td></td><td colspan="3"></td><td>¥</td><td>2</td><td>5</td><td>0</td><td>0</td><td>0</td><td>0</td><td>0</td><td>0</td><td>0</td></tr>
</table>

贴现率 每　月	6‰	贴现利息	千	百	十	万	千	百	十	元	角	分	实付贴现金额	千	百	十	万	千	百	十	元	角	分
					¥	1	7	0	0	0	0			¥	2	4	8	3	0	0	0	0

上述款项已入你单位：号

此致
贴现申请人　　　　　　　　　　　　银行盖章

备注：

単据 3-1-8-8

交通银行 进账单（回 单）

2025 年　03 月　20 日

<table>
<tr><td rowspan="3">出票人</td><td>全称</td><td colspan="2">北京三花电气有限公司</td><td rowspan="3">收款人</td><td>全称</td><td colspan="11">中国教育发展基金会北京分会</td><td rowspan="5">此联是开户银行交给持票人的回单</td></tr>
<tr><td>账号</td><td colspan="2">11000204905248628 9066</td><td>账号</td><td colspan="11">11000204263019263 2266</td></tr>
<tr><td>开户银行</td><td colspan="2">交通银行北京群芳支行</td><td>开户银行</td><td colspan="11">交通银行北京朝阳支行</td></tr>
<tr><td colspan="3">金额 人民币（大写）贰万元整</td><td></td><td>千</td><td>百</td><td>十</td><td>万</td><td>千</td><td>百</td><td>十</td><td>元</td><td>角</td><td>分</td></tr>
<tr><td colspan="4"></td><td></td><td>¥</td><td>2</td><td>0</td><td>0</td><td>0</td><td>0</td><td>0</td><td>0</td></tr>
</table>

票据种类	转账支票	票据张数	1
票据号码		00023338	

复核　　　　　　　记账　　　　　　　　　　　开户银行签章

単据 3-1-8-9

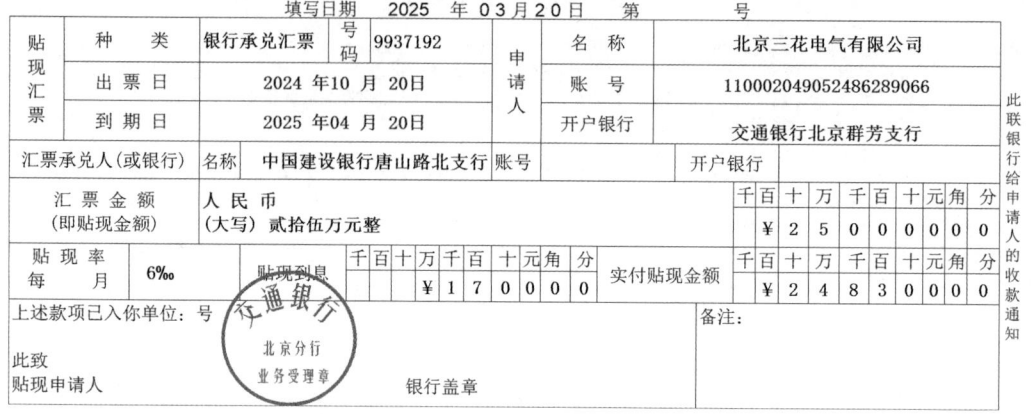

交通银行
现金支票存根
53102097
81729051

附加信息

出票日期 2025 年 3 月 1 日

收款人：	北京三花电气有限公司
金　额：	¥20,000.00
用　途：	提取备用金

单位主管　　　会计

单据 3-1-8-10

银行承兑汇票

10935803

出票日期（大写）　　貳零貳肆年零壹拾月零貳拾日　　　　　99371924

出票入全称	河北华盛科技有限公司	收款人	全　称	北京三花电气有限公司
出票入账号	44000837261930271652		账　号	11000204905248628 9066
付款行名称	中国建设银行唐山路北支行		开户银行	交通银行北京群芳支行

出票金额	人民币（大写）　貳拾伍万元整	亿 千 百 十 万 千 百 十 元 角 分 ¥ 2 5 0 0 0 0 0 0

汇票到期日（大写）	貳零貳伍年肆月零貳拾日	付款行	行号	301100183756
承协议编号	58102849		地址	河北省唐山市路北区孙中街杨忠路17号

银行承兑　到期无条件付款。　　出票人签章

经建设唐到期日由本行付款　承兑日期　2025 年 03月20日　汇票专用章　备注

密押　　复核　　记账

複印件与原件核对无误

此联收款人开户行随托收凭证寄付款行作借方凭证附件

单据 3-1-8-11

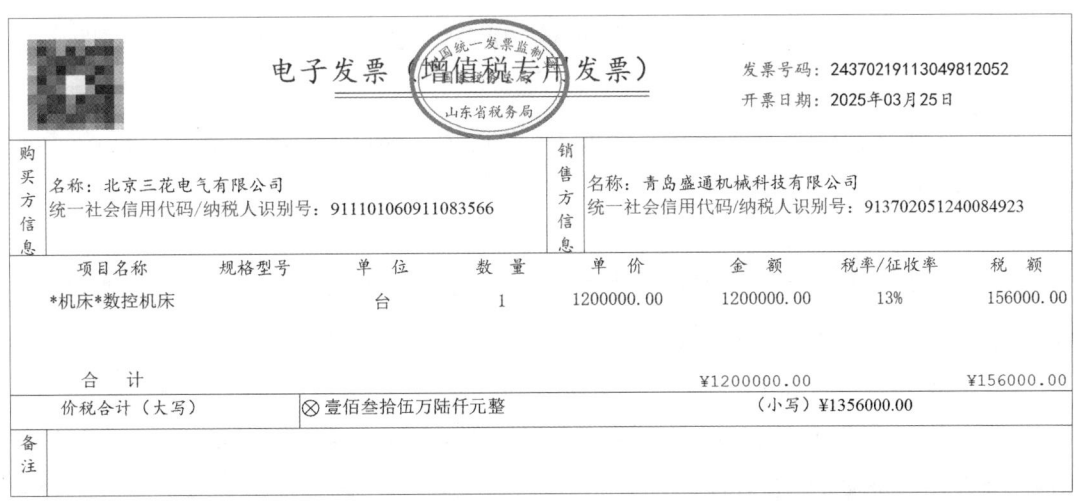

电子发票（增值税专用发票）

全国统一发票监制　山东省税务局

发票号码：24370219113049812052
开票日期：2025年03月25日

购买方信息	名称：北京三花电气有限公司 统一社会信用代码/纳税人识别号：911101060911083566	销售方信息	名称：青岛盛通机械科技有限公司 统一社会信用代码/纳税人识别号：913702051240084923

项目名称	规格型号	单位	数量	单价	金额	税率/征收率	税额
*机床*数控机床		台	1	1200000.00	1200000.00	13%	156000.00
合　计					¥1200000.00		¥156000.00

价税合计（大写）	⊗ 壹佰叁拾伍万陆仟元整	（小写）¥1356000.00

备注	

开票人：钟国钊

单据 3-1-8-12

交通银行电子缴税付款凭证

转账日期：2025年3月15日　　　　　　　　　　　　　　　　No:18385920

纳税人全称及纳税人识别号：北京三花电气有限公司 911101060911083566
付款人全称：北京三花电气有限公司
付款人账号：11000204905 2486289066　　征收机关名称：国家税务总局北京市通州区税务局
付款人开户银行：交通银行北京群芳支行　　收款国库（银行）名称：国家金库北京市通州区支库
小写（合计）金额：¥5826.00　　　　　　缴书交易流水号：2025031505320366
大写（合计）金额：伍仟捌佰贰拾陆元整　　税票号码：48710492

税（种）费名称	所属时期	实缴金额
工会经费	20250201-20250228	5826.00

交通银行北京群芳支行
2025.03.15
业务专用章

打印时间：2025年3月15日

会计流水号：　　　　　　复核　　　　　　　　　　记账

第二联 作付款回单（无银行收讫章无效）

【业务处理】

请根据以下业务内容，选择正确的原始单据，提交至下一岗位。

（1）判断提取备用金业务的合规性：

3月1日，出纳提取备用金，识别判断与整理相关票据，并判断业务的合规性。

（2）判断拨缴工会经费业务的合规性：

3月15日，拨缴上月工会经费，识别判断与整理相关票据，并判断业务的合规性。

（3）判断捐赠支出业务的合规性：

3月20日，向中国教育发展基金会北京分会捐赠，识别判断与整理相关票据，并判断业务的合规性。

（4）判断票据贴现业务的合规性：

3月20日，将收到的河北华盛科技有限公司的银行承兑汇票办理贴现，识别判断与整理相关票据，并判断业务的合规性。

（5）判断购入数控冲床业务的合规性：

3月25日，向青岛盛通机械科技有限公司购入需安装的数控冲床，识别判断与整理相关票据，并判断业务的合规性。

【业务 3-1-9】(平台业务 15)　票据验真审核——股权投资业务
【背景资料】

相关资料，如单据 3-1-9-1 至单据 3-1-9-2 所示。

单据 3-1-9-1

股权转让协议

出让方：北京恒锋电气有限公司（以下简称甲方）

受让方：北京三花电气有限公司（以下简称乙方）

北京恒锋电气有限公司于 2025 年 03 月 05 日与北京三花电气有限公司签订股权转让协议。本协议书签署之时，甲方持有北京冠合欣塑胶有限公司 5% 股权，现甲乙双方报据《中华人民共和国公司法》《中华人民共和国民法典》及相关法律法规的规定，经协商一致，就转让股权事宜，达成如下协议：

转让标的：

1. 甲方同意将其在北京冠合欣塑胶有限公司所持有的 5% 股权转让给乙方。

2. 乙方同意受让前款甲方出让的北京冠合欣塑胶有限公司的 5% 股权。股权转让后由乙方承担甲方全部相关义务，包括但不限于继续履行公司章程约定的注册资本。

3. 经甲乙双方确认，北京冠台欣塑胶有限公司截至目前净资产 200 万元，该次股权转让的价格为 20 万元整。

4. 甲乙双方确认，乙方已经在签署本协议的同时向甲方支付全部股权转让价款，甲方确认已经收到。

协议生效及其他：

（1）本协议自双方代表签字并加盖公章之日起生效。

（2）本协议如有未尽事宜，由协议双方协商后另行签署相关补充协议。

（3）本协议整本一式两份，协议双方均持一份，均有同等法律效力。

甲方（盖章）：北京恒锋电气有限公司

法人代表：方宇皓

日期：2025年03月05日

乙方（盖章）：北京三花电气有限公司

法人代表：韩国伟

日期：2025年03月05日

单据 3-1-9-2

付款申请单

2025 年 03 月 05 日

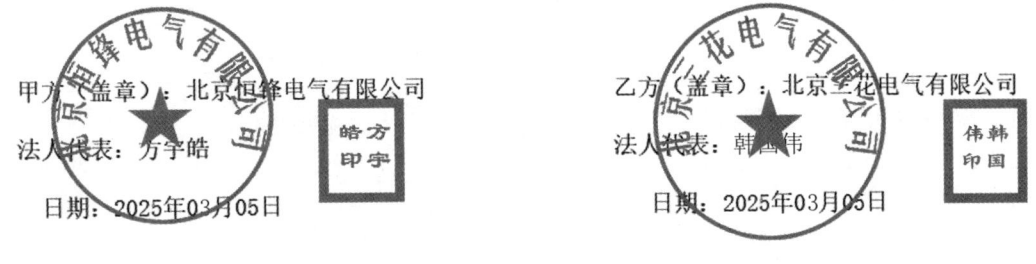

用途及情况	金额											收款单位（人）：北京恒锋电气有限公司
	亿	千	百	十	万	千	百	十	元	角	分	账号：110002049052486210605
支付股权投资款				¥	1	0	0	0	0	0	0	开户行：交通银行北京东城支行

金额（大写）合计：	人民币壹拾万元整	银行付讫	结算方式：	现金

总经理	韩国伟	财务部门	经理	孙汉敏	业务部门	经理	肖丽华
			会计	陈珊珊		经办人	曹国建

【业务处理】

【多选】3月5日,三花电气进行股权投资。请判断票据内容、票据要素等是否符合业务的合规性。如果票据合规,选择通过,否则,请选择不通过的原因( )。

A. 大写金额与小写金额不一致

B. 付款金额核算错

C. 票据日期有误

D. 审核流程不全

E. 内部票据付款方式填写有误

F. 内部票据公司名称有误

【业务 3-1-10】(平台业务 16) 票据验真审核——购买办公用房

【背景资料】

相关资料,如单据 3-1-10-1 至单据 3-1-10-3 所示。

单据 3-1-10-1

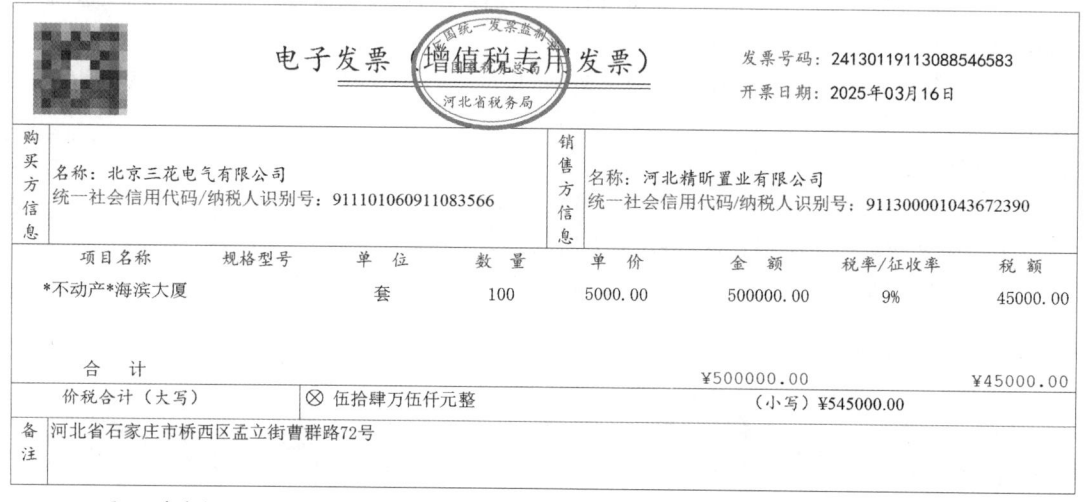

电子发票（增值税专用发票）

发票号码:24130119113088546583
开票日期:2025年03月16日

购买方信息
名称:北京三花电气有限公司
统一社会信用代码/纳税人识别号:911101060911083566

销售方信息
名称:河北精昕置业有限公司
统一社会信用代码/纳税人识别号:911300001043672390

项目名称	规格型号	单位	数量	单价	金额	税率/征收率	税额
*不动产*海滨大厦		套	100	5000.00	500000.00	9%	45000.00
合 计					¥500000.00		¥45000.00

价税合计（大写） ⊗ 伍拾肆万伍仟元整 （小写）¥545000.00

备注 河北省石家庄市桥西区孟立街曹群路72号

开票人:李秀英

单据 3-1-10-2

付款申请单

2025 年 03 月 16 日

用途及情况	金额										收款单位（人）：河北精昕置业有限公司
购置办公用房	亿	千	百	十万	千	百	十	元	角	分	账号：911300001043672390
			¥ 5	4	5	0	0	0	0	0	开户行：中国农业银行石家庄支行
金额（大写）合计：人民币伍拾肆万伍仟元整									结算方式：转账		

总经理	韩国伟	财务部门	经理	孙汉敏	业务部门	经理	肖丽华
			会计	陈珊珊		经办人	曹国建

单据 3-1-10-3

固定资产验收单

资产编号	202504001	资产名称			海滨大厦	
规格（编号）		资产代码	CPJ03	购置日期		2025年3月16日
计量单位	套	单价（元）	500000.00	金额（元）		500000.00
出厂日期		管理人		邢丽芸		
生产厂家	河北精昕置业有限公司	安装使用地点				
附件情况						
固定资产验收情况说明： 　　验收合格，可以投入使用。 验收确认： 　　邢丽芸 　　　　　　　　　　　　　　　　验收日期：2025年03月16日						
管理部门经理签字：朱胜利						
公司总经理签字：韩国伟						

注：此表一式三份，使用部门、保管部门、财务部门各一份。

【业务处理】

【多选】3 月 16 日，三花电气购买办公用房。请判断票据内容、票据要素等是否符合业务的合规性。如果票据合规，选择通过，否则，请选择不通过的原因（　　　）。

A. 大写金额与小写金额不一致

B. 票据日期有误

C. 付款申请书与发票信息不符

D. 审核流程不全

E. 发票开具有误

F. 统一社会信用代码有误

【业务 3-1-11】(平台业务 17)　票据验真审核——预付模具款

【背景资料】

相关资料，如单据 3-1-11-1 至单据 3-1-11-2 所示。

单据 3-1-11-1

付款申请单

2025 年 03月 18日

用途及情况	金额										收款单位（人）：天津科宏模具有限公司
支付模具款	亿	千	百	十	万	千	百	十	元	角	分	账号：51072068822765840927 0
			¥	5	6	5	0	0	0	0	0	开户行：交通银行天津黄海支行
金额（大写）合计：	人民币伍万陆仟伍佰元整											结算方式： 转账
总经理	韩国伟		财务部门		经理		孙汉敏		业务部门		经理	肖丽华
					会计		陈珊珊				经办人	曹国建

单据 3-1-11-2　购销合同

购销合同

购方：　北京三花电气有限公司　　　　　合同编号：　20250410

销方：　天津科宏模具有限公司　　　　　签订时间：　2025年3月18日

供需双方本着互利互惠、长期合作的原则，根据《中华人民共和国民法典》及双方的实际情况，

就需方向供方采购事宜，订立本合同，以使双方在合同履行中共同遵守。

一、产品名称、数量、单价、金额：

产品名称	规格型号	计量单位	数量	单价	金额	备注
模具		个	1	113000.00	113000.00	含税价
合计					¥113,000.00	

合计　人民币（大写）：壹拾壹万叁仟元整

二、质量要求技术标准：供方对质量负责的条件和期限；按合同企业标准。

三、交（提）货方式：2025年3月28日前交货，地点：北京市通州区群芳路194号。

四、付款时间与付款方式：购方提前订货，需向销方预支付合同金额40%预付款，剩余60%交货后付款。

五、运输方式及到站、港和费用负担：由销售方承担。

六、合理损耗及计算方法：以实际数量验收。

七、包装标准、包装物的供应与回收：普通包装，不回收包装物。

八、验收标准及方法：货到后需方进行验收并提出质量异议，不包括运输过程中造成的质量问题。

九、违约责任：按《中华人民共和国民法典》有关规定执行。

十、解决合同纠纷的方式：双方协商解决。

十一、其他约定事项：本合同一式两份，供需双方各一份，经双方盖章后即生效。

购方（盖章）：北京三花电气有限公司　　　　销方（盖章）：天津科宏模具有限公司

单位地址：北京市通州区群芳路194号　　　　单位地址：天津市开发区菁一街42号号

电话：010-63562014　　　　　　　　　　　电话：022-59310158

签订日期：2025年03月18日　　　　　　　签订日期：2025年03月18日

开户银行：交通银行北京群芳支行　　　　　开户银行：交通银行天津黄海支行

账号：110020480852486289066　　　　　　账号：51072068822765840927

【业务处理】

【多选】3 月 18 日,三花电气预付模具款。请判断票据内容、票据要素等是否符合业务的合规性。如果票据合规,选择通过,否则,请勾选不通过的原因(　　　　)。

A. 大写金额与小写金额不一致　　　　B. 金额核算错误

C. 票据日期有误　　　　D. 审核流程不全

E. 企业名称有误　　　　F. 统一社会信用代码有误

【业务 3-1-12】(平台业务 18)　票据验真审核—销售收款业务

【背景资料】

相关资料,如单据 3-1-12-1 至单据 3-1-12-3 所示。

单据 3-1-12-1

单据 3-1-12-2

单据 3-1-12-3

销售单

购货单位：天津和诚卫浴有限公司　　地址和电话：天津空港经济区航天路77号 022-58102851　　单据编号：XS00227

纳税人识别号：911202017365920188 开户行及账号：中国工商银行天津空港支行 0200002356487233329 制单日期：2025年03月21日

编码	产品名称	规格	单位	单价	数量	金额	备注	
A001	低压柜		个	60000.00	1	60000.00	不含税	会计联
合计	人民币（大写）：陆万元整					¥60,000.00		

销售经理：钟国钊　　　　经手人：曹晓莺　　　　会计：陈珊珊　　　　签收人：

【业务处理】

【多选】3 月 21 日，三花电气销售收款。请判断票据内容、票据要素等是否符合业务的合规性。如果票据合规，选择通过，否则，请选择不通过的原因（　　　）。

A. 大写金额错误　　　　　　　　　B. 小写金额合计错误

C. 票据日期有误　　　　　　　　　D. 审核流程不全

E. 发票数量与内部票据数量不一致　F. 统一社会信用代码有误

3.1.3　业财税资融合业务处理

【业务 3-1-13】(平台业务 21)　购入原材料——填制采购订单

【背景资料】

相关资料，如单据 3-1-13-1 所示。

单据 3-1-13-1

购销合同

购方：　北京三花电气有限公司　　　　合同编号：　gx1010591

销方：　北京鑫源达板材有限公司　　　签订时间：　2025年3月3日

供需双方本着互利互惠、长期合作的原则，根据《中华人民共和国民法典》及双方的实际情况，

就需方向供方采购事宜，订立本合同，以使双方在合同履行中共同遵守。

一、产品名称、数量、单价、金额：

产品名称	规格型号	计量单位	数量	单价	金额	备注
镀铝锌板		千克	120000	4.26	511200.00	不含税价
						税率13%
						采购员：李和伟
合计					¥511,200.00	
合计　人民币（大写）：伍拾壹万壹仟贰佰元整						

二、质量要求技术标准：供方对质量负责的条件和期限；按合同企业标准。

三、交（提）货方式：2025年4月28日前交货，地点：北京市通州区群芳路194号。

四、付款时间与付款方式：按含税价享受现金折扣2/10,1/20，N/30。

五、运输方式及到站、港和费用负担：由销售方承担。

六、合理损耗及计算方法：以实际数量验收。

七、包装标准、包装物的供应与回收：普通包装，不回收包装物。

八、验收标准及方法：货到后需方进行验收并提出质量异议，不包括运输过程中造成的质量问题。

九、违约责任：按《中华人民共和国民法典》有关规定执行。

十、解决合同纠纷的方式：双方协商解决。

十一、其他约定事项：本合同一式两份，供需双方各一份，经双方盖章后即生效。

购方（盖章）：北京三花电气有限公司　　　　　销方（盖章）：北京鑫源达板材有限公司

单位地址：北京市通州区群芳路194号　　　　　单位地址：北京市大兴区江康路1号

电话：010-60562614　　　　　　　　　　　　电话：010-98892091

签订日期：2025年03月03日　　　　　　　　　签订日期：2025年03月03日

开户银行：交通银行北京群芳支行　　　　　　　开户银行：交通银行北京大兴支行

账号：11000204805248286289066　　　　　　账号：41924996519848

【业务处理】

3月3日，请根据背景资料的购销合同，填制采购订单，填写单据3-1-13-2。

单据3-1-13-2

采购订单

*采购订单号：		*采购类别：			供应商编号：		
*供应商名称：		*订单日期：			*税率：		
*采购部门：		*采购员：					

序号	材料名称	材料编号	规格	单位	数量	不含税单价	不含税金额	税额
合　计								
							填制人：	

【业务 3-1-14】(平台业务 22) 购入原材料——填制到货单

【业务处理】

3 月 3 日,承【业务 3-1-13】,采购订单全部到货,填制到货单,填写单据 3-1-14-1(质检员：吕晨阳)。

单据 3-1-14-1

到货单

* 到货单号：			* 采购订单：		供应商名称：	
供应商编号：			* 日期：			
序号	材料编号	材料名称	规格	单位	订单数量	实际到货数量
采购员：			质检员：		填制人：	

【业务 3-1-15】(平台业务 23)购入原材料——填制入库单

【业务处理】

3 月 3 日,承【业务 3-1-14】,填制入库单,填写单据 3-1-15-1(仓库：张新光;部门经理：林玉玉)。

单据 3-1-15-1

入库单

* 入库单号：			* 到货单：		供应商编号：				
* 供应商名称：			* 日期：		材料类别：				
* 收料仓库：									
序号	材料编号	材料名称	规格	单位	应收数量	实收数量	材料单价	材料金额	运杂费	合计
合计										
部门经理：			仓库：		填制人：					

【业务 3-1-16】(平台业务 25)　购入原材料——填制采购发票

【业务处理】

3 月 3 日,请根据【业务 3-1-13】【业务 3-1-14】【业务 3-1-15】的背景资料填制采购发票,填写单据 3-1-16-1(发票号码:24110119213058102932;统一社会信用代码:91110115124 0084923)。

单据 3-1-16-1

采购发票

*开票日期:			*发票号码:			*录入日期:		
*供应商名称:			*统一社会信用代码:			*业务类型:		
序号	商品名称	规格型号	单位	数量	单价	金额	税率	税额
不含税金额:			税额:			价税合计:		

【业务 3-1-17】(平台业务 26)　购入原材料——填制应付单

【业务处理】

3 月 3 日,承【业务 3-1-16】,填制应付单,填写单据 3-1-17-1(付款方式:转账;摘要:收到采购材料发票)。

单据 3-1-17-1

应付单

*编号:	*日期:	*供应商名称:
供应商编号:	*开户行:	*账号:
*付款方式:	*税率:	*摘要:
*应付金额:	*应付金额大写:	

备注:

【业务 3-1-18】(平台业务 30) 购入原材料——填制采购订单

【背景资料】

相关资料,如单据 3-1-18-1 所示。

单据 3-1-18-1

购销合同

购方: 北京三花电气有限公司   合同编号: gxl010592

销方: 北京浪博铜业有限公司   签订时间: 2025年3月7日

供需双方本着互利互惠、长期合作的原则,根据《中华人民共和国民法典》及双方的实际情况,

就需方向供方采购事宜,订立本合同,以使双方在合同履行中共同遵守。

一、产品名称、数量、单价、金额:

产品名称	规格型号	计量单位	数量	单价	金额	备注
铜排		千克	24000	46.00	1104000.00	不含税价
						税率13%
						采购员:李和伟
合计					￥1,104,000.00	
合计 人民币（大写）：壹佰壹拾万零肆仟元整						

二、质量要求技术标准：供方对质量负责的条件和期限；按合同企业标准。

三、交（提）货地点：北京市通州区群芳路194号。

四、付款时间与付款方式：以银行汇票方式支付货款。

五、运输方式及到站、港和费用负担：由销售方承担。

六、合理损耗及计算方法：以实际数量验收。

七、包装标准、包装物的供应与回收：普通包装,不回收包装物。

八、验收标准及方法：货到后需方进行验收并提出质量异议,不包括运输过程中造成的质量问题。

九、违约责任：按《中华人民共和国民法典》有关规定执行。

十、解决合同纠纷的方式：双方协商解决。

十一、其他约定事项：本合同一式两份,供需双方各一份,经双方盖章后即生效。

购方（盖章）：北京三花电气有限公司   销方（盖章）：北京浪博铜业有限公司

单位地址：北京市通州区群芳路194号   单位地址：北京市海淀区鲁俊路88号

电话：010-69562014   电话：010-98892091

签订日期：2025年03月07日   签订日期：2025年03月07日

开户银行：交通银行北京群芳支行   开户银行：交通银行北京海淀支行

账号：11000204805248628 9066   账号：41924996334114

【业务处理】

3月7日,请根据背景资料的购销合同,填写单据3-1-18-2。

单据3-1-18-2

采购订单

＊采购订单号：			＊采购类别：			供应商编号：		
＊供应商名称：			＊订单日期：			＊税率：		
＊采购部门：			＊采购员：					
序号	材料名称	材料编号	规格	单位	数量	不含税单价	不含税金额	税额
合计								
							填制人：	

【业务 3-1-19】(平台业务 31)　购入原材料——填制到货单

【业务处理】

3月7日,承【业务3-1-18】,采购订单全部到货,填写单据3-1-19-1(质检员:吕晨阳)。

单据 3-1-19-1

到货单

＊到货单号：		＊采购订单：		供应商名称：	
供应商编号：		＊日期：			
序号	材料编号	材料名称	规格	单位	订单数量	实际到货数量
采购员：		质检员：		填制人：	

【业务 3-1-20】(平台业务 32)　购入原材料——填制入库单

【业务处理】

3月7日,承【业务3-1-19】,填写单据3-1-20-1(仓库:张新光;部门经理:林玉玉)。

单据 3-1-20-1

入库单

＊入库单号：			＊到货单：			供应商编号：			
＊供应商名称：			＊日期：			材料类别：			
＊收料仓库：									
序号	材料编号	材料名称	规格	单位	应收数量	实收数量	材料单价	材料金额	运杂费	合计
合计										
部门经理：			仓库：			填制人：			

【业务 3-1-21】(平台业务 34)　购入原材料——填制采购发票

【业务处理】

3 月 7 日,承【业务 3-1-18】【业务 3-1-19】【业务 3-1-20】,填写单据 3-1-21-1(发票号码:24110119213057129360;统一社会信用代码:911101138105810285)。

单据 3-1-21-1

采购发票

* 开票日期:		* 发票号码:			* 录入日期:		
* 供应商名称:		* 统一社会信用代码:			* 业务类型:		
序号	商品名称	规格型号	单位	数量	单价	金额	税率	税额
不含税金额:		税额:			价税合计:		

【业务 3-1-22】(平台业务 35)　购入原材料——填制应付单

【业务处理】

3 月 7 日,承【业务 3-1-21】,填写单据 3-1-22-1(摘要:购入原材料)。

单据 3-1-22-1

应付单

* 编号:	* 日期:	* 供应商名称:
供应商编号:	* 开户行:	* 账号:
* 付款方式:	* 税率:	* 摘要:
* 应付金额:	* 应付金额大写:	
备注:		

【业务 3-1-23】(平台业务 37)　购入原材料——填制付款单

【业务处理】

3 月 7 日,承【业务 3-1-22】,填制付款单并完成付款核销,填写单据 3-1-23-1(付款类型:支付货款;采购员:李和伟;摘要:支付货款)。

单据 3-1-23-1

付款单

* 单号:	* 付款类型:
* 申请人:	* 名称:
* 税率:	* 申请部门:
* 申请日期:	* 开户行:
* 账号:	* 付款金额:
* 付款方式:	* 付款金额大写:
摘要:	

【业务 3-1-24】(平台业务 39) 　销售商品——填制销售单

【背景资料】

相关资料如单据 3-1-24-1 所示。

单据 3-1-24-1

购销合同

购方：　　天津市电力公司　　　　　　　合同编号：　　gxhe019805

销方：　　北京三花电气有限公司　　　　签订时间：　　2025年3月8日

供需双方本着互利互惠、长期合作的原则，根据《中华人民共和国民法典》及双方的实际情况，就需方向供方采购事宜，订立本合同，以使双方在合同履行中共同遵守。

一、产品名称、数量、单价、金额：

产品名称	规格型号	计量单位	数量	单价	金额	备注
低压柜		个	16	60000.00	960000.00	不含税价
中压柜		个	8	62000.00	496000.00	税率13%
						交货时间:
						2025年3月8日
合计					¥1,456,000.00	

合计　人民币（大写）：壹佰肆拾伍万陆仟元整

二、质量要求技术标准：供方对质量负责的条件和期限；按合同企业标准。

三、交（提）货地点：天津市北辰区杨同街魏志路41号。

四、付款时间与付款方式：购买方提货后，一个月内支付货款。

五、运输方式及到站、港和费用负担：由购货方承担。

六、合理损耗及计算方法：以实际数量验收。

七、包装标准、包装物的供应与回收：普通包装，不回收包装物。

八、验收标准及方法：货到后需方进行验收并提出质量异议，不包括运输过程中造成的质量问题。

九、违约责任：按《中华人民共和国民法典》有关规定执行。

十、解决合同纠纷的方式：双方协商解决。

十一、其他约定事项：本合同一式两份，供需双方各一份，经双方盖章后即生效。

购方（盖章）：天津市电力公司　　　　　　销方（盖章）：北京三花电气有限公司

单位地址：天津市北辰区杨同街魏志路41号　　单位地址：北京市通州区群芳路194号

电话：022-75322820　　　　　　　　　　　电话：010-60562014

签订日期：2025年03月08日　　　　　　　　签订日期：2025年03月08日

开户银行：交通银行天津北辰支行　　　　　　开户银行：交通银行北京群芳支行

账号：41622124864968　　　　　　　　　　账号：110002048052486289066

【业务处理】

3月8日,根据背景资料,填写单据3-1-24-2(销售员:高成玉)。

单据3-1-24-2

销售单

＊销售订单号:			＊销售类型:			＊客户名称:		
客户编号:			＊交货日期:			＊币种:		
＊税率:			＊销售部门:			＊销售员:		

序号	产品名称	产品编号	规格	单位	数量	不含税单价	不含税金额	税额	含税金额
合计									

填制人:

【业务3-1-25】(平台业务40)　销售商品——填制销售发货单

【业务处理】

3月8日,承【业务3-1-24】,销售单中的产品已全部发货,填写单据3-1-25-1(销售经理:吕晨曦)。

单据3-1-25-1　销售发货单

销售发货单

＊销售发货单号:		＊销售单号:		＊客户名称:	
客户编号:		＊计划交货日期:			

序号	产品名称	产品编号	规格	单位	数量

销售经理:	销售员:	填制人:

【业务3-1-26】(平台业务41)　销售商品——填制销售出库单

【业务处理】

3月8日,承【业务3-1-25】,填写单据3-1-26-1(销售经理:吕晨曦;仓库:张新光)。

单据3-1-26-1

出库单

＊销售出库单号:		＊销售发货号:		＊客户名称:	
客户编号:		＊发出仓库:		＊出库日期:	

序号	产品名称	产品编号	规格	单位	数量

部门经理:	仓库:	填制人:

【业务 3-1-27】(平台业务 42)　销售商品——填制销售发票

【业务处理】

3月8日,根据【业务 3-1-24】【业务 3-1-25】【业务 3-1-26】的背景资料,填写单据 3-1-27-1(发票号码:24110119113048310850;统一社会信用代码:911201135108656787)。

单据 3-1-27-1

销售发票

序号	商品名称	规格型号	单位	数量	单价	金额	税率	税额

*开票日期:　　　　　　　*发票号码:　　　　　　　*录入日期:

*客户名称:　　　　　　　*统一社会信用代码:　　　　*业务类型:

不含税金额:　　　　　　税额:　　　　　　　价税合计:

【业务 3-1-28】(平台业务 43)销售商品——填制应收单

【业务处理】

3月8日,承【业务 3-1-27】,填写单据 3-1-28-1。

单据 3-1-28-1

应收单

*应收单号:　　　　　　　*销售类型:　　　　　　　*客户名称:

客户编号:　　　　　　　*出库单:　　　　　　　币种:

*税率:　　　　　　　　填制日期:

序号	产品名称	产品编号	规格	单位	数量	不含税单价	税额	含税金额
合计								

填制人:

【业务 3-1-29】(平台业务 46)　报销差旅费——报销单审批

【背景资料】

相关资料,如单据 3-1-29-1 至单据 3-1-29-5 所示。

单据 3-1-29-1

差 旅 费 报 销 单

2025 年 03 月 08 日 　　　　　　　单据及附件共　4　张

所属部门	管理部		姓名：王光辉		出差事由	商务洽谈		
出发		到达		起止地点	交通费	住宿费	伙食费	其他
月	日	月	日					
03	05	03	05	北京—上海	1970.00			
03	05	03	07			667.80	530.00	
03	07	03	07	上海—北京	1972.00			
						现金收讫		
合计	大写金额：伍仟壹佰叁拾玖元捌分				¥5139.80	预支 差旅费	¥7000.00	退回金额 ¥1860.20 补付金额 ¥0.00

总经理：韩国伟　　财务经理：孙汉敏　　会计：陈珊珊　　出纳：林秀娟　　部门经理：　　报销人：王光辉

单据 3-1-29-2

单据 3-1-29-4

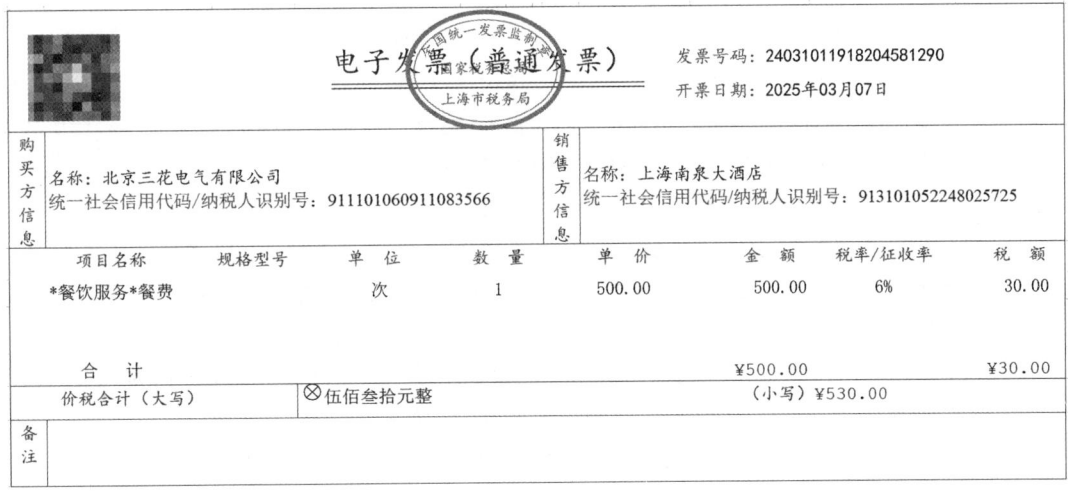

电子发票（增值税专用发票）

发票号码：24310119513000052236
开票日期：2025年03月07日

| 购买方信息 | 名称：北京三花电气有限公司
统一社会信用代码/纳税人识别号：911101060911083566 | 销售方信息 | 名称：上海南泉大酒店
统一社会信用代码/纳税人识别号：913101052248025725 |

项目名称	规格型号	单　位	数　量	单　价	金　额	税率/征收率	税　额
*住宿服务*住宿费		天	2	315.00	630.00	6%	37.80
合　计					¥630.00		¥37.80

| 价税合计（大写） | ⊗ 陆佰陆拾柒元捌分 | （小写）¥667.80 |

备注

开票人：陈晓芝

单据 3-1-29-5

电子发票（普通发票）

发票号码：24031011918204581290
开票日期：2025年03月07日

| 购买方信息 | 名称：北京三花电气有限公司
统一社会信用代码/纳税人识别号：911101060911083566 | 销售方信息 | 名称：上海南泉大酒店
统一社会信用代码/纳税人识别号：913101052248025725 |

项目名称	规格型号	单　位	数　量	单　价	金　额	税率/征收率	税　额
*餐饮服务*餐费		次	1	500.00	500.00	6%	30.00
合　计					¥500.00		¥30.00

| 价税合计（大写） | ⊗ 伍佰叁拾元整 | （小写）¥530.00 |

备注

开票人：陈晓芝

【业务处理】

　　根据背景资料,填写单据 3-1-29-6,并识别票据合规性,判断报销金额是否超过报销标准。在财务共享中心对不合规的票据及超标项目报销金额进行扣减,完成报销单审批。

　　注：①报销人：王光辉;②报销限额均为含税金额;③本次出差因管理部商务洽谈事宜,差旅基础信息中部门按报销单选择管理部。

单据 3-1-29-6

差旅费报销单

差旅基础信息							
*部门：				*日期：			
编号：				*出差人：			
*出差事由：				*报销形式：			
*单据张数：				预借金额：			
应退金额：				应补金额：			
合计金额：							
差旅费用：							

*出发-到达时间	*交通费不含税金额	*交通费税额	*住宿不含税金额	*住宿税额	*补贴费	其他费用	小计

【业务 3-1-30】(平台业务 48) 购入原材料——填制采购订单

【背景资料】

相关资料，如单据 3-1-30-1 所示。

单据 3-1-30-1

购销合同

购方： 北京三花电气有限公司　　　　合同编号： gx1010593

销方： 河北铭祺电气有限公司　　　　签订时间： 2025年3月10日

供需双方本着互利互惠、长期合作的原则，根据《中华人民共和国典　　》及双方的实际情况，就需方向供方采购事宜，订立本合同，以使双方在合同履行中共同遵守。

一、产品名称、数量、单价、金额：

产品名称	规格型号	计量单位	数量	单价	金额	备注
热缩套管		米	35000	4.00	140000.00	不含税价
电流互感器		个	224	2155.00	482720.00	税率13%
电压互感器		个	224	1833.75	410760.00	采购员：李和伟
继电器		个	1000	30.77	30770.00	
断路器		个	100	3945.00	394500.00	
高压熔断器		个	1000	97.96	97960.00	
接地开关		个	1000	45.68	45680.00	
隔离开关		个	800	38.00	30400.00	
负荷开关		个	500	29.04	14520.00	
干变变压器		个	20	9965.00	199300.00	
避雷器		个	30	1550.00	46500.00	
合计					¥1,893,110.00	

合计　人民币（大写）：壹佰捌拾玖万叁仟壹佰壹拾元整

二、质量要求技术标准：供方对质量负责的条件和期限；按合同企业标准。

三、交（提）货地点：北京市通州区群芳路194号。

四、付款时间与付款方式：收到货物后，30日之内转账支付。

五、运输方式及到站、港和费用负担。

六、合理损耗及计算方法：以实际数量验收。

七、包装标准、包装物的供应与回收：普通包装，不回收包装物。

八、验收标准及方法：货到后需方进行验收并提出质量异议，不包括运输过程中造成的质量问题。

九、违约责任：按《中华人民共和国民法典》有关规定执行。

十、解决合同纠纷的方式：双方协商解决。

十一、其他约定事项：本合同一式两份，供需双方各一份，经双方盖章后即生效。

购方（盖章）：北京三花电气有限公司　　　　　　销方（盖章）：河北铭祺电气有限公司

单位地址：北京市通州区群芳路194号　　　　　　单位地址：河北省石家庄市长安区陈宝街石铁路32号

电话：010-60562014　　　　　　　　　　　　　电话：011-28491058

签订日期：2026年03月10日　　　　　　　　　　签订日期：202★年03月10日

开户银行：交通银行北京群芳支行　　　　　　　　开户银行：交通银行石家庄长安支行

账号：11000204805248286289066　　　　　　　账号：41924990575877

【业务处理】

3 月 10 日，请根据背景资料的购销合同，填写单据 3-1-30-2。

单据 3-1-30-2

采购订单

＊采购订单号：		＊采购类别：			供应商编号：		
＊供应商名称：		＊订单日期：			＊税率：		
＊采购部门：		＊采购员：					

序号	材料名称	材料编号	规格	单位	数量	不含税单价	不含税金额	税额
合计								
							填制人：	

【业务 3-1-31】(平台业务 49） 购入原材料——填制到货单

【业务处理】

3 月 10 日,承【业务 3-1-30】,采购订单中的材料已全部到货,填写单据 3-1-31-1(质检员:吕晨阳)。

单据 3-1-31-1

到货单

序号	材料编号	材料名称	规格	单位	订单数量	实际到货数量

*到货单号: *采购订单: 供应商名称:
供应商编号: *日期:

采购员: 质检员: 填制人:

【业务 3-1-32】(平台业务 50） 购入原材料——填制入库单

【业务处理】

3 月 10 日,承【业务 3-1-31】,填写单据 3-1-32-1(仓库:张新光;部门经理:林玉玉)。

单据 3-1-32-1

入库单

*入库单号: *到货单: 供应商编号:
*供应商名称: *日期: 材料类别:
*收料仓库:

序号	材料编号	材料名称	规格	单位	应收数量	实收数量	材料单价	材料金额	运杂费	合计
合计										

部门经理: 仓库: 填制人:

【业务 3-1-33】(平台业务 52)　购入原材料——填制采购发票

【业务处理】

3 月 10 日,承【业务 3-1-30】【业务 3-1-31】【业务 3-1-32】,填制采购发票,填写单据 3-1-33-1(发票号码:24130119213017295846;统一社会信用代码:911301029501820581)。

单据 3-1-33-1

采购发票

* 开票日期:		* 发票号码:			* 录入日期:			
* 供应商名称:		* 统一社会信用代码:			* 业务类型:			

序号	商品名称	规格型号	单位	数量	单价	金额	税率	税额

不含税金额:	税额:	价税合计:

【业务 3-1-34】(平台业务 53)　购入原材料——填制应付单

【业务处理】

3 月 10 日,承【业务 3-1-33】,填写单据 3-1-34-1(摘要:购入原材料)。

单据 3-1-34-1

应付单

* 编号:	* 日期:	* 供应商名称:
供应商编号:	* 开户行:	* 账号:
* 付款方式:	* 税率:	* 摘要:
* 应付金额:	* 应付金额大写:	

备注:

【业务 3-1-35】(平台业务 55) 预付审计费——填制付款单
【背景资料】

相关资料，如单据 3-1-35-1 所示。

单据 3-1-35-1

付款申请单

2025年 03月 10日

用途及情况	金额											收款单位（人）：北京立信会计师事务所
	亿	千	百	十	万	千	百	十	元	角	分	账号：110021074261058829153
预付审计费（含税率6%）					¥	8	0	0	0	0	0	开户行：交通银行北京丰台支行
金额（大写）合计：	人民币捌仟元整											结算方式：转账
总经理	韩国伟	财务部门	经理	孙汉敏		业务部门	经理	孙汉敏
			会计	陈珊珊			经办人	陈珊珊

【业务处理】

根据背景资料，填写单据 3-1-35-2，并完成付款核销（申请人：陈姗姗；岗位：共享会计；付款类型：预付款）。

单据 3-1-35-2

付款单

```
* 单号：                    * 付款类型：
* 申请人：                  * 名称：
* 税率：                    * 申请部门：
* 申请日期：                * 开户行：
* 账号：                    * 付款金额：
* 付款方式：                * 付款金额大写：

  摘要：┌──────────────────────────────┐
        │                              │
        │                              │
        │                              │
        └──────────────────────────────┘
```

【业务 3-1-36】(平台业务 57) 支付材料款有现金折扣——填制付款单
【背景资料】

相关资料，如单据 3-1-36-1 所示。

单据 3-1-36-1

付款申请单

2025年 03月 10日

用途及情况	金额											收款单位（人）：北京鑫源达板材有限公司
	亿	千	百	十	万	千	百	十	元	角	分	账号：41924996519048
支付扣除现金折扣后的材料款（含税率13%）				¥	5	6	6	1	0	2	8	8	开户行：交通银行北京大兴支行
金额（大写）合计：	人民币伍拾陆万陆仟壹佰零贰元捌角捌分											结算方式：转账
总经理	韩国伟	财务部门	经理	孙汉敏		业务部门	经理	林玉玉
			会计	陈珊珊			经办人	李和伟

【业务处理】

根据背景资料,填写单据 3-1-36-2,并完成付款核销(申请人:李和伟;岗位:采购员)。

单据 3-1-36-2

付款单

＊单号:	＊付款类型:
＊申请人:	＊名称:
＊税率:	＊申请部门:
＊申请日期:	＊开户行:
＊账号:	＊付款金额:
＊付款方式:	付款金额大写:

摘要:

【业务 3-1-37】(平台业务 60)　支付研发部设备检测费——填制付款单并核销

【背景资料】

相关资料,如单据 3-1-37-1 和单据 3-1-37-2 所示。

单据 3-1-37-1

付款申请单
2025年 03月 12日

用途及情况	金额											收款单位(人):北京阳华维修服务有限公司		
	亿	千	百	十	万	千	百	十	元	角	分			
支付研发部设备检测费					￥	5	3	0	0	0	0	账号:41924996290746		
												开户行:交通银行北京通州支行		
金额(大写)合计	人民币伍仟叁佰元整											结算方式:转账		
总经理	韩国伟	财务部门	经理	孙汉敏	业务部门	经理	刘媛媛
			会计	陈珊珊		经办人	陈笑笑

单据 3-1-37-2

【业务处理】

根据背景资料,填制付款单并完成付款核销,填写单据 3-1-37-3(申请人:陈笑笑;岗位:研发人员)。

单据 3-1-37-3

付款单

* 单号:	* 付款类型:
* 申请人:	* 名称:
* 税率:	* 申请部门:
* 申请日期:	* 开户行:
* 账号:	* 付款金额:
* 付款方式:	付款金额大写:
摘要:	

【业务 3-1-38】(平台业务 62)　收到货款——填制收款单

【背景资料】

相关资料,如单据 3-1-38-1 所示。

单据 3-1-38-1

收款信息

客户名称	河北唐山市电力公司	收款日期	2025 年 3 月 12 日
开户行	中国工商银行唐山路南支行	账号	110002810582018361954
收款类型	收货款	收款方式	转账
收款金额	￥928000.00	金额大写	人民币玖拾贰万捌仟元整

【业务处理】

3 月 12 日,根据背景资料,填写单据 3-1-38-2。

单据 3-1-38-2

收款单

* 客户名称:	* 申请日期:
* 开户行:	* 账号:
* 收款类型:	* 收款方式:
* 收款金额:	收款金额大写:
摘要:	

【业务 3-1-39】(平台业务 65) 支付广告费——填制付款单并核销

【背景资料】

相关资料,如单据 3-1-39-1 和单据 3-1-39-2 所示。

单据 3-1-39-1

付款申请单

2025年 03月 13日

用途及情况	金额											收款单位(人):北京祥鸿文化传媒有限公司	
支付广告费	亿	千	百	十	万	千	百	十	元	角	分	账号:110001839582195012549	
			¥	1	0	6	0	0	0	0	0	开户行:交通银行北京丰台支行	
金额(大写)合计:	人民币壹拾万陆仟元整											结算方式:	转账
总经理	韩国伟		财务部门	经理		孙汉敏		业务部门		经理		吕晨曦	
				会计		陈珊珊				经办人		高成玉	

单据 3-1-39-2

【业务处理】

根据背景资料,填写单据 3-1-39-3,并完成付款核销(申请人:高成玉;岗位:销售员)。

单据 3-1-39-3

付款单

* 单号:	* 付款类型:
* 申请人:	* 名称:
* 税率:	* 申请部门:
* 申请日期:	* 开户行:
* 账号:	* 付款金额:
* 付款方式:	付款金额大写:
摘要:	

【业务 3-1-40】(平台业务 67) 销售商品——填制销售单

【背景资料】

相关资料,如单据 3-1-40-1 所示。

单据 3-1-40-1

购销合同

购方: 华电开关股份有限公司　　　　合同编号: gxhe019806

销方: 北京三花电气有限公司　　　　签订时间: 2025年3月14日

　　供需双方本着互利互惠、长期合作的原则,根据《中华人民共和国民法典》及双方的实际情况,就需方向供方采购事宜,订立本合同,以使双方在合同履行中共同遵守。

一、产品名称、数量、单价、金额:

产品名称	规格型号	计量单位	数量	单价	金额	备注
低压柜		个	30	60000.00	1800000.00	不含税价
中压柜		个	15	62000.00	930000.00	税率13%
						交货时间:
						2025年3月14日
合计					¥2,730,000.00	
合计　人民币（大写）:贰佰柒拾叁万元整						

二、质量要求技术标准:供方对质量负责的条件和期限;按合同企业标准。

三、交（提）货地点:山西省太原市小店区常文街徐书路14号。

四、付款时间与付款方式:购买方提货后,一个月内支付货款。

五、运输方式及到站、港和费用负担:由购货方承担。

六、合理损耗及计算方法:以实际数量验收。

七、包装标准、包装物的供应与回收:普通包装,不回收包装物。

八、验收标准及方法:货到后需方进行验收并提出质量异议,不包括运输过程中造成的质量问题。

九、违约责任:按《中华人民共和国民法典》有关规定执行。

十、解决合同纠纷的方式:双方协商解决。

十一、其他约定事项:本合同一式两份,供需双方各一份,经双方盖章后即生效。

购方（盖章）:华电开关股份有限公司　　　　销方（盖章）:北京三花电气有限公司

单位地址:山西省太原市小店区常文街徐书路14号　　单位地址:北京市通州区群芳路194号

电话:022-75322820　　　　　　　　电话:010-60562014

签订日期:2025-03月14日　　　　　　签订日期:2025-03月14日

开户银行:建设银行太原小店支行　　　　开户银行:交通银行北京群芳支行

账号:41622124454009　　　　　　账号:110002048052486289066

【业务处理】

3 月 14 日,根据背景资料,填写单据 3-1-40-2(销售员:高成玉)。

单据 3-1-40-2

销售单

*销售单号:		*销售类型:			*客户名称:			
客户编号:		*交货日期:			*币种:			
*税率:		*销售部门:			*销售员:			

序号	产品名称	产品编号	规格	单位	数量	不含税单价	不含税金额	税额	含税金额
合　计									填制人:

【业务 3-1-41】(平台业务 68)　销售商品——填制销售发货单

【业务处理】

3 月 14 日,承【业务 3-1-40】,销售订单全部发货,填写单据 3-1-41-1(销售经理:吕晨曦)。

单据 3-1-41-1

销售发货单

*销售发货单号:		*销售单号:		*客户名称:
客户编号:		*计划交货日期:		

序号	产品名称	产品编号	规格	单位	数量
销售经理:		销售员:			填制人:

【业务 3-1-42】(平台业务 69)　销售商品——填制销售出库单

【业务处理】

3 月 14 日,承【业务 3-1-41】,填写单据 3-1-42-1(销售经理:吕晨曦;仓库:张新光)。

单据 3-1-42-1

出库单

*销售出库单号:		*销售发货号:		*客户名称:
客户编号:		*发出仓库:		*出库日期:

序号	产品名称	产品编号	规格	单位	数量
部门经理:		仓库:			填制人:

【业务 3-1-43】（平台业务 70） 销售商品——填制销售发票
【业务处理】

3 月 14 日,根据背景资料,填写单据 3-1-43-1(发票号码:24110119113048310851;统一社会信用代码：911401051304810285)。

单据 3-1-43-1

销售发票

*开票日期:			*发票号码:			*录入日期:		
*客户名称:			*统一社会信用代码:			*业务类型:		
序号	商品名称	规格型号	单位	数量	单价	金额	税率	税额
不含税金额:			税额:			价税合计:		

【业务 3-1-44】（平台业务 71） 销售商品——填制应收单
【业务处理】

3 月 14 日,承**【业务 3-1-43】**,填写单据 3-1-44-1。

单据 3-1-44-1

应收单

*应收单号:		*销售类型:			*客户名称:	
客户编号:		*出库单:			币种:	
*税率:		填制日期:				
序号	产品名称	产品编号	规格	单位	数量	不含税单价	税额	含税金额
合计								
							填制人:	

【业务 3-1-45】（平台业务 73） 研发人员报销差旅费——识别票据合规性
【背景资料】

相关资料,如单据 3-1-45-1 至单据 3-1-45-5 所示。

单据 3-1-45-1

差 旅 费 报 销 单

2025 年 03 月 14 日　　　　　　　　　　单据及附件共　4　张

所属部门	研发部			姓名:陈福来		出差事由	技术交流	
出发		到达		起止地点	交通费	住宿费	伙食费	其他
月	日	月	日					
03	12	03	12	北京—太原	163.00			
03	12	03	13			243.80	234.00	
03	13	03	13	太原—北京	163.00			
					现金付讫			
						预支		退回金额 ¥0.00
合计 大写金额:捌佰零叁元捌角					¥803.80	差旅费	¥0.00	补付金额 ¥803.80

总经理:韩国伟　　财务经理:孙汉敏　　会计:陈珊珊　　　出纳:林秀娟　　部门经理:　　　报销人:陈福来

单据 3-1-45-2

电子发票（普通发票）

发票号码：24031011918204103859
开票日期：2025年03月14日

购买方信息	名称：北京三花电气有限公司 统一社会信用代码/纳税人识别号：911101060911083566					销售方信息	名称：太原晨星连锁酒店有限公司 统一社会信用代码/纳税人识别号：911401060482710387		

项目名称	规格型号	单 位	数 量	单 价	金 额	税率/征收率	税 额
*餐饮服务*餐费		次	1	220.75	220.75	6%	13.25
合 计					¥220.75		¥13.25

价税合计（大写）	⊗ 贰佰叁拾肆元整	（小写）¥234.00

备注	

开票人：唐旭

单据 3-1-45-3

电子发票（增值税专用发票）

发票号码：24140119513084013927
开票日期：2025年03月14日

购买方信息	名称：北京三花电气有限公司 统一社会信用代码/纳税人识别号：911101060911083566					销售方信息	名称：太原晨星连锁酒店有限公司 统一社会信用代码/纳税人识别号：91140119513084013927		

项目名称	规格型号	单 位	数 量	单 价	金 额	税率/征收率	税 额
*住宿服务*住宿费		天	1	230.00	230.00	6%	13.80
合 计					¥230.00		¥13.80

价税合计（大写）	⊗ 贰佰肆拾叁元捌角整	（小写）¥243.80

备注	

开票人：唐旭

单据 3-1-45-4

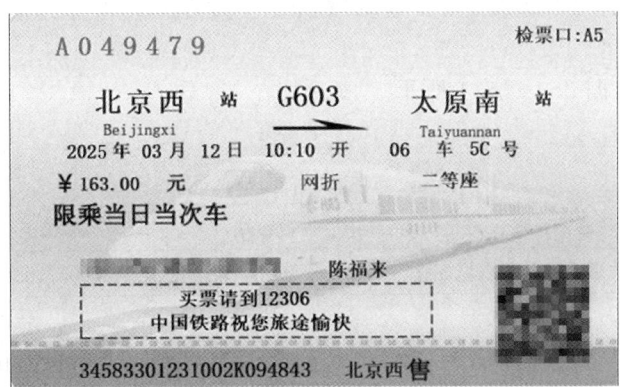

A049479　　　　　　　　　　检票口：A5

北京西 站　G603　太原南 站
Beijingxi　　　　　　　　Taiyuannan
2025年 03月 12日　10:10 开　06 车 5C 号
¥163.00 元　　网折　　二等座
限乘当日当次车

　　　　　　　　　　　　陈福来

买票请到12306
中国铁路祝您旅途愉快

34583301231002K094843　　北京西售

单据 3-1-45-5

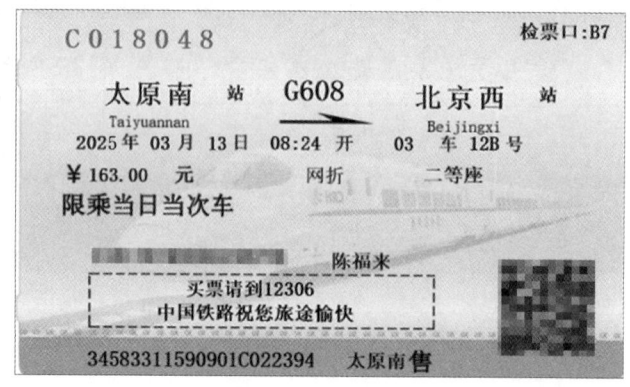

【业务处理】

根据背景资料,填写单据 3-1-45-6,识别票据合规性,判断报销金额是否超过报销标准,在财务共享中心对不合规的票据及超标项目报销金额进行扣减,完成报销单审批。

注:①报销人:陈福来;岗位:研发部经理;②报销限额均为含税金额。

单据 3-1-45-6

差旅费报销单

差旅基础信息

*部门:	*日期:
编号:	*出差人:
*出差事由:	*报销形式:
*单据张数:	预借金额:
应退金额:	应补金额:
合计金额:	

差旅费用:

*出发-到达时间		*交通费不含税金额	*交通费税额	*住宿不含税金额	*住宿税额	*补贴费	其他费用	小计

【业务 3-1-46】(平台业务 76)　**收到货款——填制收款单**

【背景资料】

相关资料,如单据 3-1-46-1 所示。

单据 3-1-46-1

收款信息

客户名称	中国移动通信有限公司北京分公司	收款日期	2025年3月14日
开户行	中国银行北京东城支行	账号	41000571028401847263
收款类型	收货款	收款方式	转账
收款金额	￥1500000.00	金额大写	人民币壹佰伍拾万元整

【业务处理】

3 月 14 日,根据背景单据,填写单据 3-1-46-2。

单据 3-1-46-2

收款单

* 客户名称:	* 申请日期:
* 开户行:	* 账号:
* 收款类型:	* 收款方式:
* 收款金额:	收款金额大写:
摘要:	

【业务 3-1-47】(平台业务 83) 报销业务招待费——识别票据合规性

【背景资料】

相关资料,如单据 3-1-47-1 至 3-1-47-4 所示。

单据 3-1-47-1

报销单

填报日期: 2025 年 03 月 18 日 单据及附件共 1 张

姓名: 黄凯芹	所属部门	行政部	报销形式		现金	
			支票号码			
报销项目		摘要		金额	备注
招待费		报销招待费		1800.00	
		现金付讫			
合　　　计				¥1,800.00	
金额大写: 零拾零万零壹仟捌佰零拾零元零角零分			原借款: ¥0.00元	应退(补)款:	¥1,800.00

总经理:韩国伟　　财务经理:孙汉敏　　部门经理:谭雄天　　会计:陈珊珊　　出纳:林秀娟　　报销人:黄凯芹

单据 3-1-47-2

招待费审批申请

谭经理:

　　因科技项目研讨会招待需求,需申请招待费1800元,用于招待参会专家晚宴,详细招待信息计划如下:

　　1.招待人员:共9人,名单如下:邱金、华明、安逸、刘灿、汪清、陈晨、胡锦、温玉玉、林琳。

　　2.招待地点:北京正厅餐饮有限公司。

请审批!

申请人:黄凯芹

回复:同意

部门经理:谭雄天

单据 3-1-47-3

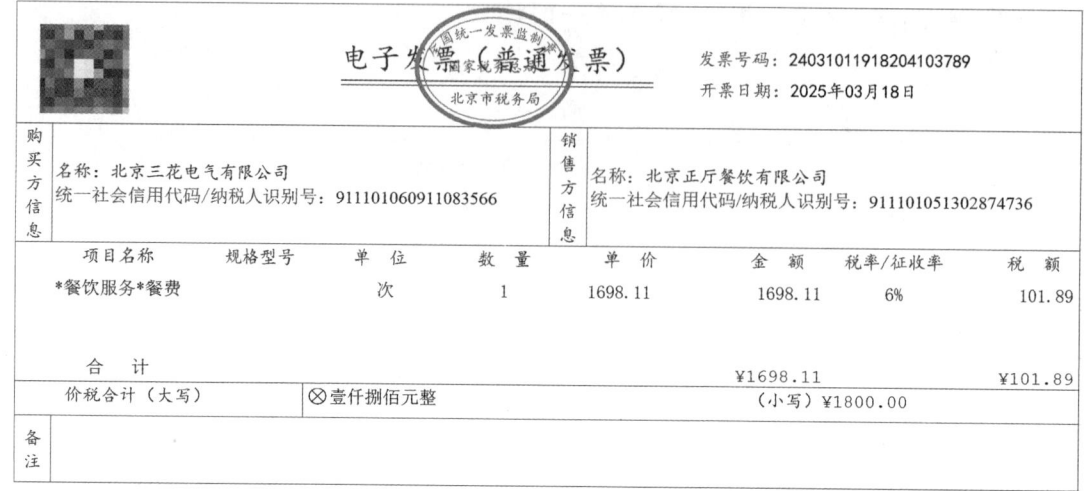

电子发票（普通发票）

发票号码：24031011918204103789
开票日期：2025年03月18日

购买方信息	名称：北京三花电气有限公司 统一社会信用代码/纳税人识别号：911101060911083566	销售方信息	名称：北京正厅餐饮有限公司 统一社会信用代码/纳税人识别号：911101051302874736

项目名称	规格型号	单位	数量	单价	金额	税率/征收率	税额
*餐饮服务*餐费		次	1	1698.11	1698.11	6%	101.89
合 计					¥1698.11		¥101.89

价税合计（大写）	⊗壹仟捌佰元整	（小写）¥1800.00

备注	

开票人：唐晨

单据 3-1-47-4

招待消费清单

北京正厅餐饮有限公司
客人消费清单
桌号：05

酒店日期：2025/3/18　　餐段：晚市
单号：#5562　　　　　　服务员：刘敏

菜品名称	数量	规格	小计
海鲜自助	9	份	¥1 800.00
		累计：	¥1 800.00

【业务处理】

根据背景资料，识别票据合规性，判断报销金额是否超过报销标准，在财务共享中心对不合规的票据及超标项目报销金额进行扣减，完成报销单审批，填写单据 3-1-47-5。

单据 3-1-47-5

业务招待费报销单

*部门：	*日期：	编号：
*报销人：	*招待事由：	*报销形式：
*单据张数：	报销金额：	预借金额：
退/补金额：	*应付金额：	

【业务 3-1-48】(平台业务 85)　支付审计费余款——填制付款单并核销

【背景资料】

相关资料,如单据 3-1-48-1 和单据 3-1-48-2 所示。

单据 3-1-48-1

付款申请单

2025年 03月 18日

用途及情况	金额											收款单位(人):北京立信会计师事务所
支付审计费余款	亿	千	百	十	万	千	百	十	元	角	分	账号:110002107426105829153
				¥	1	0	0	0	0	0	0	开户行:交通银行北京丰台支行
金额(大写)合计	人民币壹万元整											结算方式　转账
总经理	韩国伟	财务部门	经理	孙汉敏			业务部门	经理	孙汉敏
			会计	陈珊珊				经办人	陈珊珊

单据 3-1-48-2

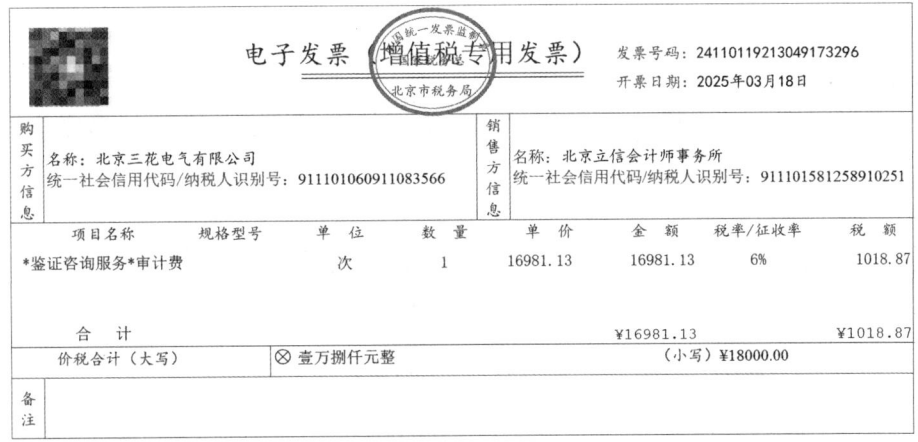

【业务处理】

根据背景资料,填写单据 3-1-48-3,并完成付款核销(申请人:陈珊珊;岗位:共享会计)。

单据 3-1-48-3

付款单

＊单号:	＊付款类型:
＊申请人:	＊名称:
＊税率:	＊申请部门:
＊申请日期:	＊开户行:
＊账号:	＊付款金额:
＊付款方式:	付款金额大写:
摘要:	

【业务 3-1-49】(平台业务 88) 支付材料款——填制付款单并核销

【背景资料】

相关资料,如单据 3-1-49-1 所示。

单据 3-1-49-1

付款申请单

2025年 03月 19日

用途及情况	金额											收款单位（人）：北京高宝自动化有限公司		
支付材料款（含税率13%）	亿	千	百	十	万	千	百	十	元	角	分	账号：41000184920183716592		
				¥	8	5	4	6	0	0	0	0	开户行：中国银行北京朝阳支行		
金额（大写）合计	人民币捌拾伍万肆仟陆佰元整										结算方式	转账		
总经理	韩国伟		财务部门	经理	孙汉敏		业务部门	经理	林玉玉					
				会计	陈珊珊			经办人	李和伟					

【业务处理】

根据背景资料,填写单据 3-1-49-2,并完成付款核销(申请人：李和伟;岗位：采购员)。

单据 3-1-49-2

付款单

* 单号：　　　　　　　　　 ＊付款类型：

* 申请人：　　　　　　　　 ＊名称：

* 税率：　　　　　　　　　 ＊申请部门：

* 申请日期：　　　　　　　 ＊开户行：

* 账号：　　　　　　　　　 ＊付款金额：

* 付款方式：　　　　　　　 付款金额大写：

　摘要：

【业务 3-1-50】(平台业务 94) 支付职工培训费——填制付款单并核销

【背景资料】

相关资料,如单据 3-1-50-1 和单据 3-1-50-2 所示。

单据 3-1-50-1

付款申请单

2025年 03月 22日

用途及情况	金额											收款单位（人）：北京德尚培训中心	
支付职工培训费	亿	千	百	十	万	千	百	十	元	角	分	账号：110002069052876730708	
					¥	8	6	9	2	0	0	开户行：中国银行北京朝阳支行	
金额（大写）合计	人民币捌仟陆佰玖拾贰元整											结算方式	转账
总经理	韩国伟	财务部门	经理	孙汉敏				业务部门		经理	李玉和		
			会计	陈珊珊						经办人	陈芳华		

单据 3-1-50-2

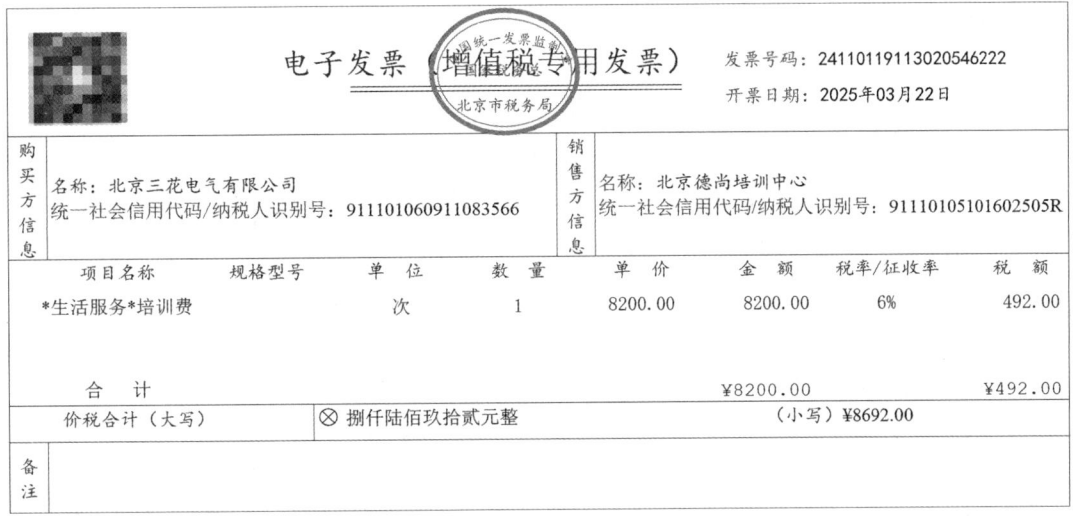

开票人：梁伟强

【业务处理】

根据背景资料，填写单据 3-1-50-3，并完成付款核销（申请人：陈芳华；岗位：行政人员）。

单据 3-1-50-3

付款单

＊单号：	＊付款类型：
＊申请人：	＊名称：
＊税率：	＊申请部门：
＊申请日期：	＊开户行：
＊账号：	＊付款金额：
＊付款方式：	付款金额大写：
摘要：	

【业务 3-1-51】(平台业务 96)　支付销售中心搬迁物流费——填制付款单并核销

【背景资料】

相关资料,如单据 3-1-51-1 和单据 3-1-51-2 所示。

单据 3-1-51-1

付款申请单

2025年 03月 25日

用途及情况	金额											收款单位（人）：北京德润物流有限公司	
支付销售中心搬迁物流费	亿	千	百	十	万	千	百	十	元	角	分	账号：110000374194209158543	
				¥	3	0	5	2	0	0	0	开户行：交通银行北京海淀支行	
金额（大写）合计	人民币叁万零伍佰贰拾元整										结算方式	转账	
总经理	韩国伟	财务部门	经理	孙汉敏			业务部门	经理	吕晨曦				
			会计	陈珊珊				经办人	高成玉				

单据 3-1-51-2

电子发票 （增值税专用发票）

发票号码：24110119113020546238
开票日期：2025年03月25日

购买方信息	名称：北京三花电气有限公司 统一社会信用代码/纳税人识别号：911101060911083566				销售方信息	名称：北京德润物流有限公司 统一社会信用代码/纳税人识别号：911101581258910251		
项目名称	规格型号	单位	数量	单价	金额	税率/征收率		税额
*运输服务*运费		次	1	28000.00	28000.00	9%		2520.00
合　计					¥28000.00			¥2520.00
运输工具种类	运输工具牌号		起运地		到达地		运输货物名称	
公路运输	京B58T17		北京东城区		北京通州区		光合电器	
价税合计（大写）	⊗ 叁万零伍佰贰拾元整					（小写）¥30520.00		
备注								

开票人：李妍

【业务处理】

根据背景资料,填写单据 3-1-51-3,并完成付款核销（申请人：高成玉；岗位：销售员）。

单据 3-1-51-3

付款单

＊单号：	＊付款类型：
＊申请人：	＊名称：
＊税率：	＊申请部门：
＊申请日期：	＊开户行：
＊账号：	＊付款金额：
＊付款方式：	付款金额大写：

摘要：

【业务 3-1-52】(平台业务 98)　支付电信基础服务费——填制付款单并核销

【背景资料】

相关资料,如单据 3-1-52-1 和单据 3-1-52-2 所示。

单据 3-1-52-1

付款申请单
2025年 03月 25日

用途及情况	金额										收款单位（人）：中国电信股份有限公司北京分公司
支付电信基础服务费	亿	千	百	十	万	千	百	十	元	角	分	账号：4100888800098699078
					¥	2	5	6	8	0	4	开户行：中国工商银行北京朝阳支行
金额（大写）合计	人民币贰仟伍佰陆拾捌元零角肆分									结算方式	转账	
总经理	韩国伟	财务部门	经理	孙汉敏	业务部门	经理	李玉和				
			会计	陈珊珊		经办人	陈芳华				

单据 3-1-52-2

【业务处理】

根据背景资料,填写单据 3-1-52-3,并完成付款核销(申请人:陈芳华;岗位:行政人员)。

单据 3-1-52-3

付款单

＊单号：	＊付款类型：
＊申请人：	＊名称：
＊税率：	＊申请部门：
＊申请日期：	＊开户行：
＊账号：	＊付款金额：
＊付款方式：	付款金额大写：

摘要：

【业务 3-1-53】(平台业务 100) 支付电信增值服务费——填制付款单并核销

【背景资料】

相关资料,如单据 3-1-53-1 和单据 3-1-53-2 所示。

单据 3-1-53-1

付款申请单

2025年 03月 25日

用途及情况	金额											收款单位（人）：中国电信股份有限公司北京分公司			
支付电信增值服务费	亿	千	百	十	万	千	百	十	元	角	分	账号：4100888800098699078			
					¥	6	6	7	8	0		开户行：中国工商银行北京朝阳支行			
金额（大写）合计	人民币陆佰陆拾柒元捌角											结算方式：	转账		
总经理	韩国伟	财务部门	经理	孙汉敏				业务部门			经理	李玉和			
			会计	陈珊珊							经办人	陈芳华			

单据 3-1-53-2

【业务处理】

根据背景资料,填写单据 3-1-53-3,并完成付款核销(申请人：陈芳华;岗位：行政人员)。

单据 3-1-53-3

付款单

* 单号：	* 付款类型：
* 申请人：	* 名称：
* 税率：	* 申请部门：
* 申请日期：	* 开户行：
* 账号：	* 付款金额：
* 付款方式：	付款金额大写：
摘要：	

【业务 3-1-54】（平台业务 102） 收到货款——填制收款单

【背景资料】

相关资料,如单据 3-1-54-1 所示。

单据 3-1-54-1

收款信息

客户名称	北京ABB开关有限公司	收款日期	2025年3月25日
开户行	交通银行北京朝阳支行	账号	41000184951279561829
收款类型	收货款	收款方式	转账
收款金额	¥1160000.00	金额大写	人民币壹佰壹拾陆万元整

【业务处理】

3月 25 日,根据背景资料,填写单据 3-1-54-2。

单据 3-1-54-2

收款单

* 客户名称:　　　　　　　　　　　 ＊ 申请日期:

＊ 开户行:　　　　　　　　　　　　 ＊ 账号:

＊ 收款类型:　　　　　　　　　　　 ＊ 收款方式:

＊ 收款金额:　　　　　　　　　　　 收款金额大写:

摘要:

【业务 3-1-55】（平台业务 108） 支付固定资产安装费——填制付款单并核销

【背景资料】

相关资料,如单据 3-1-55-1 和单据 3-1-55-2 所示。

单据 3-1-55-1

付款申请单

2025年 03月 28日

用途及情况	金额										收款单位（人）：青岛盛通机械科技有限公司		
	亿	千	百	十	万	千	百	十	元	角	分	账号：41622124375791319052	
支付固定资产安装费				¥	2	1	8	0	0	0	0	开户行：中国农业银行青岛四方支行	
金额（大写）合计：	人民币贰万壹仟捌佰元整									结算方式：		转账	
总经理	韩国伟	财务部门	经理	孙汉敏	业务部门	经理	李枫达
			会计	陈珊珊		经办人	李枫达

单据 3-1-55-2

		电子发票（增值税专用发票）	发票号码：24370219113049812063

（国统一发票监制章 青岛市税务局）

开票日期：2025年03月28日

购买方信息	名称：北京三花电气有限公司 统一社会信用代码/纳税人识别号：911101060911083566	销售方信息	名称：青岛盛通机械科技有限公司 统一社会信用代码/纳税人识别号：913702051240084923

项目名称	建筑服务发生地	建筑项目名称	金额	税率/征收率	税额
*建筑服务*安装费	北京市通州区群芳路194号	设备安装	20000.00	9%	1800.00
合　计			¥20000.00		¥1800.00
价税合计（大写）	⊗ 贰万壹仟捌佰元整			（小写）¥21800.00	
备注	土地增值税项目编号：	跨地（市）标志：否			

开票人：钟国钊

【业务处理】

根据背景资料，填写单据3-1-55-3，并完成付款核销（申请人：李枫达；岗位：生产人员）。

单据 3-1-55-3

付款单

* 单号：		* 付款类型：
* 申请人：		* 名称：
* 税率：		* 申请部门：
* 申请日期：		* 开户行：
* 账号：		* 付款金额：
* 付款方式：		付款金额大写：
摘要：		

【业务 3-1-56】(平台业务 110)　固定资产管理——固定资产卡片

【背景资料】

相关资料，如单据 3-1-56-1 所示。

单据 3-1-56-1

固定资产验收单

资产编号	GU1084	资产名称		数控冲床	
规格（编号）		资产代码	SKJC051	购置日期	2025年3月28日
计量单位	台	单价（元）	1220000.00	金额（元）	1220000.00
出厂日期	2025年3月28日	管理人		冯新新	
生产厂家	青岛盛通机械科技有限公司	安装使用地点		生产车间	
附件情况					

固定资产验收情况说明：

    状态良好，调试可以投入使用。

验收确认：

    已验收

验收日期：2025年03月28日

管理部门经理签字：谭雄天

公司总经理签字：韩国伟

注：此表一式三份，使用部门、保管部门、财务部门各一份。

【业务处理】

根据业务资料，填写单据 3-1-56-2。

注：残值率为 0，未计提折旧，已折旧期间为 0，期初累计折旧为 0。

单据 3-1-56-2

固定资产卡片

基本信息	
＊资产编码：	＊资产名称：
＊资产类别：	＊使用部门：
＊开始使用日期：	＊数量：
＊增加方式：	规格型号：
存放地点：	＊使用人：
折旧方式	
＊折旧方法：	＊预计使用期数：
原值、净值、累计折旧	
＊原值：	税额：
＊残值率：	减值准备：
预计使用月份：	＊已折旧期间：
＊期初累计折旧：	＊月折旧额：

【业务 3-1-57】(平台业务 112) 销售商品——填制销售单

【背景资料】

相关资料,如单据 3-1-57-1 所示。

单据 3-1-57-1

购销合同

购方:　北京市电力公司　　　　　　　合同编号:　gxhe019807

销方:　北京三花电气有限公司　　　　签订时间:　2025年3月28日

　　供需双方本着互利互惠、长期合作的原则,根据《中华人民共和国民法典》及双方的实际情况,就需方向供方采购事宜,订立本合同,以使双方在合同履行中共同遵守。

一、产品名称、数量、单价、金额:

产品名称	规格型号	计量单位	数量	单价	金额	备注
低压柜		个	18	60000.00	1080000.00	不含税价
中压柜		个	9	62000.00	558000.00	税率13%
						交货时间:
						2025年3月28日
合计					¥1,638,000.00	
合计　人民币（大写）：壹佰陆拾叁万捌仟元整						

二、质量要求技术标准:供方对质量负责的条件和期限;按合同企业标准。

三、交（提）货地点:北京市西城区王秀街韩春路68号。

四、付款时间与付款方式:购买方提货时,先支付60%货款,40%余款于一个月内付清。

五、运输方式及到站、港和费用负担:由购货方承担。

六、合理损耗及计算方法:以实际数量验收。

七、包装标准、包装物的供应与回收:普通包装,不回收包装物。

八、验收标准及方法:货到后需方进行验收并提出质量异议,不包括运输过程中造成的质量问题。

九、违约责任:按《中华人民共和国民法典》有关规定执行。

十、解决合同纠纷的方式:双方协商解决。

十一、其他约定事项:本合同一式两份,供需双方各一份,经双方盖章后即生效。

购方（盖章）:北京市电力公司　　　　　　销方（盖章）:北京三花电气有限公司

单位地址:北京市西城区王秀街韩春路68号　单位地址:北京市通州区群芳路194号

电话:010-58210860-75322820　　　　　　电话:010-60562014

签订日期:2025年03月28日　　　　　　　签订日期:2025年03月28日

开户银行:建设银行北京西城支行　　　　　开户银行:交通银行北京群芳支行

账号:41000128591280512809　　　　　　　账号:110002048052486289066

【业务处理】

3 月 28 日,根据背景资料,填写单据 3-1-57-2(销售员:高成玉)。

单据 3-1-57-2

销售单

*销售订单号:			*销售类型:			*客户名称:			
客户编号:			*交货日期:			*币种:			
*税率:			*销售部门:			*销售员:			
序号	产品名称	产品编号	规格	单位	数量	不含税单价	不含税金额	税额	含税金额
合 计									
							填制人:		

【业务 3-1-58】(平台业务 113)   销售商品——填制销售发货单

【业务处理】

3 月 28 日,承【业务 3-1-57】,销售单中的产品已全部发货,填写单据 3-1-58-1(销售经理:吕晨曦)。

单据 3-1-58-1

销售发货单

*销售发货单号:			*销售单号:		*客户名称:
客户编号:			*计划交货日期:		
序号	产品名称	产品编号	规格	单位	数量
销售经理:		销售员:			填制人:

【业务 3-1-59】(平台业务 114)   销售商品——填制销售出库单

【业务处理】

3 月 28 日,承【业务 3-1-58】,填写单据 3-1-59-1(销售经理:吕晨曦;仓库:张新光)。

单据 3-1-59-1

出库单

*销售出库单号:			*销售发货号:		*客户名称:
客户编号:			*发出仓库:		*出库日期:
序号	产品名称	产品编号	规格	单位	数量
部门经理:		仓库:			填制人:

【业务 3-1-60】(平台业务 115) **销售商品——填制销售发票**

【业务处理】

3 月 28 日,承【业务 3-1-57】【业务 3-1-58】【业务 3-1-59】,填写单据 3-1-60-1(发票号码:24110119113048310853;统一社会信用代码:911101025812038950)。

单据 3-1-60-1

销售发票

*开票日期:		*发票号码:			*录入日期:			
*客户名称:		*统一社会信用代码:			*业务类型:			
序号	商品名称	规格型号	单位	数量	单价	金额	税率	税额
不含税金额:			税额:			价税合计:		

【业务 3-1-61】(平台业务 116) **销售商品——填制应收单**

【业务处理】

3 月 28 日,承【业务 3-1-60】,填制应收单,填写单据 3-1-61-1。

单据 3-1-61-1

应收单

*应收单号:		*销售类型:		*客户名称:			
客户编号:		*出库单:		币种:			
*税率:		填制日期:					
序号	产品名称	产品编号	规格	单位	数量	不含税单价	税额	含税金额
合计								
							填制人:	

【业务 3-1-62】(平台业务 118) **销售商品——填制收款单**

【业务处理】

3 月 28 日,承【业务 3-1-57】的购销合同,填写单据 3-1-62-1(收款方式:转账)。

单据 3-1-62-1

收款单

*客户名称:	*申请日期:
*开户行:	*账号:
*收款类型:	*收款方式:
*收款金额:	收款金额大写:
摘要:	

【业务 3-1-63】(平台业务 120) 支付材料款——填制付款单并核销
【背景资料】
相关资料,如单据 3-1-63-1 所示。
单据 3-1-63-1

付款申请单
2025年 03月 30日

用途及情况	金额											收款单位(人):北京浪博铜业有限公司		
支付材料款(含税率13%)	亿	千	百	十	万	千	百	十	元	角	分	账号:41924996334114		
		¥	1	6	2	9	4	5	0	8	0	开户行:交通银行北京顺义支行		
金额(大写)合计	人民币壹佰陆拾贰万玖仟肆佰伍拾元捌角											结算方式	转账	
总经理	韩国伟		财务部门		经理		孙汉敏		业务部门			经理		林玉玉
					会计		陈珊珊					经办人		李和伟

【业务处理】
根据背景资料,填写单据 3-1-63-2,并完成付款核销(申请人:李和伟;岗位:采购员)。
单据 3-1-63-2

付款单

*单号:	*付款类型:
*申请人:	*名称:
*税率:	*申请部门:
*申请日期:	*开户行:
*账号:	*付款金额:
*付款方式:	付款金额大写:
摘要:	

【业务 3-1-64】(平台业务 122) 支付产品设计制图费——填制付款单并核销
【背景资料】
相关资料,如单据 3-1-64-1 和单据 3-1-64-2 所示。
单据 3-1-64-1

付款申请单
2025年 03月 31日

用途及情况	金额											收款单位(人):北京元素设计中心		
支付产品设计制图费	亿	千	百	十	万	千	百	十	元	角	分	账号:11000206905287672108		
					¥	8	4	7	9	5	4	开户行:交通银行北京朝阳支行		
金额(大写)合计:	人民币捌仟肆佰柒拾玖元伍角肆分											结算方式:	转账	
总经理	韩国伟		财务部门		经理		孙汉敏		业务部门			经理		石知田
					会计		陈珊珊					经办人		石知田

单据 3-1-64-2

电子发票（增值税专用发票）					发票号码：24110119113020546237			
					开票日期：2025年03月31日			

购买方信息	名称：北京三花电气有限公司 统一社会信用代码/纳税人识别号：911101060911083566			销售方信息	名称：北京元素设计中心 统一社会信用代码/纳税人识别号：911101051016025118			
项目名称	规格型号	单 位	数 量	单 价	金 额	税率/征收率		税 额
*设计服务*模型图纸		次	1	7999.57	7999.57	6%		479.97
合 计					¥7999.57			¥479.97
价税合计（大写）	⊗ 捌仟肆佰柒拾玖元伍角肆分				（小写）¥8479.54			
备注								

开票人：梁伟强

【业务处理】

根据背景资料，填写单据 3-1-64-3，并完成付款核销（申请人岗位：车间主任）。

单据 3-1-64-3

付款单

*单号：	*付款类型：
*申请人：	*名称：
*税率：	*申请部门：
*申请日期：	*开户行：
*账号：	*付款金额：
*付款方式：	付款金额大写：
摘要：	

【业务 3-1-65】（平台业务 124） 支付新产品试验检测费——填制付款单并核销

【背景资料】

相关资料，如单据 3-1-65-1 和单据 3-1-65-2 所示。

单据 3-1-65-1

付款申请单

2025年 03月 31日

用途及情况	金额												收款单位（人）：北京博科测试有限公司
支付新产品试验检测费	亿	千	百	十	万	千	百	十	元	角	分		账号：110002069052876730221
				¥	1	9	0	8	0	0	0		开户行：交通银行北京朝阳支行

金额（大写）合计：	人民币壹万玖仟零捌拾元整		结算方式：	转账		
总经理	韩国伟	财务部门	经理	孙汉敏	业务部门	经理	刘媛媛
			会计	陈珊珊		经办人	陈笑笑

单据 3-1-65-2

电子发票（增值税专用发票）

发票号码：24110119113020546238
开票日期：2025年03月31日

购买方信息	名称：北京三花电气有限公司 统一社会信用代码/纳税人识别号：911101060911083566	销售方信息	名称：北京博科测试有限公司 统一社会信用代码/纳税人识别号：911101051016034921

项目名称	规格型号	单位	数量	单价	金额	税率/征收率	税额
*信息技术服务*试验检测		次	1	18000.00	18000.00	6%	1080.00
合计					¥18000.00		¥1080.00
价税合计（大写）	⊗ 壹万玖仟零捌拾元整				（小写）¥19080.00		
备注							

开票人：梁伟强

【业务处理】

根据背景资料,填写单据 3-1-65-3,并完成付款核销(申请人：陈笑笑;岗位：研发人员)。

单据 3-1-65-3

付款单

*单号：	*付款类型：
*申请人：	*名称：
*税率：	*申请部门：
*申请日期：	*开户行：
*账号：	*付款金额：
*付款方式：	付款金额大写：
摘要：	

【业务 3-1-66】(平台业务 163)　智能数电票业务处理——开票

【背景资料】

相关资料，如单据 3-1-66-1 至单据 3-1-66-4 所示。

单据 3-1-66-1

开票申请单

申请日期	2025-03-08				开票编号	800000021
申请开票的种类	□普通发票 □专用发票 □电子普票 □电子专用 □机动车发票 √全电发票（专票） □全电发票（普票）					
特定业务			差额开票类型			
合同编号/订单号	800000021					
购/销货方名称	天津市电力公司					
纳税人识别号	911201135108656787					
地址、电话	天津市北辰区杨同街魏志路41号 022-75322220				此栏专用发票必填	
开户行及账号	交通银行天津北辰支行 41622124064968					
项目名称	规格型号	单位	数量	单价（不含税）		金额
*配电控制设备*低压柜		个	16	60000.00		960000.00
*配电控制设备*中压柜		个	8	62000.00		496000.00
合计						¥1,456,000.00
备注：						
开票申请人	销售员角色			部门负责人		销售部经理角色
总经理	总经理角色			财务确认		财务经理角色

单据 3-1-66-2

开票申请单

申请日期	2025-03-14				开票编号	800000021
申请开票的种类	□普通发票 □专用发票 □电子普票 □电子专用 □机动车发票 √全电发票（专票） □全电发票（普票）					
特定业务			差额开票类型			
合同编号/订单号	800000021					
购/销货方名称	华电开关股份有限公司					
纳税人识别号	911401051304810285					
地址、电话	山西省太原市小店区常文街徐书路14号 0351-30582109				此栏专用发票必填	
开户行及账号	中国建设银行太原小店支行 41622124454009					
项目名称	规格型号	单位	数量	单价（不含税）		金额
*配电控制设备*低压柜		个	30	60000.00		1800000.00
*配电控制设备*中压柜		个	15	62000.00		930000.00
合计						¥2,730,000.00
备注：						
开票申请人	销售员角色			部门负责人		销售部经理角色
总经理	总经理角色			财务确认		财务经理角色

单据 3-1-66-3

开票申请单

申请日期	2025-03-28			开票编号	800000021	
申请开票的种类	□普通发票　□专用发票　□电子普票　□电子专用　□机动车发票　√全电发票（专票）　□全电发票（普票）					
特定业务			差额开票类型			
合同编号/订单号	800000021					
购/销货方名称	北京市电力公司					
纳税人识别号	911101025812038950					
地址、电话	北京市西城区王秀街韩春路68号　010-58210850			此栏专用发票必填		
开户行及账号	中国建设银行北京西城支行　41000128591280512809					
项目名称	规格型号	单位	数量	单价（不含税）	金额	
*配电控制设备*低压柜		个	18	60000.00	1080000.00	
*配电控制设备*中压柜		个	9	62000.00	558000.00	
合计					¥1,638,000.00	
备注：						
开票申请人	销售员角色		部门负责人		销售部经理角色	
总经理	总经理角色		财务确认		财务经理角色	

单据 3-1-66-4

开票申请单

申请日期	2025-03-28			开票编号	800000021	
申请开票的种类	□普通发票　□专用发票　□电子普票　□电子专用　□机动车发票　√全电发票（专票）　□全电发票（普票）					
特定业务			差额开票类型			
合同编号/订单号	800000021					
购/销货方名称	北京鑫源达板材有限公司					
纳税人识别号	911101151240084923					
地址、电话	北京市大兴区边有街韩康路01号　010-38892091			此栏专用发票必填		
开户行及账号	交通银行北京大兴支行　41924996519048					
项目名称	规格型号	单位	数量	单价（不含税）	金额	
*黑色金属冶炼压延品*边角料		千克	3000	1.89	5670.00	
合计					¥5,670.00	
备注：						
开票申请人	销售员角色		部门负责人		销售部经理角色	
总经理	总经理角色		财务确认		财务经理角色	

【业务处理】

请在电子税务局开具电子发票(增值税专用发票)。

具体操作流程见本业务二维码。

【业务 3-1-67】(平台业务 164)　智能数电票业务处理——发票勾选认证

【业务处理】

请结合本月相关业务数据,在电子税务局对本月电子发票(增值税专用发票)进项发

业务 3-1-67：
智能数电票
业务处理——
发票勾选认证

票进行勾选认证,具体要求如下:

(1) 对数电票进行真伪查验。

(2) 根据数电票(增值税专用发票),判断发票内容是否有误。

(3) 根据发票内容,完成发票抵扣与不抵扣勾选确认。

(4) 审核确认后完成申请统计确认。

具体操作流程见本业务二维码。

学习子场景 3.2 开展成本会计岗工作任务

 **德技并修**

人生的成本

人生是有成本的。若将人生的成就视为收益,那么所付出的努力便是成本。在人生中,有些成本是显性的,而有些则是隐性的。大多数人仅会计算显性成本,唯有少数智者才会考虑到隐性投入。每个人都期望以最小的投入换取人生最大的产出。那么,我们常会遇到的成本有哪些呢?

(1) 沉没成本。当进行某项事务时,若中途放弃,先前所有的努力便付诸东流,由此产生的成本即为沉没成本。许多人之所以一事无成,正是因为缺乏坚持,导致沉没成本过高,付出的努力未能得到回报。

(2) 机会成本。我们在做决策时往往面临选择。若放弃某件事而选择另一件事,所放弃事项可能带来的最大收益即为机会成本。机会成本常被忽视。许多事情,单从表面看似乎是盈利的,但若考虑机会成本,实则亏损,因为我们未能做出最佳选择。理解机会成本后,我们才会明白,决定人生成败的正是关键时刻的抉择。只有选择最佳方案,机会成本最低,人生收益才能最大化。

(3) 健康成本。许多人为了事业不惜加班、应酬、承受巨大压力,最终事业有成,却损害了健康,得不偿失。健康是幸福的基础,是我们承担责任和实现梦想的基石。因此,必须树立强烈的健康成本意识,否则可能导致"上半辈子用健康换钱,下半辈子用钱买健康"的悲剧。

(4) 声誉成本。有些事情,单从经济角度看似盈利,但完成后却毁坏了声誉,造成难以估量的损失,须知信誉价值千金。

(5) 边际成本。有效利用边际成本,可大幅提升收益。例如,一辆车从甲地到乙地,搭载两人与搭载四人的成本差异不大,那么,多搭载两人的运输成本便极低,这就是边际成本的有效利用。要善于统筹兼顾、合理安排,才能有效利用边际成本。具备这种意识的人,资源利用率会提高,做事效率也会显著增加。

★思考与践行

由此可见,人生的成本种类繁多。在决策前,我们必须对各类成本进行准确评估,以确保决策的正确性。人们之所以眼光各异,是因为对待同一件事,成本的计算方式不同。

作为学生,我们在学习、生活和未来职业生涯中,都应培养自己的人生成本意识,这样才能做出正确的人生决策,指引正确的方向。同样,企业和财务人员也需具备成本管理意识,以实现降本增效的管理目标,最终实现企业价值的最大化。

3.2.1　各项费用要素的归集与分配

【业务 3-2-1】(平台业务 29)　产品完工入库——填制产品入库单
【背景资料】
相关资料,如单据 3-2-1-1 所示。
单据 3-2-1-1

产品检验单

交来部门:生产车间　　　　　2025 年 03 月 06日　　　　　NO:200301

序号	编码	名称及规格	单位	数量		实际价格	
				应收	实收	单价	金额
1	ccp01	低压柜	个	23	23		
2	ccp02	中压柜	个	11	11		
合　计							

部门经理:李福泽　　　　　经手人:张新光　　　　　质检员:吕晨阳

【业务处理】
3 月 6 日,根据背景单据,填写单据 3-2-1-2(经办人:张新光)。
单据 3-2-1-2

入库单

*经办人:		*日期:		*单号:	
*单位及部门:		*验收仓库:		*入库日期:	
名称	编号	规格	单位	数量	单价	金额

名称	编号	规格	单位	数量	单价	金额
合　计						

【业务 3-2-2】(平台业务 105)　产品完工入库——填制产品入库单

【背景资料】

相关资料,如单据 3-2-2-1 所示。

单据 3-2-2-1

产品检验单

交来部门：生产车间　　　　　　　2025 年 03 月 23日　　　　　　　NO：200302

序号	编码	名称及规格	单位	数量		实际价格	
				应收	实收	单价	金额
1	ccp01	低压柜	个	29	29		
2	ccp02	中压柜	个	25	25		
	合　　计						

部门经理：李福泽　　　　　　经办人：张新光　　　　　　　　质检员：吕晨阳

【业务处理】

3 月 23 日,请根据背景单据,填写单据 3-2-2-2(经手人：张新光)。

单据 3-2-2-2

入库单

*经办人：		*日期：		*单号：		
*单位及部门：		*验收仓库：		*入库日期：		
名称	编号	规格	单位	数量	单价	金额
合　计						

【业务 3-2-3】(平台业务 133)　无形资产摊销

【背景资料】

相关资料,如单据 3-2-3-1 所示。

单据 3-2-3-1

无形资产摊销表

2025/3/31　　　　　　　　　　　金额单位：元

无形资产	取得日期	原值	摊销年限（年）	月摊销额	使用部门
土地使用权	2022年5月10日	4800000	30	13333.33	管理部门使用
非专利技术	2023年8月22日	1258900	10	10490.83	管理部
商标权	2022年7月23日	20000	10	166.67	成套车间使用
合计		6078900		23990.83	

审核：孙汉敏　　　　　　　　　　　制表：郑伟光

【业务处理】

3 月 31 日,无形资产摊销,编制对应的会计分录,如图 3-2-1 所示。

记账凭证			
记字第　号	年　月　日		附单据：　张
摘要	会计科目	借方金额	贷方金额
合计			
审核：	过账：		制单：

图 3-2-1　无形资产摊销会计分录

【业务 3-2-4】(平台业务 134)　编制固定资产折旧计算表

【业务处理】

3 月 31 日,计算固定资产折旧,填写单据 3-2-4-1。

单据 3-2-4-1

固定资产折旧计算表

2025年3月31日

金额单位：元

部门名称	设备名称	单位	数量	原值	取得日期	月折旧率	月折旧额	类别
钣金车间	厂房	幢	1	2800000.00	2019/7/1	0.40%		房屋建筑物
	数控冲床	台	2	3000000.00	2019/7/1	0.80%		生产设备
	钣金折弯机	台	4	1000000.00	2019/7/1	0.80%		生产设备
	铜排折弯机	台	4	20000.00	2019/7/1	0.80%		生产设备
	激光机	台	2	70000.00	2019/7/1	0.80%		生产设备
	小计			6890000.00				
成套车间	厂房	幢	1	1600000.00	2019/8/1	0.40%		房屋建筑物
	行吊	套	4	80000.00	2019/8/1	0.80%		生产设备
	安装工具	套	10	50000.00	2019/8/1	0.80%		生产设备
	叉车	辆	4	440000.00	2019/8/1	0.80%		生产设备
	小计			2170000.00				
管理部门	办公楼	幢	1	4000000.00	2019/7/10	0.40%		房屋建筑物
	车辆	辆	5	500000.00	2020/6/1	2.00%		运输设备
	电脑	台	15	60000.00	2019/6/1	1.60%		管理设备
	打印机	台	2	4000.00	2019/6/1	1.60%		管理设备
	办公家具	套	18	36000.00	2019/6/1	1.60%		管理设备
	小计			4600000.00				
研发部门	电脑	台	20	100000.00	2019/6/1	1.60%		管理设备
销售部门	电脑	台	8	40000.00	2019/6/1	1.60%		管理设备
合　计				13800000.00				

审核：孙汉敏　　　　　　　　　　　　　　　　　　　　　　　制单：郑伟光

【业务3-2-5】(平台业务135) 计提折旧

【业务处理】

3月31日,承【业务3-2-4】,计提折旧(研发部门不符合资本化),编制对应的会计分录,如图3-2-2和图3-2-3所示。

记账凭证			
记字第 号	年 月 日		附单据: 张
摘要	会计科目	借方金额	贷方金额
合计			
审核:	过账:		制单:

图3-2-2 计提折旧会计分录a

记账凭证			
记字第 号	年 月 日		附单据: 张
摘要	会计科目	借方金额	贷方金额
合计			
审核:	过账:		制单:

图3-2-3 计提折旧会计分录b

【业务 3-2-6】(平台业务 136)　编制外购水费分配表

【背景资料】

相关资料,如单据 3-2-6-1 所示。

单据 3-2-6-1

电子发票 （增值税专用发票）				发票号码：24110119113020546388			
				开票日期：2025年03月31日			
购买方信息	名称：北京三花电气有限公司 统一社会信用代码/纳税人识别号：911101060911083566			销售方信息	名称：北京自来水公司 统一社会信用代码/纳税人识别号：911101053870113627		
项目名称　　规格型号		单 位	数 量	单 价	金 额	税率/征收率	税 额
*水冰雪*水费		吨	2150	4.20	9030.00	9%	812.70
合 计					¥9030.00		¥812.70
价税合计（大写）	⊗ 玖仟捌佰肆拾贰元柒角				（小写）¥9842.70		
备注							

开票人：雷浩

【业务处理】

3 月 31 日,分配外购水费,填写单据 3-2-6-2。

单据 3-2-6-2

外购水费分配表

2025 年 03 月 31 日　　　　　　　　　　　　　　　　　　　金额单位:元

受益对象	耗用量（吨）	分配率	分配金额
钣金车间	2000		
管理部门	100		
销售部门	50		
合 计	2150		

审核：孙汉敏　　　　　　　　　　　　　　　　　　制单：郑伟光

【业务 3-2-7】(平台业务 137)　支付并分配水费

【背景资料】

相关资料,如单据 3-2-7-1 所示。

单据 3-2-7-1

同城特约委托收款凭证（支款通知）

委托日期 2025 年 03 月 31 日　　　　　　　　流水号　195812973298

付款人	全称	北京三花电气有限公司	收款人	全称	北京市自来水公司	此联交付款人作支款通知
	账号或地址	11000204905248628966		账号或地址	4100442634364116625	
	开户银行	交通银行北京群芳支行		开户银行	中国工商银行北京朝阳支行	
委收金额	人民币（大写）	玖仟捌佰肆拾贰元柒角整			¥9,842.70	

款项内容		凭证张数	1
水费	¥9,842.70	注意事项：	
		1.上列款项为见票全额付款	
		2.上列款项若有误请与收款单位协商解决	
备注：			

会计　　　　　复核　　　　　记账　　　　　　支付日期 2025 年 03 月 31 日

【业务处理】

3 月 31 日，承【业务 3-2-6】，支付并分配水费，编制对应的会计分录，如图 3-2-4 所示。

记账凭证			
记字第　号　　　　　　　　　年 月 日　　　　　　　附单据：　张			
摘要	会计科目	借方金额	贷方金额
合计			

审核：　　　　　过账：　　　　　　　　　制单：

图 3-2-4　支付并分配水费会计分录

【业务 3-2-8】(平台业务 138)　编制外购电费分配表

【背景资料】

相关资料，如单据 3-2-8-1 所示。

单据 3-2-8-1

电子发票（增值税专用发票）

发票号码：24110119113020546542
开票日期：2025 年 03 月 31 日

统一发票监制
北京市税务局

购买方信息	名称：北京三花电气有限公司 统一社会信用代码/纳税人识别号：911101060911083566	销售方信息	名称：北京电力集团有限公司 统一社会信用代码/纳税人识别号：911101055010207016

项目名称	规格型号	单位	数量	单价	金额	税率/征收率	税额
*供电*电费		千瓦时	80820	0.80	64656.00	13%	8405.28
合计					¥64656.00		¥8405.28

价税合计（大写）	⊗ 柒万叁仟零陆拾壹元贰角捌分	（小写）¥73061.28
备注		

开票人：叶晓丽

【业务处理】

3 月 31 日，分配外购电费，填写单据 3-2-8-2。

单据 3-2-8-2

外购电费分配表

2025 年 03 月 31 日　　　　　　　　　　　　　　　　　　　金额单位：元

受益对象	耗用量（千瓦时）	分配率	分配金额
钣金车间	28270		
成套车间	49250		
管理部门	2000		
研发部门	1000		
销售部门	300		
合计	80820		

审核：孙汉敏　　　　　　　　　　　　　　　　　　　　　　制单：郑伟光

【业务 3-2-9】(平台业务 139)　支付并分配电费

【背景资料】

相关资料，如单据 3-2-9-1 所示。

单据 3-2-9-1

同城特约委托收款凭证（支款通知）

委托日期　2025 年 03 月 31 日　　　　　流水号　195812973299

付款人	全称	北京三花电气有限公司	收款人	全称	北京电力集团有限公司	此联交付款人作支款通知
	账号或地址	110002049052486289066		账号或地址	110002049052886158803	
	开户银行	交通银行北京群芳支行		开户银行	交通银行北京朝阳支行	
委收金额	人民币（大写）	柒万叁仟零陆拾壹元贰角捌分			¥73,061.28	

款项内容		合同20250101005	凭证张数	1
电费	¥73,061.28			
		特约意事项：		
		1.上列款项为见票全额付款		
		2.上列款项若有误请与收款单位协商解决		

交通银行北京群芳支行　2025.03.31

备注：

会计　　　　复核　　　　记账　　　　　支付日期 2025 年 03 月 31 日

【业务处理】

3 月 31 日，承【业务 3-2-8】，支付并分配电费（研发部门不符合资本化），编制对应的会计分录，如图 3-2-5 所示。

记账凭证

记字第　号　　　　　　　　年　月　日　　　　　　附单据：　张

摘要	会计科目	借方金额	贷方金额
合计			

审核：　　　　　过账：　　　　　　　制单：

图 3-2-5　支付并分配电费会计分录

【业务 3-2-10】(平台业务 140)　编制发出材料单位成本计算表

【业务处理】

3 月 31 日，计算发出材料单位成本，填写单据 3-2-10-1。

单据 3-2-10-1

发出材料单位成本计算表

2025年3月31日　　　　　　　　　　　　　　　　　　金额单位：元

材料名称	单位	期初余额			本期入库			发出材料单位成本
		数量	单价	金额	数量	单价	金额	
敷铝锌板2.5	千克	36000	4	144000				
铜排	千克	8000	45	360000				
热缩套管	米	16000	4	64000				
电流互感器	个	28	2200	61600				
电压互感器	个	28	1800	50400				
继电器	个	540	30	16200				
断路器	个	10	4000	40000				
高压熔断器	个	360	100	36000				
接地开关	个	360	45	16200				
隔离开关	个	460	38	17480				
负荷开关	个	460	30	13800				
干变变压器	个	15	10000	150000				
避雷器	个	20	1500	30000				
电压表	个	350	100	35000				
电流表	个	350	120	42000				
电度表	个	230	280	64400				
螺母	包	500	15	7500				
木箱	个	120	100	12000				
合计		——	——	1160580				

审核：孙汉敏　　　　　　　　　　　　　　　　　　制单：郑伟光

【业务 3-2-11】(平台业务 141)　编制发出材料汇总表
【背景资料】

相关资料，如单据 3-2-11-1 至单据 3-2-11-7 所示。

单据 3-2-11-1

领　料　单

领料部门：钣金车间
用　途：共同耗用　　　　　　2025 年 03 月 10 日　　　　第 12001 号

材料			单位	数量		成本		
编号	名称	规格		请领	实发	单价	总价	
101	敷铝锌板		千克	122000	122000			会计联
102	铜排		千克	29720	29720			
103	热缩套管		米	42800	42800			
合计	——	——	——	——	——			

部门经理：石知田　　　会计：郑伟光　　　仓库：张新光　　　经办人：孙浩

单据 3-2-11-2

领　料　单

领料部门：成套车间

用　　途：低压柜　　　　　　　　2025 年 03 月 11 日　　　　　　第 12002 号

材料			单位	数量		成本		
编号	名称	规格		请领	实发	单价	总价	
104	电流互感器		个	96	96			会
105	电压互感器		个	96	96			计
106	继电器		个	576	576			联
107	断路器		个	48	48			
108	高压熔断器		个	624	624			
合　计	——		——	——	——	——		

部门经理：石知田　　　　会计：郑伟光　　　　仓库：张新光　　　　经办人：孙浩

单据 3-2-11-3

领　料　单

领料部门：成套车间

用　　途：低压柜　　　　　　　　2025 年 03 月 11 日　　　　　　第 12003 号

材料			单位	数量		成本		
编号	名称	规格		请领	实发	单价	总价	
117	螺母		包	240	240			会
118	木箱		个	48	48			计
								联
合　计	——		——	——	——	——		

部门经理：石知田　　　　会计：郑伟光　　　　仓库：张新光　　　　经办人：孙浩

单据 3-2-11-4

领　料　单

领料部门：成套车间

用　　途：中压柜　　　　　　　　2025 年 03 月 11 日　　　　　　第 12004 号

材料			单位	数量		成本		
编号	名称	规格		请领	实发	单价	总价	
104	电流互感器		个	64	64			会
105	电压互感器		个	64	64			计
106	继电器		个	768	768			联
107	断路器		个	32	32			
108	高压熔断器		个	320	320			
合　计	——		——	——	——	——		

部门经理：石知田　　　　会计：郑伟光　　　　仓库：张新光　　　　经办人：孙浩

单据 3-2-11-5

领　料　单

领料部门：成套车间

用　　途：中压柜　　　　　　　　2025 年 03 月 11 日　　　　　　　第 12005 号

材料			单位	数量		成本		
编号	名称	规格		请领	实发	单价	总价	
109	接地开关		个	416	416			会
110	隔离开关		个	448	448			计
111	负荷开关		个	416	416			联
112	干变变压器		个	32	32			
113	避雷器		个	32	32			
合　计	——	——	——	——	——			

部门经理：石知田　　　　会计：郑伟光　　　　仓库：张新光　　　　经办人：孙浩

单据 3-2-11-6

领　料　单

领料部门：成套车间

用　　途：中压柜　　　　　　　　2025 年 03 月 11 日　　　　　　　第 12006 号

材料			单位	数量		成本		
编号	名称	规格		请领	实发	单价	总价	
114	电压表		个	32	32			会
115	电流表		个	32	32			计
116	电度表		个	32	32			联
117	螺母		包	96	96			
118	木箱		个	32	32			
合　计	——	——	——	——	——			

部门经理：石知田　　　　会计：郑伟光　　　　仓库：张新光　　　　经办人：孙浩

单据 3-2-11-7

领　料　单

领料部门：成套车间

用　　途：低压柜　　　　　　　　2025 年 03 月 11日　　　　　　　第 12007 号

材料			单位	数量		成本		
编号	名称	规格		请领	实发	单价	总价	
109	接地开关		个	864	864			会
110	隔离开关		个	384	384			计
111	负荷开关		个	336	336			联
114	电压表		个	48	48			
115	电流表		个	48	48			
合　计	——	——	——	——	——			

部门经理：石知田　　　　会计：郑伟光　　　　仓库：张新光　　　　经办人：孙浩

【业务处理】

3 月 31 日，承【业务 3-2-10】，汇总发出材料，填写单据 3-2-11-8。

单据 3-2-11-8

发出材料汇总表

2025年3月31日

金额单位：元

项目 材料名称	单位	单价	钣金车间 共同消耗 数量	钣金车间 共同消耗 金额	成套车间 低压柜 数量	成套车间 低压柜 金额	成套车间 中压柜 数量	成套车间 中压柜 金额	合计 数量	合计 金额
敷铝锌板2.5	千克	20								
铜排	千克	15								
热缩套管	米	7.6								
电流互感器	个	23								
电压互感器	个	13.5								
继电器	个	22								
断路器	个	7.5								
高压熔断器	个	3								
接地开关	个	16.5								
隔离开关	个	20								
负荷开关	个	15.4								
干变变压器	个	5.5								
避雷器	个	7.5								
电压表	个	3.5								
电流表	个	5.5								
电度表	个	4.4								
螺母	包	3								
木箱	个	3								
合计										

审核：孙汉敏　　　　　　　　　　　　　　　　　　　　　　　制单：郑伟光

【业务 3-2-12】(平台业务 142)　编制材料费用分配表

【业务处理】

3 月 31 日，承【业务 3-2-11】，分配生产车间材料费用，填写单据 3-2-12-1（分配率保留 4 位小数）。

单据 3-2-12-1

生产车间材料费用分配表

2025年3月31日

金额单位：元

项目	材料名称	本月领用金额	标准用量 低压柜	标准用量 中压柜	分配率	钣金车间 低压柜体 本月投产量 60	钣金车间 中压柜体 本月投产量 40	钣金车间 低压母线排 本月投产量 60	钣金车间 中压母线排 本月投产量 40	成套车间 低压柜 本月投产量 48	成套车间 中压柜 本月投产量 32	合计
柜体	敷铝锌板2.5		1300	1100								
母线排	铜排		390	158								
	热缩套管		560	230								
直接计入												
合计												

审核：孙汉敏　　　　　　　　　　　　　　　　　　　　　　　制单：郑伟光

【业务 3-2-13】(平台业务 143)　结转本月领用原材料成本

【业务处理】

3 月 31 日，承【业务 3-2-10】【业务 3-2-11】【业务 3-2-12】，结转本月领用原材料成本，编制对应的会计分录，如图 3-2-6 至图 3-2-9 所示。

记账凭证

记字第　号　　　　　　　　　　年　月　日　　　　　　　　　附单据：　张

摘要	会计科目	借方金额	贷方金额
合计			

审核：　　　　　　　　过账：　　　　　　　　制单：

图 3-2-6　领用原材料会计分录 a

记账凭证

记字第　号　　　　　　　　　　年　月　日　　　　　　　　　附单据：　张

摘要	会计科目	借方金额	贷方金额
合计			

审核：　　　　　　　　过账：　　　　　　　　制单：

图 3-2-7　领用原材料会计分录 b

记账凭证

记字第　号　　　　　　　　　　年　月　日　　　　　　　　　附单据：　张

摘要	会计科目	借方金额	贷方金额
合计			

审核：　　　　　　　　过账：　　　　　　　　制单：

图 3-2-8　领用原材料会计分录 c

记账凭证

记字第　号　　　　　　　　　　年　月　日　　　　　　　　　　附单据：　张

摘要	会计科目	借方金额	贷方金额
合计			

审核：　　　　　　　过账：　　　　　　　　　制单：

图 3-2-9　领用原材料会计分录 d

【业务 3-2-14】(平台业务 144)　编制钣金车间制造费用分配表

【业务处理】

3 月 31 日,分配钣金车间制造费用,填写单据 3-2-14-1(分配率保留 2 位小数,分配金额保留 2 位小数,尾差计入中压母线排)。

单据 3-2-14-1

制造费用分配表

2025 年 3 月 31 日　　　　　　　　　　　　　　　　　　　金额单位:元

受益对象		分配标准(工时)	分配率	分配金额
钣金车间	低压柜体	85200		
	中压柜体	47040		
	低压母线排	80640		
	中压母线排	34000		
	合计	246880		

审核:孙汉敏　　　　　　　　　　　　　　　　　　　　　制表:郑伟光

【业务 3-2-15】(平台业务 145)　钣金车间本月制造费用账务处理

【业务处理】

3 月 31 日,承【业务 3-2-14】,编制对应的会计分录,如图 3-2-10、图 3-2-11 所示。

记账凭证

记字第　号　　　　　　　　　　年　月　日　　　　　　　　　　附单据：　张

摘要	会计科目	借方金额	贷方金额
合计			

审核：　　　　　　　过账：　　　　　　　　　制单：

图 3-2-10　钣金车间分配制造费用会计分录 a

记账凭证

记字第　号		年　月　日		附单据：　张
摘要	会计科目	借方金额	贷方金额
合计			

审核：　　　　　　　　　过账：　　　　　　　　　制单：

图 3-2-11　钣金车间分配制造费用会计分录 b

【业务 3-2-16】(平台业务 146)　编制成套车间制造费用分配表

【业务处理】

3 月 31 日,分配成套车间制造费用,填写单据 3-2-16-1(尾差计入中压柜)。

单据 3-2-16-1

制造费用分配表

2025 年 3 月 31 日　　　　　　　　　　　　　　　　　　　金额单位：元

受益对象		分配标准(工时)	分配率	分配金额
成套车间	低压柜	270400		
	中压柜	138960		
	合计	409360		

审核:孙汉敏　　　　　　　　　　　　　　　　　　　　　　　　制表:郑伟光

【业务 3-2-17】(平台业务 147)　成套车间本月制造费用账务处理

【业务处理】

3 月 31 日,承【业务 3-2-16】,编制对应的会计分录,如图 3-2-12 和图 3-2-13 所示。

记账凭证

记字第　号		年　月　日		附单据：　张
摘要	会计科目	借方金额	贷方金额
合计			

审核：　　　　　　　　　过账：　　　　　　　　　制单：

图 3-2-12　成套车间分配制造费用会计分录 a

记账凭证

记字第　号		年　月　日		附单据：　张
摘要	会计科目	借方金额	贷方金额	
合计				
审核：	过账：		制单：	

图 3-2-13　成套车间分配制造费用会计分录 b

3.2.2　生产费用在完工产品与月末在产品之间的分配以及产品成本计算

【业务 3-2-18】(平台业务 148)　编制半成品约当产量计算表

【业务处理】

3 月 31 日,计算各工序在产品完工程度及月末在产品约当产量,填写单据 3-2-18-1 (完工程度以百分号表示,且保留百分号前 2 位小数,在产品约当产量保留 2 位小数,在产品约当产量合计保留整数)。

单据 3-2-18-1

半成品约当产量计算表

2025 年 3 月 31 日

半成品名称	工序	耗时(分钟)	完工程度	期末在产品数量	在产品约当产量
低压柜体	下料	120			
	数控冲裁	480		5	
	数控折弯	240		10	
	组装	360		10	
	合计	1200		25	
中压柜体	下料	120			
	数控冲裁	360		6	
	数控折弯	180		6	
	组装	300		6	
	合计	960		18	
低压母线排	下料	360		5	
	数控冲裁	480		5	
	数控折弯	240		10	
	组装	40		5	
	合计	1120		25	
中压母线排	下料	240		3	
	数控冲裁	300		6	
	数控折弯	120		6	
	组装	20		3	
	合计	680		18	

审核:孙汉敏　　　　　　　　　　　　　　　　　　　　　　　　　制单:郑伟光

【业务 3-2-19】(平台业务 149)　编制半成品成本计算表

【背景资料】

相关资料,如单据 3-2-19-1 至单据 3-2-19-3 所示。

单据 3-2-19-1

入库单

2025 年 03 月 06 日　　　　　　　　　　　　　　NO: rkd001

交来单位及部门	钣金车间	验收仓库	半成品库		入库日期	20250306	
编码	名称及规格	单位	数量		实际价格		
			交库	实收	单价	金额	
201	低压柜体	个	20	20			财
202	中压柜体	个	16	16			务
211	低压母排线	套	20	20			联
212	中压母排线	套	16	16			
合　计							

负责人:石知田　　　　会计:郑伟光　　　　经办人:张新光　　　　制单入:孙浩

单据 3-2-19-2

入库单

2025 年 03 月 11 日　　　　　　　　　　　　　　NO: rkd002

交来单位及部门	钣金车间	验收仓库	半成品库		入库日期	20250311	
编码	名称及规格	单位	数量		实际价格		
			交库	实收	单价	金额	
201	低压柜体	个	18	18			财
202	中压柜体	个	10	10			务
211	低压母排线	套	18	18			联
212	中压母排线	套	10	10			
合　计							

负责人:石知田　　　　会计:郑伟光　　　　经办人:张新光　　　　制单入:孙浩

单据 3-2-19-3

入库单

2025 年 03 月 22 日　　　　　　　　　　　　　　NO: rkd003

交来单位及部门	钣金车间	验收仓库	半成品库		入库日期	20250322	
编码	名称及规格	单位	数量		实际价格		
			交库	实收	单价	金额	
201	低压柜体	个	17	17			财
202	中压柜体	个	12	12			务
211	低压母排线	套	17	17			联
212	中压母排线	套	12	12			
合　计							

负责人:石知田　　　　会计:郑伟光　　　　经办人:张新光　　　　制单入:孙浩

【业务处理】

3 月 31 日,承【业务 3-2-18】,计算半成品成本,填写单据 3-2-19-4(单位成本保留

4 位小数,单位成本合计保留 2 位小数,尾差计入期末在产品成本)。

单据 3-2-19-4

半成品成本计算表

2025年3月31日

金额单位:元

项目		月初在产半成品成本	本月发生费用	生产费用合计	产量			单位成本	完工半成品总成本	期末在产半成品成本
					半成品完工产量	期末在产半成品约当产量	合计			
低压柜体	直接材料									
	直接人工									
	制造费用									
	小计									
中压柜体	直接材料									
	直接人工									
	制造费用									
	小计									
低压母线排	直接材料									
	直接人工									
	制造费用									
	小计									
中压母线排	直接材料									
	直接人工									
	制造费用									
	小计									
合计										

审核:孙汉敏   制单:郑伟光

【业务 3-2-20】(平台业务 150)　结转本月完工半成品成本

【业务处理】

3 月 31 日,承【业务 3-2-18】【业务 3-2-19】,结转本月完工半成品成本,编制对应的会计分录,如图 3-2-14、图 3-2-15、图 3-2-16 所示。

记账凭证

记字第　号　　　　　　　　　　年　月　日　　　　　　　　　附单据:　张

摘要	会计科目	借方金额	贷方金额
合计			

审核:　　　　　　　　过账:　　　　　　　　制单:

图 3-2-14　结转完工半成品成本会计分录 a

记账凭证

记字第　号　　　　　　　　　年　月　日　　　　　　　　附单据：　张

摘要	会计科目	借方金额	贷方金额
合　计			

审核：　　　　　　　　过账：　　　　　　　　　制单：

图 3-2-15　结转完工半成品成本会计分录 b

记账凭证

记字第　号　　　　　　　　　年　月　日　　　　　　　　附单据：　张

摘要	会计科目	借方金额	贷方金额
合　计			

审核：　　　　　　　　过账：　　　　　　　　　制单：

图 3-2-16　结转完工半成品成本会计分录 c

【业务 3-2-21】(平台业务 151)　编制发出半成品单位成本计算表

【业务处理】

3 月 31 日,计算发出半成品单位成本,填写单据 3-2-21-1。

单据 3-2-21-1

发出半成品单位成本计算表

2025 年 3 月 31 日　　　　　　　　　　　　　　　　　金额单位:元

产品	单位	期初余额		本期入库		发出半成品单位成本
		数量	金额	数量	金额	
低压柜体	个	15	94 710			
中压柜体	个	10	53 420			
低压母线排	套	15	277 875			
中压母线排	套	10	75 050			
合计			501 055			

审核:孙汉敏　　　　　　　　　　　　　　　　　　　　　　　制单:郑伟光

【业务 3-2-22】(平台业务 152) 编制发出半成品汇总表

【背景资料】

相关资料,如单据 3-2-22-1 和单据 3-2-22-2 所示。

单据 3-2-22-1

领 料 单

领料部门:成套车间

用　途:低压柜　　　　　　　　　　2025 年 03 月 11 日　　　　　　　第 12008 号

材料			单位	数量		成本		
编号	名称	规格		请领	实发	单价	总价	会计联
201	低压柜体		个	48	48			
211	低压母线排		套	48	48			

部门经理:石知田　　　　会计:郑伟光　　　　仓库:张新光　　　　经办人:孙浩

单据 3-2-22-2

领 料 单

领料部门:成套车间

用　途:中压柜　　　　　　　　　　2025 年 03 月 11 日　　　　　　　第 12009 号

材料			单位	数量		成本		
编号	名称	规格		请领	实发	单价	总价	会计联
202	中压柜体		个	32	32			
212	中压母线排		套	32	32			

部门经理:石知田　　　　会计:郑伟光　　　　仓库:张新光　　　　经办人:孙浩

【业务处理】

3 月 31 日,承【业务 3-2-21】,汇总发出半成品,填写单据 3-2-22-3。

单据 3-2-22-3

发出半成品汇总表

2025年 3月 31日　　　　　　　　　　　　　　　　金额单位:元

项目			成套车间				合计	
			低压柜		中压柜			
品名	单位	单价	数量	金额	数量	金额	数量	金额
低压柜体	个							
中压柜体	个							
低压母线排	套							
中压母线排	套							
合计								

审核:孙汉敏　　　　　　　　　　　　　　　　　　　制单:郑伟光

【业务 3-2-23】(平台业务 153)　领用半成品

【业务处理】

3 月 31 日,承【业务 3-2-21】【业务 3-2-22】,领用半成品,编制对应的会计分录,如图 3-2-17 所示。

记账凭证			
记字第　号	年　月　日		附单据:　张
摘要	会计科目	借方金额	贷方金额
合计			
审核:　　　　　过账:　　　　　　　　　制单:			

图 3-2-17　领用半成品成本会计分录

【业务 3-2-24】(平台业务 154)　编制期末在产品约当产量计算表

【业务处理】

3 月 31 日,计算各工序在产品完工程度及月末在产品约当产量,填写单据 3-2-24-1 (完工程度以百分号表示,且保留百分号前 2 位小数,在产品约当产量保留 2 位小数,合计保留整数)。

单据 3-2-24-1

期末在产品约当产量计算表

2025 年 3 月 31 日

产品名称	工序	耗时(分钟)	完工程度	期末在产品数量	在产品约当产量
低压柜	一次装配	960			
	配排线	960			
	二次装配	1560		9	
	总装	1000		10	
	试验调整	720			
	合计	5200		19	
中压柜	一次装配	720			
	配排线	640			
	二次装配	900		4	
	总装	880		4	
	试验调整	720			
	合计	3860		8	

审核:孙汉敏　　　　　　　　　　　　　　　　　　　　　　　　制单:郑伟光

【业务 3-2-25】(平台业务 155) 编制完工产品成本计算表
【业务处理】

3 月 31 日,承【业务 3-2-24】,并结合【业务 3-2-1】和【业务 3-2-2】填制的产品入库单,计算完工产品成本,填写单据 3-2-25-1(单位成本保留 4 位小数,单位成本合计保留 2 位小数,尾差计入期末在产品成本)。

单据 3-2-25-1

完工产品成本计算表

2025年3月31日 金额单位:元

项目		月初在产品成本	本月发生费用	生产费用合计	产量			单位成本	完工产品总成本	期末在产品成本
					完工产品产量	期末在产品约当产量	合计			
低压柜	直接材料									
	直接人工									
	制造费用									
	小计									
中压柜	直接材料									
	直接人工									
	制造费用									
	小计									

审核:孙汉敏 制单:郑伟光

【业务 3-2-26】(平台业务 156) 结转本月完工产品成本
【业务处理】

3 月 31 日,承【业务 3-2-24】【业务 3-2-25】,结转本月完工产品成本,编制对应的会计分录,如图 3-2-18 和图 3-2-19 所示。

记账凭证			
记字第 号	年 月 日		附单据: 张
摘要	会计科目	借方金额	贷方金额
合计			
审核: 过账:		制单:	

图 3-2-18 结转完工产品成本会计分录 a

记账凭证

记字第　号　　　　　　　　　　　年　月　日　　　　　　　　　附单据：　张

摘要	会计科目	借方金额	贷方金额
合计			

审核：　　　　　　　　　过账：　　　　　　　　制单：

图 3-2-19　结转完工产品成本会计分录 b

【业务 3-2-27】(平台业务 157)　编制销售成本计算表
【业务处理】

3 月 31 日,计算销售成本,填写单据 3-2-27-1(单位成本保留 2 位小数,尾差计入期末结存成本)。

单据 3-2-27-1

销售成本计算表

2025年3月31日　　　　　　　　　　　　　　　　　　　金额单位：元

名称	单位	期初结存		本月完工		本期销售数量	期末结存数量	单位成本	销售产品成本	期末结存成本
		数量	金额	数量	金额					
低压柜	台									
中压柜	台									
合计										

审核：孙汉敏　　　　　　　　　　　　　　　　　　　　　制单：陈珊珊

【业务 3-2-28】(平台业务 158)　结转本月销售成本
【业务处理】

3 月 31 日,承【业务 3-2-27】,结转本月销售成本,编制对应的会计分录,如图 3-2-20 所示。

记账凭证

记字第　号　　　　　　　　　　　年　月　日　　　　　　　　　附单据：　张

摘要	会计科目	借方金额	贷方金额
合计			

审核：　　　　　　　　　过账：　　　　　　　　制单：

图 3-2-20　结转销售成本会计分录

3.2.3 成本分析

【业务 3-2-29】(平台业务 172)　成本分析——成本比较分析

【业务处理】

3 月 31 日,结合本月资料对相关项目进行比较分析,填写单据 3-2-29-1(权重小数保留百分号后 2 位,尾差计入制造费用)。

单据 3-2-29-1

成本比较分析

2025年3月31日

金额单位: 元

产品名称	项目	2025年3月			2025年2月		
		产量	金额	成本权重	产量	金额	成本权重
低压柜	直接材料				46	1670735.42	
	直接人工				46	239945.29	
	制造费用				46	71877.53	
	小计					1982558.24	
中压柜	直接材料				40	2089872.67	
	直接人工				40	125435.09	
	制造费用				40	35071.07	
	小计					2250378.83	

审核:孙汉敏　　　　　　　　　　　　　　　　　　制单:郑伟光

【业务 3-2-30】(平台业务 173)　成本分析——低压柜直接材料分析

【业务处理】

【多选】造成 2025 年 3 月与 2025 年 2 月低压柜直接材料权重变化的原因可能有(　　)。

A. 2025 年 3 月材料单价上涨

B. 2025 年 3 月材料标准用量上升

C. 2025 年 3 月材料的用量上升

D. 2025 年 3 月材料的损耗上升

E. 2025 年 3 月材料损耗下降

【业务 3-2-31】(平台业务 174)成本分析——低压柜直接人工分析

【业务处理】

【多选】造成 2025 年 3 月与 2025 年 2 月低压柜直接人工权重变化的原因可能有(　　)。

A. 2025 年 3 月人员效率下降

B. 2025 年 3 月人员效率上升

C. 2025 年 3 月人员工资上涨

D. 2025 年 3 月人员工资下降

E. 2025 年 3 月人员数量增加

【业务 3-2-32】(平台业务 175) 成本分析——低压柜制造费用分析

【业务处理】

【多选】造成 2025 年 3 月与 2025 年 2 月低压柜制造费用变化的原因可能有（   ）。

A. 2025 年 3 月制造费用上升

B. 2025 年 3 月制造费用下降

C. 2025 年 3 月制造费用涨幅高于直接材料涨幅

D. 2025 年 3 月制造费用涨幅低于直接材料涨幅

E. 2025 年 3 月制造费用涨幅低于直接人工涨幅

【业务 3-2-33】(平台业务 176) 成本分析——中压柜直接材料分析

【业务处理】

【多选】造成 2025 年 3 月与 2025 年 2 月中压柜直接材料单位成本变化的原因可能有（   ）。

A. 2025 年 3 月材料单价下降　　　　B. 2025 年 3 月材料标准用量下降

C. 2025 年 3 月材料的用量下降　　　D. 2025 年 3 月材料的损耗上升

E. 2025 年 3 月材料损耗下降

【业务 3-2-34】(平台业务 177) 成本分析——中压柜直接人工分析

【业务处理】

【多选】造成 2025 年 3 月与 2025 年 2 月中压柜直接人工的单位成本变化的原因可能有（   ）。

A. 2025 年 3 月人员效率下降

B. 2025 年 3 月人员效率上升

C. 2025 年 3 月人员工资上涨

D. 2025 年 3 月人员工资下降

E. 2025 年 3 月员工工作更饱和

【业务 3-2-35】(平台业务 178) 成本分析——中压柜制造费用分析

【业务处理】

【多选】造成 2025 年 3 月与 2025 年 2 月中压柜制造费用单位成本变化的原因可能有（   ）。

A. 2025 年 3 月制造费用上升

B. 2025 年 3 月制造费用下降

C. 2025 年 3 月制造费用增长率高于直接材料增长率

D. 2025 年 3 月制造费用增长率低于直接材料增长率

E. 2025 年 3 月制造费用增长率低于直接人工增长率

学习子场景 3.3　开展共享会计岗工作任务

德技并修

财务 BP：未来财务转型发展方向

财务 BP，即财务业务伙伴，作为连接财务部门与业务部门的桥梁，既要精通财务知识，又要熟悉业务运作。其核心价值在于对业务的深度理解。通过与业务部门的有效沟通与协作，财务 BP 能够助力业务梳理和优化财务流程，在前端迅速识别并规避风险，为业务部门提供优质的财务支持与服务，利用财务专业知识协助业务部门解决问题。

随着企业数据量的急剧增长、业务部门对数据精细度的要求提升，以及财务 BP 数据处理能力的增强，企业的数字化水平显著提高，进而推动了财务 BP 需求的增长。根据 2021—2024 年一线城市的统计数据，财务人才市场的招聘需求呈现出三大主要趋势：

（1）传统财务人员需求下降。主要原因包括：一是大型企业的财务共享中心外迁；二是未设立财务共享中心的会计部门将部分工作外包给第三方处理，仅保留有经验的会计管理人员负责结账等复杂任务，以减少公司人员编制。

（2）财务 BP 需求增长。随着企业对客户精细化管理要求的提升，企业亟需更多既精通财务又擅长业务分析的人才。

（3）财务高管职位增加。伴随中国本土企业的崛起和大量创业企业的涌现，对财务中高管职位的需求也随之上升。

财务 BP 的工作内容与传统财务工作存在差异。在不同行业和不同组织中，财务 BP 的职责各有侧重。总体而言，财务 BP 的工作主要涵盖财务管理、业务管理、"教练"与"军师"等几个方面。财务管理和业务管理分别指财务 BP 参与财务部和业务部的管理工作。作为"军师"，财务 BP 需基于事实分析，为业务主管提供财务视角的建议；而作为"教练"，财务 BP 则需手把手辅导业务同事，提升其管理水平和管理意愿，最终使财务 BP 更深入、更广泛地参与到企业管理中。

★思考与践行

财务 BP 既懂财务又懂业务，成为连接财务与业务的纽带，已成为业务决策中不可或缺的人才，亦是财务人员转型发展的趋势，备受招聘市场青睐。然而，随之而来的业务能力要求更值得我们深思。成为财务 BP 并非意味着忽视传统财务知识的学习，而是在快速掌握传统财务内容的基础上，更加注重财务分析和业务分析，掌握更多分析工具，这对我们的知识能力提出了更高要求。我们需始终保持学习状态，不断吸收新技术、新方法，抓住每一个实践机会，弥补自身不足，从而实现能力的全面提升。

3.3.1　职业判断与业务票据处理

【业务 3-3-1】(平台业务 10)　判断提取备用金业务合规性

【业务处理】

3 月 1 日,出纳提取备用金,识别判断与整理相关票据,并判断业务的合规性。结合【业务 3-3-1】至【业务 3-3-5】进行审核判断。

票据整理和审核答案见本业务二维码。

业务 3-3-1:
判断提取
备用金业
务合规性

【业务 3-3-2】(平台业务 11)　判断拨缴工会经费业务合规性

【业务处理】

3 月 15 日,拨缴上月工会经费,识别判断与整理相关票据,并判断业务的合规性。结合【业务 3-3-1】至【业务 3-3-5】进行审核判断。

票据整理和审核答案见本业务二维码。

业务 3-3-2:
判断拨缴
工会经费
业务合规性

【业务 3-3-3】(平台业务 12)　判断捐赠支出业务合规性

【业务处理】

3 月 20 日,向中国教育发展基金会北京分会捐赠,识别判断与整理相关票据,并判断业务的合规性。结合【业务 3-3-1】至【业务 3-3-5】进行审核判断。

票据整理和审核答案见本业务二维码。

业务 3-3-3:
判断捐赠
支出业务
合规性

【业务 3-3-4】(平台业务 13)　判断票据贴现业务合规性

【业务处理】

3 月 20 日,将收到河北华盛科技有限公司的银行承兑汇票办理贴现,识别判断与整理相关票据,并判断业务的合规性。结合【业务 3-3-1】至【业务 3-3-5】进行审核判断。

票据整理和审核答案见本业务二维码。

业务 3-3-4:
判断票据
贴现业务
合规性

【业务 3-3-5】(平台业务 14)　判断购入数控冲床业务合规性

【业务处理】

3 月 25 日,向青岛盛通机械科技有限公司购入需安装的数控冲床,识别判断与整理相关票据,并判断业务的合规性。结合【业务 3-3-1】至【业务 3-3-5】进行审核判断。

票据整理和审核答案见本业务二维码。

业务 3-3-5:
判断购入
数控冲床
业务合规性

3.3.2　业财税资融合业务处理

【业务 3-3-6】(平台业务 19)　提取备用金

【背景资料】

相关资料,如单据 3-3-6-1 和单据 3-3-6-2 所示。

单据 3-3-6-1

提现申请单

2025年 03 月 01 日

收款单位	北京三花电气有限公司		
地址	北京市通州区群芳街194号	联系电话	010-63846234
收款人开户行	交通银行北京群芳支行	开户账号	110002049052486289066
内容	提取备用金		
大写	人民币贰万元整		￥20000.00

审批:韩国伟　　　　审核:陈珊珊　　　　经办人:林秀娟

单据 3-3-6-2

交通银行
转账支票存根

53102097

81729051

北京中融印刷有限公司·2025年印制

附加信息 _____

_____

出票日期 2025 年 3 月 1 日

收款人:	北京三花电气有限公司
金　额:	￥20,000.00
用　途:	提取备用金

单位主管　　　　会计

【业务处理】

3月1日，提取备用金，编制对应的会计分录，如图3-3-1所示。

记账凭证			
记字第　号　　　　　　　　年　月　日　　　　　　附单据：　张			
摘要	会计科目	借方金额	贷方金额
合计			
审核：　　　　　过账：　　　　　制单：			

图 3-3-1　提取备用会计分录

【业务 3-3-7】(平台业务 20)　出售部分股票

【背景资料】

相关资料，如单据3-3-7-1所示。

单据 3-3-7-1

北京南二环东路证券营业部对账单

客户编号：240005910　　　　姓名：北京三花电气有限公司　　　对账日期：2025.03.02　　　打印柜员：151

资金信息：

币种	资金余额	可用金额	可取现金	资产总值
人民币	202230.00	52380.00	52380.00	652230.00

流水明细：

日期	币种	业务标志	证券名称	证券代码	发生数量	成交均价	佣金	印花税	其他费	收付金额	资金余额	备注
2025.01.12	人民币	股票买入	中国太保	601601	20000	31.50	630			-630630.00	52380.00	
2025.03.02	人民币	股票卖出	中国太保	601601	5000	30.00	150			149850.00	202230.00	

【业务处理】

3 月 2 日,出售部分股票,编制对应的会计分录,如图 3-3-2 所示。

记账凭证			
记字第　号　　　　　　　　年　月　日　　　　　　　　附单据：　张			
摘要	会计科目	借方金额	贷方金额
合　计			
审核：　　　　　　　　过账：　　　　　　　　　　制单：			

图 3-3-2　出售股票会计分录

【业务 3-3-8】(平台业务 21)　购入原材料——审核采购订单

【背景资料】

相关资料,如单据 3-3-8-1 和单据 3-3-8-2 所示。

单据 3-3-8-1

购销合同

购方：　北京三花电气有限公司　　　　　合同编号：　gx1010591

销方：　北京鑫源达板材有限公司　　　　签订时间：　2025年3月3日

供需双方本着互利互惠、长期合作的原则,根据《中华人民共和国民法典》及双方的实际情况,

就需方向供方采购事宜,订立本合同,以使双方在合同履行中共同遵守。

一、产品名称、数量、单价、金额：

产品名称	规格型号	计量单位	数量	单价	金额	备注
敷铝锌板		千克	120000	4.26	511200.00	不含税价
						税率13%
						采购员：李和伟
合计					￥511,200.00	

合计　人民币（大写）：伍拾壹万壹仟贰佰元整

二、质量要求技术标准：供方对质量负责的条件和期限；按合同企业标准。

三、交（提）货方式：2025年4月28日前交货,地点：北京市通州区群芳路194号。

四、付款时间与付款方式：按含税价享受现金折扣2/10,1/20,N/30。

五、运输方式及到站、港和费用负担：由销售方承担。

六、合理损耗及计算方法：以实际数量验收。

七、包装标准、包装物的供应与回收：普通包装，不回收包装物。

八、验收标准及方法：货到后需方进行验收并提出质量异议，不包括运输过程中造成的质量问题。

九、违约责任：按《中华人民共和国民法典》相关规定执行。

十、解决合同纠纷的方式：双方协商解决。

十一、其他约定事项：本合同一式两份，供需双方各一份，经双方盖章后即生效。

购方（盖章）：北京三花电气有限公司　　　　　销方（盖章）：北京鑫源达板材有限公司

单位地址：北京市通州区群芳路194号　　　　　单位地址：北京市大兴区江康路1号

电话：010-60562014　　　　　　　　　　　电话：010-98892091

签订日期：2025年03月03日　　　　　　　　签订日期：2025年03月03日

开户银行：交通银行北京群芳支行　　　　　　　开户银行：交通银行北京大兴支行

账号：11000204805248028906 　　　　　　账号：41924996519848

单据 3-3-8-2

采购订单

*采购订单号：cg202503001			*采购类别：原材料			供应商编号：005		
*供应商名称：北京鑫源达板材有限公司			*订单日期：2025-03-03			*税率：13%		
*采购部门：采购部			*采购员：李和伟					
序号	材料名称	材料编号	规格	单位	数量	不含税单价	不含税金额	税额
1	敷铝锌板	yc1001		千克	120000	4.26	511200.00	66456.00
合　计							511200.00	66456.00
						填制人：林秀娟		

【业务处理】

3月3日，请根据背景资料的购销合同，审核采购订单。

【业务 3-3-9】(平台业务 22)　购入原材料——审核到货单

【背景资料】

相关资料，如单据 3-3-9-1 所示。

单据 3-3-9-1

到货单

*到货单号：dh202503001		*采购订单：cg202503001		供应商名称：北京鑫源达板材有限公司
供应商编号：005		*日期：2025-03-03		
序号	材料编号	材料名称	规格	单位	订单数量	实际到货数量
1	yc1001	敷铝锌板		千克	120000	120000
采购员：李和伟	质检员：吕晨阳		填制人：	林秀娟

【业务处理】

3 月 3 日,承【业务 3-3-8】,采购订单全部到货,审核到货单(质检员:吕晨阳)。

【业务 3-3-10】(平台业务 23) 购入原材料——审核入库单

【背景资料】

相关资料,如单据 3-3-10-1 所示。

单据 3-3-10-1

入库单

*入库单号:rk202503001		*到货单:dh202503001				供应商编号:005			
*供应商名称:北京鑫源达板材有限公司		*日期:2025-03-03				材料类别:原材料			
*收料仓库:原材料库									

序号	材料编号	材料名称	规格	单位	应收数量	实收数量	材料单价	材料金额	运杂费	合计
1	yc1001	敷铝锌板		千克	120000	120000	4.26	511200.00		511200.00
合 计								511200.00		511200.00

部门经理:林玉玉	仓库: 张新光	填制人: 林秀娟

【业务处理】

3 月 3 日,承【业务 3-3-9】,审核入库单(仓库:张新光;部门经理:林玉玉)。

【业务 3-3-11】(平台业务 24) 购入原材料——智能生成材料入库会计分录

【业务处理】

3 月 3 日,承【业务 3-3-10】,根据审核后的入库单生成材料入库会计分录,如图 3-3-3 所示。

记账凭证

记字第 号   年 月 日   附单据: 张

摘要	会计科目	借方金额	贷方金额
合计			

审核: 过账: 制单:

图 3-3-3 材料入库会计分录

【业务 3-3-12】(平台业务 25) 购入原材料——审核采购发票

【背景资料】

相关资料,如单据 3-3-12-1 和单据 3-3-12-2 所示。

单据 3-3-12-1

电子发票（增值税专用发票）

发票号码：24110119213058102932
开票日期：2025年03月03日

购买方信息	名称：北京三花电气有限公司 统一社会信用代码/纳税人识别号：911101060911083566	销售方信息	名称：北京鑫源达板材有限公司 统一社会信用代码/纳税人识别号：911101151240084923

项目名称	规格型号	单位	数量	单价	金额	税率/征收率	税额
*黑色金属冶炼压延品*敷铝锌板		千克	120000	4.26	511200.00	13%	66456.00
合　计					¥511200.00		¥66456.00

价税合计（大写）	⊗ 伍拾柒万柒仟陆佰伍拾陆元整	（小写）¥577656.00

备注	销售方开户行：交通银行北京大兴支行　　销售方账号：41924996519048

开票人：钟国钊

单据 3-3-12-2

采购发票

*开票日期：2025-03-03	*发票号码：24110119213058102932	*录入日期：2025-03-03
*供应商名称：北京鑫源达板材有限公司	*统一社会信用代码：911101151240084923	*业务类型：购入原材料

序号	商品名称	规格型号	单位	数量	单价	金额	税率	税额
1	敷铝锌板		千克	120000	4.26	511200.00	13%	66456.00
不含税金额：511200.00			税额：66456.00			价税合计：577656.00		

【业务处理】

3月3日，请根据背景资料审核采购发票（发票号码：24110119213058102932；统一社会信用代码：911101151240084923）。

【业务 3-3-13】（平台业务 26）　购入原材料——审核应付单
【背景资料】

相关资料，如单据 3-3-13-1 所示。

单据 3-3-13-1

应付单

*编号：yf202503001	*日期：2025-03-03	*供应商名称：北京鑫源达板材有限公司
供应商编号：005	*开户行：交通银行北京大兴支行	*账号：41924996519048
*付款方式：转账	*税率：13%	*摘要：收到采购材料发票
*应付金额：577656.00	*应付金额大写：伍拾柒万柒仟陆佰伍拾陆元整	

备注：	收到采购材料的增值税发票

【业务处理】

3月3日,承【业务3-3-12】,审核应付单(付款方式:转账;摘要:收到采购材料发票)。

【业务3-3-14】(平台业务27)　购入原材料——智能生成应付会计分录

【业务处理】

3月3日,承【业务3-3-13】,根据审核后的应付单生成应付会计分录,如图3-3-4所示。

记账凭证			
记字第　号	年　月　日		附单据:　张
摘要	会计科目	借方金额	贷方金额
合计			
审核:	过账:	制单:	

图3-3-4　应付会计分录

【业务3-3-15】(平台业务28)　申请银行汇票

【背景资料】

相关资料,如单据3-3-15-1所示。

单据3-3-15-1

结算业务申请书

交通银行　　　　　　委托日期　2025 年 03 月 05 日　　　　流水号　09773075

业务类型:　　　电汇□　信汇□　汇票申请书□　本票申请书□　其他□

付款人	全称	北京三花电气有限公司	收款人	全称	北京浪博铜业有限公司	此联交付行给付款人的回单
	账号或地址	110002049052486289066		账号或地址	41924996334114	
	开户银行	交通银行北京群芳支行		开户银行	交通银行北京顺义支行	
金额	人民币(大写)	壹佰叁拾万元整			￥1,300,000.00	
			支付密码		1620581297593475	
			电汇时需选择:		附加信息及用途:	
			普通□			
	银行签章		加急□			

会计主管:　　　授权:　　　复核:　　　记账:

【业务处理】

3月5日,申请银行汇票,编制对应的会计分录,如图3-3-5所示。

记账凭证			
记字第　号　　　　　　　　　　年　月　日　　　　　　　　　　附单据：　张			
摘要	会计科目	借方金额	贷方金额
合　计			
审核：　　　　　　　　　过账：　　　　　　　　　制单：			

图 3-3-5　申请银行汇票会计分录

【业务 3-3-16】(平台业务 29)　产品完工入库——审核产品入库单

【背景资料】

相关资料,如单据3-3-16-1和单据3-3-16-2所示。

单据 3-3-16-1

产品检验单

交来部门：生产车间　　　　　　2025 年 03 月 06日　　　　　NO：200301

序号	编码	名称及规格	单位	数量		实际价格	
				应收	实收	单价	金额
1	ccp01	低压柜	个	23	23		
2	ccp02	中压柜	个	11	11		
		合　计					

部门经理：李福泽　　　　　经手人：张新光　　　　　　　质检员：吕晨阳

单据 3-3-16-2

入库单

*经办人：张新光		*日期：2025-03-06		*单号：kc202503001		
*单位及部门：生产部		*验收仓库：成品库		*入库日期：2025-03-06		
*收料仓库：成品库						
名称	编号	规格	单位	数量	单价	金额
低压柜	ccp01		个	23		
中压柜	ccp02		个	11		

【业务处理】

3月6日,请根据背景单据审核产品入库单(经办人:张新光)。

【业务3-3-17】(平台业务30)　购入原材料——审核采购订单

【背景资料】

相关资料,如单据3-3-17-1和单据3-3-17-2所示。

单据3-3-17-1

购销合同

购方:　北京三花电气有限公司　　　　　　合同编号:　gx1010592

销方:　北京浪博铜业有限公司　　　　　　签订时间:　2025年3月7日

　　供需双方本着互利互惠、长期合作的原则,根据《中华人民共和国民法典》及双方的实际情况,

就需方向供方采购事宜,订立本合同,以使双方在合同履行中共同遵守。

一、产品名称、数量、单价、金额:

产品名称	规格型号	计量单位	数量	单价	金额	备注
铜排		千克	24000	46.00	1104000.00	不含税价
						税率13%
						采购员:李和伟
合计					¥1,104,000.00	

合计　人民币(大写):壹佰壹拾万零肆仟元整

二、质量要求技术标准:供方对质量负责的条件和期限,按合同企业标准。

三、交(提)货地点:北京市通州区群芳路194号。

四、付款时间与付款方式:以银行汇票方式支付货款。

五、运输方式及到站、港和费用负担:由销售方承担。

六、合理损耗及计算方法:以实际数量验收。

七、包装标准、包装物的供应与回收:普通包装,不回收包装物。

八、验收标准及方法:货到后需方进行验收并提出质量异议,不包括运输过程中造成的质量问题。

九、违约责任:按《中华人民共和国民法典》相关规定执行。

十、解决合同纠纷的方式:双方协商解决。

十一、其他约定事项:本合同一式两份,供需双方各一份,经双方盖章后即生效。

购方(盖章):北京三花电气有限公司　　　　销方(盖章):北京浪博铜业有限公司

单位地址:北京市通州区群芳路194号　　　　单位地址:北京市海淀区鲁俊路88号

电话:010-63562014　　　　　　　　　　　电话:010-98892091

签订日期:2025年03月07日　　　　　　　签订日期:2025年03月07日

开户银行:交通银行北京群芳支行　　　　　开户银行:交通银行北京海淀支行

账号:11000204805248628906　　　　　　　账号:41924996334114

单据 3-3-17-2

采购订单

*采购订单号：cg202403002		*采购类别：原材料		供应商编号：001		
*供应商名称：北京浪博铜业有限公司		*订单日期：2025-03-07		*税率：13%		
*采购部门：采购部		*采购员：李和伟				

序号	材料名称	材料编号	规格	单位	数量	不含税单价	不含税金额	税额
1	铜排	ycl002		千克	24000	46.00	1104000.00	143520.00
合 计							1104000.00	143520.00
						填制人： 林秀娟		

【业务处理】

3 月 7 日，根据背景资料的购销合同，审核采购订单。

【业务 3-3-18】(平台业务 31)　购入原材料——审核到货单
【背景资料】

相关资料，如单据 3-3-18-1 所示。

单据 3-3-18-1

到货单

*到货单号：dh202503002		*采购订单：cg202503002		供应商名称：北京浪博铜业有限公司	
供应商编号：001		*日期：2025-03-07			

序号	材料编号	材料名称	规格	单位	订单数量	实际到货数量
1	ycl002	铜排		千克	24000	24000
采购员：李和伟	质检员：吕晨阳			填制人：	林秀娟	

【业务处理】

3 月 7 日，承【业务 3-3-17】，采购订单全部到货，审核到货单(质检员：吕晨阳)。

【业务 3-3-19】(平台业务 32)　购入原材料——审核入库单
【背景资料】

相关资料，如单据 3-3-19-1 所示。

单据 3-3-19-1

入库单

*入库单号：rk202503002		*到货单：dh202503002		供应商编号：001		
*供应商名称：北京浪博铜业有限公司		*日期：2025-03-07		材料类别：原材料		
*收货仓库：原材料库						

序号	材料编号	材料名称	规格	单位	应收数量	实收数量	材料单价	材料金额	运杂费	合计
1	ycl002	铜排		千克	24000	24000	46.00	1104000.00		1104000.00
合 计								1104000.00		1104000.00
部门经理：林玉玉		仓库：张新光			填制人： 林秀娟					

【业务处理】

3月7日,承【业务3-3-18】,审核入库单(仓库:张新光;部门经理:林玉玉)。

【业务3-3-20】(平台业务33)　购入原材料——智能生成材料入库会计分录

【业务处理】

3月7日,承【业务3-3-19】,根据审核后的入库单生成材料入库会计分录,如图3-3-6所示。

记账凭证			
记字第　号	年　月　日		附单据:　张
摘要	会计科目	借方金额	贷方金额
合　计			
审核:	过账:		制单:

图3-3-6　材料入库会计分录

【业务3-3-21】(平台业务34)　购入原材料——审核采购发票

【背景资料】

相关资料,如单据3-3-21-1和单据3-3-21-2所示。

单据3-3-21-1

单据 3-3-21-2

采购发票

*开票日期：2025-03-07		*发票号码：24110119213057129360			*录入日期：2025-03-07		
*供应商名称：北京浪博铜业有限公司		*统一社会信用代码：911101138105810285			*业务类型：购入原材料		
序号	商品名称	规格型号	单位	数量	单价	金额	税率	税额
1	铜排		千克	24000	46.00	1104000.00	13%	143520.00
不含税金额：1104000.00			税额：143520.00			价税合计：1247520.00		

【业务处理】

3 月 7 日，根据背景资料审核采购发票（发票号码：24110119213057129360；统一社会信用代码：911101138105810285）。

【业务 3-3-22】（平台业务 35）　购入原材料——审核应付单

【背景资料】

相关资料，如单据 3-3-22-1 所示。

单据 3-3-22-1

应付单

*编号：yf202503002	*日期：2025-03-07	*供应商名称：北京浪博铜业有限公司
供应商编号：001	*开户行：交通银行北京顺义支行	*账号：41924996334114
*付款方式：银行汇票	*税率：13%	*摘要：购入原材料
*应付金额：1247520.00	*应付金额大写：壹佰贰拾肆万柒仟伍佰贰拾元整	
备注：		

【业务处理】

3 月 7 日，承【业务 3-3-21】，审核应付单（摘要：购入原材料）。

【业务 3-3-23】（平台业务 36）　购入原材料——智能生成应付会计分录

【业务处理】

3 月 7 日，承【业务 3-3-22】，根据审核后的应付单生成应付会计分录，如图 3-3-7 所示。

记账凭证

记字第　号		年　月　日		附单据：　张
摘要	会计科目	借方金额		贷方金额
合计				
审核：	过账：		制单：	

图 3-3-7　应付会计分录

【业务 3-3-24】(平台业务 37)　购入原材料——审核付款单

【背景资料】

相关资料,如单据 3-3-24-1 所示。

单据 3-3-24-1

付款单

*单号:fk202503002	*付款类型:付货款
*申请人:李和伟	*名称:北京浪博铜业有限公司
*税率:13%	*申请部门:采购部
*申请日期:2025-03-07	*开户行:交通银行北京顺义支行
*账号:41924996334114	*付款金额:1247520.00
*付款方式:银行汇票	付款金额大写:壹佰贰拾肆万柒仟伍佰贰拾元整
摘要:	

【业务处理】

3月7日,审核付款单并完成付款核销(付款类型:付货款;采购员:李和伟;摘要:支付货款)。

【业务 3-3-25】(平台业务 38)　购入原材料——智能生成应付会计分录

【业务处理】

3月7日,承【业务 3-3-24】,根据审核后的付款单生成应付会计分录(多余款52 480元存入交通银行北京群芳支行),如图 3-3-8 所示。

记账凭证

记字第　号		年　月　日	附单据:　张
摘要	会计科目	借方金额	贷方金额
合计			

审核:　　　　　　过账:　　　　　　制单:

图 3-3-8　货款支付会计分录

【业务 3-3-26】(平台业务 39) 销售商品——审核销售单

【背景资料】

相关资料，如单据 3-3-26-1 和单据 3-3-26-2 所示。

单据 3-3-26-1

购销合同

购方：	天津市电力公司	合同编号：	gxhe019805
销方：	北京三花电气有限公司	签订时间：	2025年3月8日

供需双方本着互利互惠、长期合作的原则，根据《中华人民共和国民法典》及双方的实际情况，

就需方向供方采购事宜，订立本合同，以使双方在合同履行中共同遵守。

一、产品名称、数量、单价、金额：

产品名称	规格型号	计量单位	数量	单价	金额	备注
低压柜		个	16	60000.00	960000.00	不含税价
中压柜		个	8	62000.00	496000.00	税率13%
						交货时间：
						2025年3月8日
合计					¥1,456,000.00	

合计 人民币（大写）：壹佰肆拾伍万陆仟元整

二、质量要求技术标准：供方对质量负责的条件和期限；按合同企业标准。

三、交（提）货地点：天津市北辰区杨同街魏志路41号。

四、付款时间与付款方式：购买方提货后，一个月内支付货款。

五、运输方式及到站、港和费用负担：由购货方承担。

六、合理损耗及计算方法：以实际数量验收。

七、包装标准、包装物的供应与回收：普通包装，不回收包装物。

八、验收标准及方法：货到后需方进行验收并提出质量异议，不包括运输过程中造成的质量问题。

九、违约责任：按《中华人民共和国民法典》相关规定执行。

十、解决合同纠纷的方式：双方协商解决。

十一、其他约定事项：本合同一式两份，供需双方各一份，经双方盖章后即生效。

购方（盖章）：天津市电力公司 销方（盖章）：北京三花电气有限公司

单位地址：天津市北辰区杨同街魏志路41号 单位地址：北京市通州区群芳路194号

电话：022-75322820 电话：010-60562014

签订日期：2025年03月08日 签订日期：2025年03月08日

开户银行：交通银行天津北辰支行 开户银行：交通银行北京群芳支行

账号：41622124864968 账号：110002048052486289066

单据 3-3-26-2

销售单

序号	产品名称	产品编号	规格	单位	数量	不含税单价	不含税金额	税额	含税金额

*销售订单号：xs202503001　　　　*销售类型：产成品销售　　　　*客户名称：天津市电力公司

客户编号：008　　　　　　　　　　*交货日期：2025-03-08　　　　*币种：CNY

*税率：13%　　　　　　　　　　　*销售部门：销售部　　　　　　*销售员：高成玉

序号	产品名称	产品编号	规格	单位	数量	不含税单价	不含税金额	税额	含税金额
1	低压柜	ccp01		个	16	60000.00	960000.00	124800.00	1084800.00
2	中压柜	ccp02		个	8	62000.00	496000.00	64480.00	560480.00
合计							1456000.00	189280.00	1645280.00

填制人：　林秀娟

【业务处理】

3 月 8 日，根据背景资料审核销售单(销售员：高成玉)。

【业务 3-3-27】(平台业务 40)　销售商品——审核销售发货单

【背景资料】

相关资料，如单据 3-3-27-1 所示。

单据 3-3-27-1

销售发货单

*销售发货单号：xsfh202503001　　*销售订单号：xs202503001　　*客户名称：天津市电力公司

客户编号：008　　　　　　　　　　*计划交货日期：2025-03-08

序号	产品名称	产品编号	规格	单位	数量
1	低压柜	ccp01		个	16
2	中压柜	ccp02		个	8

销售经理：吕晨曦　　　　销售员：　高成玉　　　　填制人：　林秀娟

【业务处理】

3 月 8 日，承【业务 3-3-26】，销售单中的产品已全部发货，审核销售发货单(销售经理：吕晨曦)。

【业务 3-3-28】(平台业务 41)　销售商品——审核销售出库单

【背景资料】

相关资料，如单据 3-3-28-1 所示。

单据 3-3-28-1

销售出库单

*销售出库单号：xsck202503001　　*销售发货号：xsfh202503001　　*客户名称：天津市电力公司

　　客户编号：008　　　　　　　　*发出仓库：成品库　　　　　*出库日期：2025-03-08

序号	产品名称	产品编号	规格	单位	数量
1	低压柜	ccp01		个	16
2	中压柜	ccp02		个	8

部门经理：吕晨曦　　　　　　仓库：张新光　　　　　　填制人：　林秀娟

【业务处理】

3月8日,承【业务3-3-27】,审核销售出库单(销售经理:吕晨曦;仓库:张新光)。

【业务3-3-29】(平台业务42) 销售商品——审核销售发票
【背景资料】

相关资料,如单据3-3-29-1和单据3-3-29-2所示。

单据3-3-29-1

项目名称	规格型号	单位	数量	单价	金额	税率/征收率	税额
*配电控制设备*低压柜		个	16	60000.00	960000.00	13%	124800.00
*配电控制设备*中压柜		个	8	62000.00	496000.00	13%	64480.00
合 计					¥1456000.00		¥189280.00

电子发票 (增值税专用发票)
发票号码:24110119113048310850
开票日期:2025年03月08日

购买方信息 名称:天津市电力公司 统一社会信用代码/纳税人识别号:911201135103656787
销售方信息 名称:北京三花电气有限公司 统一社会信用代码/纳税人识别号:911101060911083566

价税合计(大写) ⊗ 壹佰陆拾肆万伍仟贰佰捌拾元整 (小写)¥1645280.00

备注

开票人:陈珊珊

单据3-3-29-2

销售发票

*开票日期:2025-03-08		*发票号码:24110119113048310850				*录入日期:2025-03-08		
*客户名称:天津市电力公司		*统一社会信用代码:911201135108656787				*业务类型:销售商品		

序号	商品名称	规格型号	单位	数量	单价	金额	税率	税额
1	低压柜		个	16	60000.00	960000.00	13%	124800.00
2	中压柜		个	8	62000.00	496000.00	13%	64480.00

不含税金额:1456000.00	税额:189280.00	价税合计:1645280.00

【业务处理】

3月8日,根据背景资料审核销售发票(发票号码:24110119113048310850;统一社会信用代码:911201135108656787)。

【业务3-3-30】(平台业务43) 销售商品——审核应收单
【背景资料】

相关资料,如单据3-3-30-1所示。

单据 3-3-30-1

应收单

*应收单号：ysd202503001		*销售类型：产成品销售		*客户名称：天津市电力公司			
客户编号：008		*出库单：xsck202503001		币种：CNY			
*税率：13%		*填制日期：2025-03-08					
序号	产品名称	产品编号	规格	单位	数量	不含税单价	税额	含税金额

序号	产品名称	产品编号	规格	单位	数量	不含税单价	税额	含税金额
1	低压柜	ccp01		个	16	60000.00	124800.00	1084800.00
2	中压柜	ccp02		个	8	62000.00	64480.00	560480.00
合计							189280.00	1645280.00

填制人：林秀娟

【业务处理】

3 月 8 日，承【业务 3-3-29】，审核应收单。

【业务 3-3-31】(平台业务 44)　销售商品——智能生成收入确认会计分录

【业务处理】

3 月 8 日，承【业务 3-3-26】至【业务 3-3-30】，生成收入确认会计分录，如图 3-3-9 所示。

记账凭证

记字第　号		年　月　日		附单据：　张	
摘要	会计科目		借方金额		贷方金额
	合计				

审核：　　　　　　　　过账：　　　　　　　　制单：

图 3-3-9　收入确认会计分录

【业务 3-3-32】(平台业务 45)　报销劳保用品

【背景资料】

相关资料，如单据 3-3-32-1 和单据 3-3-32-2 所示。

单据 3-3-32-1

报销单

填报日期： 2025 年 03 月 08 日　　　单据及附件共　1　张

姓名	黄凯芹	所属部门		行政部	报销形式	现金	
					支票号码		
报销项目		摘要		金额		备注	
劳保用品		报销管理部门劳保用品		3616.00			
		现金付讫					
合　　　　计				¥3,616.00			
金额大写：零拾零万叁仟陆佰壹拾陆元零角零分				原借款：¥0.00		应退（补）款：¥3,616.00	

总经理：韩国伟　　　财务经理：孙汉敏　　　部门经理：谭雄天　　　会计：陈珊珊　　　出纳：林秀娟　　　报销人：黄凯芹

单据 3-3-32-2

电子发票 （增值税专用发票）　　发票号码：24110119113019305847

开票日期：2025-03-08

（国家统一发票监制　北京市税务局）

购买方信息	名称：北京三花电气有限公司 统一社会信用代码/纳税人识别号：911101060911083566					销售方信息	名称：北京乐道商贸有限公司 统一社会信用代码/纳税人识别号：911101573917591204			
项目名称	规格型号	单位	数量		单价	金额		税率/征收率		税额
*鞋*劳保鞋		双	40		80.00	3200.00		13%		416.00
合　计						¥3200.00				¥416.00
价税合计（大写）		⊗ 叁仟陆佰壹拾陆元整					（小写）¥3616.00			
备注										

开票人：刘长春

【业务处理】

3 月 8 日，报销劳保用品，编制对应的会计分录，如图 3-3-10 所示。

记账凭证

记字第　　号　　　　　　　年　月　日　　　　　　附单据：　张

摘要	会计科目	借方金额	贷方金额
合计			

审核：　　　　　　　过账：　　　　　　　制单：

图 3-3-10　报销劳保用品会计分录

【业务 3-3-33】(平台业务 46) 报销差旅费报销单审批

【背景资料】

相关资料,如单据 3-3-33-1 至单据 3-3-33-6 所示。

单据 3-3-33-1

差 旅 费 报 销 单

2025 年 03 月 08 日   单据及附件共　4　张

所属部门	管理部		姓名:王光辉			出差事由	商务洽谈		
出发		到达		起止地点	交通费	住宿费	伙食费	其他	
月	日	月	日						
03	05	03	05	北京—上海	1970.00				
03	05	03	07			667.80	530.00		
03	07	03	07	上海—北京	1972.00				
						现金收讫			
						预支		退回金额	¥1,860.20
合计	大写金额:伍仟壹佰叁拾玖元捌角				¥5139.80	差旅费	¥7,000.00	补付金额	¥0.00

总经理:韩国伟　　财务经理:孙汉敏　　会计:陈珊珊　　　出纳:林秀娟　　部门经理:　　　　报销人:王光辉

单据 3-3-33-2

单据 3-3-33-3

单据 3-3-33-4

单据 3-3-33-5

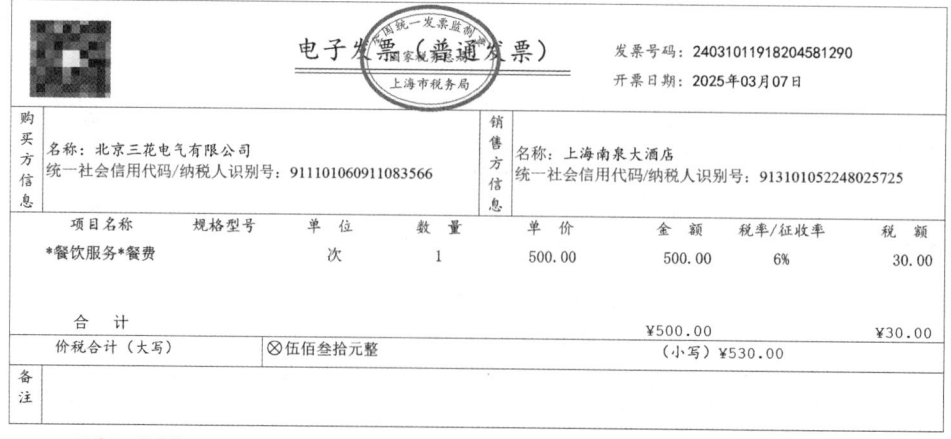

单据 3-3-33-6

差旅费报销单

差旅基础信息	
*部门：管理部	*日期：2025-03-08
编号：clf202503001	*出差人：王光辉
*出差事由：商务洽谈	*报销形式：现金
*单据张数：4张	预借金额：7000.00
应退金额：1860.20	应补金额：
合计金额：5139.80	

差旅费用：

*出发-到达时间		*交通费不含税金额	*交通费税额	*住宿不含税金额	*住宿税额	*补贴费	其他费用	小计
2025/3/5	2025/3/7	3624.77	317.23	630.00	37.80	0.00	530.00	5139.80

【业务处理】

根据背景资料,审核票据合规性,判断报销金额是否超过报销标准。在财务共享中心对不合规的票据及超标项目报销金额进行扣减,完成报销单审批。

注：①报销人：王光辉;②报销限额均为含税金额;③本次出差原因是管理部商务洽谈事宜,差旅基础信息部门按报销单选择管理部。

【业务 3-3-34】(平台业务 47)　报销差旅费——智能生成会计分录

【业务处理】

承【业务 3-3-33】,在系统中生成会计分录,如图 3-3-11 所示。

记账凭证

记字第　号		年　月　日		附单据：张
摘要	会计科目	借方金额	贷方金额	
合计				

审核：　　　　　　过账：　　　　　　制单：

图 3-3-11　报销差旅费会计分录

【业务 3-3-35】(平台业务 48)　购入原材料——审核采购订单

【背景资料】

相关资料，如单据 3-3-35-1 和单据 3-3-35-2 所示。

单据 3-3-35-1

购销合同

购方：　北京三花电气有限公司　　　　合同编号：　gx1010593

销方：　河北铭祺电气有限公司　　　　签订时间：　2025年3月10日

供需双方本着互利互惠、长期合作的原则，根据《中华人民共和国民法典》及双方的实际情况，

就需方向供方采购事宜，订立本合同，以使双方在合同履行中共同遵守。

一、产品名称、数量、单价、金额：

产品名称	规格型号	计量单位	数量	单价	金额	备注
热缩套管		米	35000	4.00	140000.00	不含税价
电流互感器		个	224	2155.00	482720.00	税率13%
电压互感器		个	224	1833.75	410760.00	采购员：李和伟
继电器		个	1000	30.77	30770.00	
断路器		个	100	3945.00	394500.00	
高压熔断器		个	1000	97.96	97960.00	
接地开关		个	1000	45.68	45680.00	
隔离开关		个	800	38.00	30400.00	
负荷开关		个	500	29.04	14520.00	
干变变压器		个	20	9965.00	199300.00	
避雷器		个	30	1550.00	46500.00	
合计					¥1,893,110.00	

合计　人民币（大写）：壹佰捌拾玖万叁仟壹佰壹拾元整

二、质量要求技术标准：供方对质量负责的条件和期限；按合同企业标准。

三、交（提）货地点：北京市通州区群芳路194号。

四、付款时间与付款方式：收到货物后，30日之内转账支付。

五、运输方式及到站、港和费用负担：

六、合理损耗及计算方法：以实际数量验收。

七、包装标准、包装物的供应与回收：普通包装，不回收包装物。

八、验收标准及方法：货到后需方进行验收并提出质量异议，不包括运输过程中造成的质量问题。

九、违约责任：按《中华人民共和国民法典》有关规定执行。

十、解决合同纠纷的方式：双方协商解决。

十一、其他约定事项：本合同一式两份，供需双方各一份，经双方盖章后即生效。

购方（盖章）：北京三花电气有限公司　　　　销方（盖章）：河北铭祺电气有限公司

单位地址：北京市通州区群芳路194号　　　　单位地址：河北省石家庄市长安区陈宝街石铁路32号

电话：010-60562014　　　　　　　　　　　电话：031-28491058

签订日期：2025年03月18日　　　　　　　　签订日期：2025年03月10日

开户银行：交通银行北京群芳支行　　　　　　开户银行：交通银行石家庄长安支行

账号：110002048052486289066　　　　　　　账号：41924990575877

单据 3-3-35-2

采购订单

*采购订单号：cg202503003　　　*采购类别：原材料　　　供应商编号：002

*供应商名称：河北铭祺电气有限公司　*订单日期：2025-03-10　*税率：13%

*采购部门：采购部　　　　　　　　*采购员：李和伟

序号	材料名称	材料编号	规格	单位	数量	不含税单价	不含税金额	税额
1	热缩套管	yc1003		米	35000	4.00	140000.00	18200.00
2	电流互感器	yc1004		个	224	2155.00	482720.00	62753.60
3	电压互感器	yc1005		个	224	1833.75	410760.00	53398.80
4	继电器	yc1006		个	1000	30.77	30770.00	4000.10
5	断路器	yc1007		个	100	3945.00	394500.00	51285.00
6	高压熔断器	yc1008		个	1000	97.96	97960.00	12734.80
7	接地开关	yc1009		个	1000	45.68	45680.00	5938.40
8	隔离开关	yc1010		个	800	38.00	30400.00	3952.00
9	负荷开关	yc1011		个	500	29.04	14520.00	1887.60
10	干变变压器	yc1012		个	20	9965.00	199300.00	25909.00
11	避雷器	yc1013		个	30	1550.00	46500.00	6045.00
合计							1893110.00	246104.30

填制人：　林秀娟

【业务处理】

3 月 10 日，根据背景资料的购销合同，审核采购订单。

【业务 3-3-36】(平台业务 49)　购入原材料——审核到货单

【背景资料】

相关资料，如单据 3-3-36-1 所示。

单据 3-3-36-1

到货单

*到货单号：dh202503003　　*采购订单：cg202503003　　供应商名称：河北铭祺电气有限公司

供应商编号：002　　　*日期：2025-03-10

序号	材料编号	材料名称	规格	单位	订单数量	实际到货数量
1	yc1003	热缩套管		米	35000	35000
2	yc1004	电流互感器		个	224	224
3	yc1005	电压互感器		个	224	224
4	yc1006	继电器		个	1000	1000
5	yc1007	断路器		个	100	100
6	yc1008	高压熔断器		个	1000	1000
7	yc1009	接地开关		个	1000	1000
8	yc1010	隔离开关		个	800	800
9	yc1011	负荷开关		个	500	500
10	yc1012	干变变压器		个	20	20
11	yc1013	避雷器		个	30	30

采购员：李和伟　　质检员：　吕晨阳　　　　　填制人：　林秀娟

【业务处理】

3月10日，承【业务3-3-35】，采购订单中的材料已全部到货，审核到货单（质检员：吕晨阳）。

【业务3-3-37】(平台业务50)　购入原材料——审核入库单

【背景资料】

相关资料，如单据3-3-37-1所示。

单据3-3-37-1

入库单

*入库单号：rk202503003　　　*到货单：dh202503003　　　供应商编号：002

*供应商名称：河北铭祺电气有限公司　*日期：2025-03-10　　材料类别：原材料

*收料仓库：原材料库

序号	材料编号	材料名称	规格	单位	应收数量	实收数量	材料单价	材料金额	运杂费	合计
1	yc1003	热缩套管		米	35000	35000	4.00	140000.00		140000.00
2	yc1004	电流互感器		个	224	224	2155.00	482720.00		482720.00
3	yc1005	电压互感器		个	224	224	1833.75	410760.00		410760.00
4	yc1006	继电器		个	1000	1000	30.77	30770.00		30770.00
5	yc1007	断路器		个	100	100	3945.00	394500.00		394500.00
6	yc1008	高压熔断器		个	1000	1000	97.96	97960.00		97960.00
7	yc1009	接地开关		个	1000	1000	45.68	45680.00		45680.00
8	yc1010	隔离开关		个	800	800	38.00	30400.00		30400.00
9	yc1011	负荷开关		个	500	500	29.04	14520.00		14520.00
10	yc1012	干变变压器		个	20	20	9965.00	199300.00		199300.00
11	yc1013	避雷器		个	30	30	1550.00	46500.00		46500.00
合　计								1893110.00		1893110.00

部门经理：林玉玉　　　　　仓库：张新光　　　　　　　　填制人：林秀娟

【业务处理】

3月10日，承【业务3-3-36】，审核入库单（仓库：张新光；部门经理：林玉玉）。

【业务3-3-38】(平台业务51)　购入原材料——智能生成材料入库会计分录

【业务处理】

3月10日，承【业务3-3-37】，根据审核后的入库单生成材料入库会计分录，如图3-3-12所示。

记账凭证

记字第　　号　　　　　　　　　年　月　日　　　　　　　　附单据：　张

摘要	会计科目	借方金额	贷方金额
合计			

审核：　　　　　　　过账：　　　　　　　制单：

图3-3-12　材料入库会计分录

【业务 3-3-39】(平台业务 52)购入原材料——审核采购发票

【背景资料】

相关资料，如单据 3-3-39-1 和单据 3-3-39-2 所示。

单据 3-3-39-1

电子发票（增值税专用发票）

全国统一发票监制章　河北省税务局

发票号码：24130119213017295846
开票日期：2025年03月10日

| 购买方信息 | 名称：北京三花电气有限公司　统一社会信用代码/纳税人识别号：911101060911083566 | 销售方信息 | 名称：河北铭祺电气有限公司　统一社会信用代码/纳税人识别号：911301029501820581 |

项目名称	规格型号	单位	数量	单价	金额	税率/征收率	税额
*橡胶制品*热缩套管		米	35000	4.00	140000.00	13%	18200.00
*变压器整流器*电流互感器		个	224	2155.00	482720.00	13%	62753.60
*变压器整流器*电压互感器		个	224	1833.75	410760.00	13%	53398.80
*电力电子元器件*继电器		个	1000	30.77	30770.00	13%	4000.10
*电力电子元器件*断路器		个	100	3945.00	394500.00	13%	51285.00
*配电控制设备*高压熔断器		个	1000	97.96	97960.00	13%	12734.80
*高压开关设备*接地开关		个	1000	45.68	45680.00	13%	5938.40
*高压开关设备*隔离开关		个	800	38.00	30400.00	13%	3952.00
*高压开关设备*负荷开关		个	500	29.04	14520.00	13%	1887.60
*变压器整流器*干变变压器		个	20	9965.00	199300.00	13%	25909.00
*配电控制设备*避雷器		个	30	1550.00	46500.00	13%	6045.00
合　计					¥1893110.00		¥246104.30
价税合计（大写）	⊗ 贰佰壹拾叁万玖仟贰佰壹拾肆元叁角				（小写）¥2139214.30		

备注：销售方开户行：交通银行石家庄长安支行　　销售方账号：41924996575677

开票人：汪小青

单据 3-3-39-2

采购发票

*开票日期：2025-03-10　　　*发票号码：24130119213017295846　　*录入日期：2025-03-10
*供应商名称：河北铭祺电气有限公司　*统一社会信用代码：911301029501820581　*业务类型：购入原材料

序号	商品名称	规格型号	单位	数量	单价	金额	税率	税额
1	热缩套管		米	35000	4.00	140000.00	13%	18200.00
2	电流互感器		个	224	2155.00	482720.00	13%	62753.60
3	电压互感器		个	224	1833.75	410760.00	13%	53398.80
4	继电器		个	1000	30.77	30770.00	13%	4000.10
5	断路器		个	100	3945.00	394500.00	13%	51285.00
6	高压熔断器		个	1000	97.96	97960.00	13%	12734.80
7	接地开关		个	1000	45.68	45680.00	13%	5938.40
8	隔离开关		个	800	38.00	30400.00	13%	3952.00
9	负荷开关		个	500	29.04	14520.00	13%	1887.60
10	干变变压器		个	20	9965.00	199300.00	13%	25909.00
11	避雷器		个	30	1550.00	46500.00	13%	6045.00

不含税金额：1893110.00　　　　税额：246104.30　　　　价税合计：2139214.30

【业务处理】

3 月 10 日,承【业务 3-3-35】【业务 3-3-36】【业务 3-3-37】,审核采购发票(发票号码:24130119213017295846;统一社会信用代码:911301029501820581)。

【业务 3-3-40】(平台业务 53)　购入原材料——审核应付单

【背景资料】

相关资料,如单据 3-3-40-1 所示。

单据 3-3-40-1

应付单

*编号:yf202503003	*日期:2025-03-10	*供应商名称:河北铭祺电气有限公司
供应商编号:002	*开户行:交通银行石家庄长安支行	*账号:41924996575677
*付款方式:转账	*税率:13%	*摘要:购入原材料
*应付金额:2139214.30	*应付金额大写:贰佰壹拾叁万玖仟贰佰壹拾肆元叁角整	
备注:		

【业务处理】

3 月 10 日,承【业务 3-3-39】,审核应付单(摘要:购入原材料)。

【业务 3-3-41】(平台业务 54)　购入原材料——智能生成应付会计分录

【业务处理】

3 月 10 日,承【业务 3-3-40】,根据审核后的应付单生成应付会计分录,如图 3-3-13 所示。

记账凭证

记字第　　号　　　　　　　　　　　年　月　日　　　　　　　　　　附单据:　张

摘要	会计科目	借方金额	贷方金额
合计			

审核:　　　　　　　　过账:　　　　　　　　制单:

图 3-3-13　采购原材料会计分录

【业务 3-3-42】(平台业务 55)　预付审计费——审核付款单

【背景资料】

相关资料,如单据 3-3-42-1 和单据 3-3-42-2 所示。

单据 3-3-42-1

付款申请单
2025年 03月 10日

用途及情况	金额											收款单位(人):北京立信会计师事务所	
预付审计费(含税率 6%)	亿	千	百	十	万	千	百	十	元	角	分	账号:110002107426105829153	
				¥	8	0	0	0	0	0		开户行:交通银行北京丰台支行	
金额(大写)合计	人民币捌仟元整									结算方式		转账	
总经理	韩国伟	财务部门	经理	孙汉敏			业务部门		经理		孙汉敏		
			会计	陈珊珊					经办人		陈珊珊		

单据 3-3-42-2

付款单

*单号:fk202503001　　　　　*付款类型:预付款

*申请人:陈珊珊　　　　　　*名称:北京立信会计师事务所

*税率:6%　　　　　　　　　*申请部门:财务部

*申请日期:2025-03-10　　　*开户行:交通银行北京丰台支行

*账号:11000210742610582915　*付款金额:8000.00

*付款方式:转账　　　　付款金额大写:捌仟元整

摘要:

【业务处理】

根据背景资料,审核付款单并完成付款核销(申请人:陈姗姗;岗位:共享会计;付款类型:预付款)。

【业务 3-3-43】(平台业务 56)　预付审计费——智能生成会计分录

【业务处理】

3月 10日,承【业务 3-3-42】,智能生成会计分录,如图 3-3-14 所示。

记账凭证

记字第　号	年　月　日		附单据:　张
摘要	会计科目	借方金额	贷方金额
合计			

审核:　　　　　　　　过账:　　　　　　　　制单:

图 3-3-14　预付审计费会计分录

【业务 3-3-44】(平台业务 57) 支付材料款有现金折扣——审核付款单

【背景资料】

相关资料,如单据 3-3-44-1 和单据 3-3-44-2 所示。

单据 3-3-44-1

付款申请单

2025年 03月 10日

用途及情况	金额										收款单位(人):北京鑫源达板材有限公司	
支付扣除现金折扣后的材料款(含税率13%)	亿	千	百	十	万	千	百	十	元	角	分	账号:41924996519048
			¥	5	6	6	1	0	2	8	8	开户行:交通银行北京大兴支行
金额(大写)合计	人民币伍拾陆万陆仟壹佰零贰元捌角捌分									结算方式	转账	
总经理	韩国伟		财务部门	经理	孙汉敏		业务部门	经理	林玉玉			
				会计	陈珊珊			经办人	李和伟			

单据 3-3-44-2 付款单

付款单

*单号:fk202503003	*付款类型:付货款
*申请人:李和伟	*名称:北京鑫源达板材有限公司
*税率:13%	*申请部门:采购部
*申请日期:2025-03-10	*开户行:交通银行北京大兴支行
*账号:41924996519048	*付款金额:566102.88
*付款方式:转账	付款金额大写:伍拾陆万陆仟壹佰零贰元捌角捌分
摘要:	

【业务处理】

根据背景资料,审核付款单并完成付款核销(申请人:李和伟;岗位:采购员)。

【业务 3-3-45】(平台业务 58) 支付材料款有现金折扣——智能生成会计分录

【业务处理】

3月10日,承【业务 3-3-44】,智能生成付款会计分录,如图 3-3-15 所示。

记账凭证

记字第 号		年 月 日		附单据: 张
摘要	会计科目	借方金额	贷方金额	
合计				

审核: 过账: 制单:

图 3-3-15 支付材料款会计分录

【业务 3-3-46】(平台业务 59)　支付材料款有现金折扣——冲减现金折扣

【背景资料】

相关资料,如单据 3-3-46-1 所示。

单据 3-3-46-1

现金折扣计算表

2025年3月10日

品名	应付额		合计	现金折扣率	现金折扣金额	实付额
	金额	税额				
敷铝锌板	511200	66456	577656	2%	11553.12	566102.88
合计	511200	66456	577656		11553.12	566102.88

审核：孙汉敏　　　　　　　　　　　　　　　　制单人：陈珊珊

【业务处理】

3 月 10 日,承【业务 3-3-45】,结合背景资料,编制冲减现金折扣的会计分录,如图 3-3-16 所示。

记账凭证

记字第　号	年　月　日		附单据：　张
摘要	会计科目	借方金额	贷方金额
合计			

审核：　　　　　　过账：　　　　　　制单：

图 3-3-16　冲减现金折扣会计分录

【业务 3-3-47】(平台业务 60)　支付研发部设备检测费——审核付款单并核销

【背景资料】

相关资料,如单据 3-3-47-1 至单据 3-3-47-3 所示。

单据 3-3-47-1

付款申请单

2025年 03月 12日

用途及情况	金额										收款单位（人）：北京阳华维修服务有限公司		
支付设备检测费	亿	千	百	十	万	千	百	十	元	角	分	账号：41924996290746	
					¥	5	3	0	0	0	0	开户行：交通银行北京通州支行	
金额（大写）合计	人民币伍仟叁佰元整											结算方式	转账
总经理	韩国伟		财务部门	经理	孙汉敏			业务部门	经理	刘媛媛			
				会计	陈珊珊				经办人	陈笑笑			

单据 3-3-47-2

电子发票（增值税专用发票）							发票号码：24110119213017496208	
							开票日期：2025年03月12日	

购买方信息	名称：北京三花电气有限公司 统一社会信用代码/纳税人识别号：911101060911083566			销售方信息	名称：北京阳华维修服务有限公司 统一社会信用代码/纳税人识别号：911101125940228510			
项目名称	规格型号	单位	数量	单价	金额	税率/征收率	税额	
*鉴证咨询服务*设备检测费		次	1	5000	5000.00	6%	300.00	
合　计					¥5000.00		¥300.00	
价税合计（大写）	⊗伍仟叁佰元整				（小写）¥5300.00			
备注								

开票人：陈志

单据 3-3-47-3

付款单

*单号：fk202503003	*付款类型：设备检测费
*申请人：陈笑笑	*名称：北京阳华维修服务有限公司
*税率：6%	*申请部门：研发部
*申请日期：2025-03-12	*开户行：交通银行北京通州支行
*账号：41924996290746	*付款金额：5300.00
*付款方式：转账	付款金额大写：伍仟叁佰元整
摘要：	

【业务处理】

根据背景资料，审核付款单并完成付款核销（申请人：陈笑笑；岗位：研发人员）。

【业务 3-3-48】(平台业务 61)　支付研发部设备检测费——智能生成会计分录

【业务处理】

3 月 12 日，承【业务 3-3-47】，智能生成会计分录，如图 3-3-17 所示。

记账凭证

记字第　号		年　月　日		附单据：　张
摘要	会计科目		借方金额	贷方金额
合计				

审核：　　　　　　　过账：　　　　　　　　　制单：

图 3-3-17　支付研发部设备检测费会计分录

【业务 3-3-49】(平台业务 62)收到货款——审核收款单

【背景资料】

相关资料,如单据 3-3-49-1 和单据 3-3-49-2 所示。

单据 3-3-49-1

收款信息

客户名称	河北唐山市电力公司	收款日期	2025年3月12日
开户行	中国工商银行唐山路南支行	账号	110002810582018361954
收款类型	收货款	收款方式	转账
收款金额	¥928000.00	金额大写	人民币玖拾贰万捌仟元整

单据 3-3-49-2

收款单

*客户名称:河北唐山市电力公司	*申请日期:2025-03-12
*开户行: 中国工商银行唐山路南支行	*账号:110002810582018361954
*收款类型:收货款	*收款方式:转账
*收款金额:928000.00	收款金额大写:玖拾贰万捌仟元整

摘要:

【业务处理】

3 月 12 日,根据背景资料审核收款单。

【业务 3-3-50】(平台业务 63) 收到货款——智能生成会计分录

【业务处理】

3 月 12 日,承**【业务 3-3-49】**,智能生成收款会计分录,如图 3-3-18 所示。

记账凭证

记字第   号   年   月   日   附单据: 张

摘要	会计科目	借方金额	贷方金额
合计			

审核: 过账: 制单:

图 3-3-18 收到货款会计分录

【业务 3-3-51】(平台业务 64) 出售部分股票

【背景资料】

相关资料,如单据 3-3-51-1 所示。

单据 3-3-51-1

北京南二环东路证券营业部对账单

客户编号:240005910　　姓名:北京三花电气有限公司　　对账日期:2025.03.13　　打印柜员:151

资金信息:

币种	资金余额	可用金额	可取现金	资产总值
人民币	531900.00	202330.00	202330.00	696900.00

流水明细:

日期	币种	业务标志	证券名称	证券代码	发生数量	成交均价	佣金	印花税	其他费	收付金额	资金余额	备注
2025.01.12	人民币	股票买入	中国太保	601601	20000	31.50	630			-630630.00	52380.00	
2025.03.02	人民币	股票卖出	中国太保	601601	5000	30.00	150			149850.00	202230.00	
2025.03.13	人民币	股票卖出	中国太保	601601	10000	33.00	330			329670.00	531900.00	

【业务处理】

3 月 13 日,出售部分股票,编制对应的会计分录,如图 3-3-19 所示。

记账凭证

记字第　　号　　　　　　　　　　　年　月　日　　　　　　　　　　附单据: 张

摘要	会计科目	借方金额	贷方金额
合计			

审核:　　　　　　　过账:　　　　　　　制单:

图 3-3-19 出售股票会计分录

【业务 3-3-52】(平台业务 65) 支付广告费——审核付款单并核销

【背景资料】

相关资料,如单据 3-3-52-1 至单据 3-3-52-3 所示。

单据 3-3-52-1

付款申请单

2025年 03月 13日

用途及情况	金额										收款单位(人):北京祥鸿文化传媒有限公司		
支付广告费	亿	千	百	十	万	千	百	十	元	角	分	账号:110001839582195012549	
			¥	1	0	6	0	0	0	0	0	开户行:交通银行北京丰台支行	
金额(大写)合计	人民币壹拾万陆仟元整									结算方式		转账	
总经理	韩国伟		财务部门	经理	孙汉敏		业务部门	经理		吕晨曦			
				会计	陈珊珊			经办人		高成玉			

单据 3-3-52-2

电子发票（增值税专用发票）

发票号码：24110119213058103942
开票日期：2025年03月13日

购买方信息	名称：北京三花电气有限公司 统一社会信用代码/纳税人识别号：911101060911083566
销售方信息	名称：北京祥鸿文化传媒有限公司 统一社会信用代码/纳税人识别号：911101471295719253

项目名称	规格型号	单位	数量	单价	金额	税率/征收率	税额
*广告服务*广告费		次	1	100000.00	100000.00	6%	6000.00
合　计					¥100000.00		¥6000.00

价税合计（大写）	⊗ 壹拾万陆仟元整	（小写）¥106000.00
备注		

开票人：陈洪波

单据 3-3-52-3

付款单

*单号：fk202503003	*付款类型：业务宣传费
*申请人：高成玉	*名称：北京祥鸿文化传媒有限公司
*税率：6%	*申请部门：销售部
*申请日期：2025-03-13	*开户行：交通银行北京丰台支行
*账号：11000183958219501 2549	*付款金额：106000.00
*付款方式：转账	付款金额大写：壹拾万陆仟元整
摘要：	

【业务处理】

根据背景资料,审核付款单并完成付款核销(申请人:高成玉;岗位:销售员)。

【业务 3-3-53】(平台业务 66)支付广告费——智能生成会计分录

【业务处理】

3 月 13 日,承【业务 3-3-52】,智能生成会计分录,如图 3-3-20 所示。

记账凭证

记字第　　号　　　　　　　　年　月　日　　　　　　　　　　附单据：　张

摘要	会计科目	借方金额	贷方金额
合　计			

审核：　　　　　　　　过账：　　　　　　　　　　　制单：

图 3-3-20　支付广告费会计分录

【业务 3-3-54】(平台业务 67) 销售商品——审核销售单

【背景资料】

相关资料，如单据 3-3-54-1 和单据 3-3-54-2 所示。

单据 3-3-54-1　购销合同

购销合同

购方：华电开关股份有限公司	合同编号：gxhe019806
销方：北京三花电气有限公司	签订时间：2025年3月14日

供需双方本着互利互惠、长期合作的原则，根据《中华人民共和国民法典》及双方的实际情况，就需方向供方采购事宜，订立本合同，以使双方在合同履行中共同遵守。

一、产品名称、数量、单价、金额：

产品名称	规格型号	计量单位	数量	单价	金额	备注
低压柜		个	30	60000.00	1800000.00	不含税价
中压柜		个	15	62000.00	930000.00	税率13%
						交货时间：
						2025年3月14日
合计					￥2,730,000.00	

合计　人民币（大写）：贰佰柒拾叁万元整

二、质量要求技术标准：供方对质量负责的条件和期限；按合同企业标准。

三、交（提）货地点：山西省太原市小店区常文街徐书路14号。

四、付款时间与付款方式：购买方提货后，一个月内支付货款。

五、运输方式及到站、港和费用负担：由购货方承担。

六、合理损耗及计算方法：以实际数量验收。

七、包装标准、包装物的供应与回收：普通包装，不回收包装物。

八、验收标准及方法：货到后需方进行验收并提出质量异议，不包括运输过程中造成的质量问题。

九、违约责任：按《中华人民共和国民法典》有关规定执行。

十、解决合同纠纷的方式：双方协商解决。

十一、其他约定事项：本合同一式两份，供需双方各一份，经双方盖章后即生效。

购方（盖章）：华电开关股份有限公司　　　　销方（盖章）：北京三花电气有限公司

单位地址：山西省太原市小店区常文街徐书路14号　　单位地址：北京市通州区群芳路194号

电话：022-75322820　　　　　　　　　　电话：010-60562014

签订日期：2025年03月14日　　　　　　　签订日期：2025年03月14日

开户银行：建设银行太原小店支行　　　　开户银行：交通银行北京群芳支行

账号：41622124454009　　　　　　　　账号：110002048052486289066

单据 3-3-54-2

销售单

*销售订单号：xs202503002		*销售类型：产成品销售		*客户名称：华电开关股份有限公司					
客户编号：009		*交货日期：2025-03-14		*币种：CNY					
*税率：13%		*销售部门：销售部		*销售员：高成玉					

序号	产品名称	产品编号	规格	单位	数量	不含税单价	不含税金额	税额	含税金额
1	低压柜	ccp01		个	30	60000.00	1800000.00	234000.00	2034000.00
2	中压柜	ccp02		个	15	62000.00	930000.00	120900.00	1050900.00
合 计							2730000.00	354900.00	3084900.00
							填制人：　林秀娟		

【业务处理】

3 月 14 日,根据背景资料审核销售单(销售员：高成玉)。

【业务 3-3-55】(平台业务 68)　销售商品——审核销售发货单

【背景资料】

相关资料,如单据 3-3-55-1 所示。

单据 3-3-55-1

销售发货单

| *销售发货单号：xsfh202503002 | | *销售单号：xs202503002 | | *客户名称：华电开关股份有限公司 | |
| 客户编号：009 | | *计划交货日期：2025-03-14 | | | |

序号	产品名称	产品编号	规格	单位	数量
1	低压柜	ccp01		个	30
2	中压柜	ccp02		个	15
销售经理：　吕晨曦		销售员：　高成玉		填制人：　林秀娟	

【业务处理】

3 月 14 日,承【业务 3-3-54】,销售单中的产品已全部发货,审核销售发货单(销售经理：吕晨曦)。

【业务 3-3-56】(平台业务 69)　销售商品——审核销售出库单

【背景资料】

相关资料,如单据 3-3-56-1 所示。

单据 3-3-56-1

出库单

| *销售出库单号：xsck202503002 | | *销售发货号：xsfh202503002 | | *客户名称：华电开关股份有限公司 | |
| 客户编号：009 | | *发出仓库：成品库 | | *出库日期：2025-03-14 | |

序号	产品名称	产品编号	规格	单位	数量
1	低压柜	ccp01		个	30
2	中压柜	ccp02		个	15
部门经理：　吕晨曦		仓库：　张新光		填制人：　林秀娟	

【业务处理】

3 月 14 日,承【业务 3-3-55】,审核销售出库单(销售经理:吕晨曦;仓库:张新光)。

【业务 3-3-57】(平台业务 70) 销售商品——审核销售发票

【背景资料】

相关资料,如单据 3-3-57-1 和单据 3-3-57-2 所示。

单据 3-3-57-1

单据 3-3-57-2

销售发票

*开票日期:2025-03-14		*发票号码:24110119113048310851			*录入日期:2025-03-14		
*客户名称:华电开关股份有限公司		*统一社会信用代码:911401051304810285			*业务类型:销售商品		
序号	商品名称	规格型号	单位	数量	单价	金额	税率	税额
1	低压柜		个	30	60000.00	1800000.00	13%	234000.00
2	中压柜		个	15	62000.00	930000.00	13%	120900.00
不含税金额:2730000.00		税额:354900.00			价税合计:3084900.00		

【业务处理】

3 月 14 日,根据背景资料审核销售发票(发票号码:24110119113048310851;统一社会信用代码:911401051304810285)。

【业务 3-3-58】(平台业务 71) 销售商品——审核应收单

【背景资料】

相关资料,如单据 3-3-58-1 所示。

单据 3-3-58-1

应收单

| *应收单号：ysd202503002 | *销售类型：产成品销售 | *客户名称：华电开关股份有限公司 |

| 客户编号：009 | *出库单：xsck202503002 | 币种：CNY |

| *税率：13% | *填制日期：2025-03-14 |

序号	产品名称	产品编号	规格	单位	数量	不含税单价	税额	含税金额
1	低压柜	ccp01		个	30	60000.00	234000.00	2034000.00
2	中压柜	ccp02		个	15	62000.00	120900.00	1050900.00
合计							354900.00	3084900.00

填制人：林秀娟

【业务处理】

3 月 14 日，承【业务 3-3-57】，审核应收单。

【业务 3-3-59】(平台业务 72)　销售商品——智能生成收入确认会计分录

【业务处理】

3 月 14 日，承【业务 3-3-54】至【业务 3-3-58】，生成收入确认会计分录，如图 3-3-21
所示。

记账凭证

记字第　号		年　月　日		附单据：　张
摘要	会计科目		借方金额	贷方金额
合计				

审核：　　　　　　　　　过账：　　　　　　　　　制单：

图 3-3-21　确认收入会计分录

【业务 3-3-60】(平台业务 73)　研发人员报销差旅费——审核票据合规性

【背景资料】

相关资料，如单据 3-3-60-1 至单据 3-3-60-6 所示。

单据 3-3-60-1

差 旅 费 报 销 单

2025 年 03 月 14 日　　　　　　　　　　单据及附件共　4　张

所属部门	研发部		姓名:	陈福来		出差事由	技术交流	
出发		到达		起止地点	交通费	住宿费	伙食费	其他
月	日	月	日					
03	12	03	12	北京—太原	163.00			
03	12	03	13			243.80	234.00	
03	13	03	13	太原—北京	163.00	现金付讫		
合计 大写金额: 捌佰零叁元捌角					¥803.80	预支 差旅费 ¥0.00	退回金额 ¥0.00 补付金额 ¥803.80	

总经理: 韩国伟　　财务经理: 孙汉敏　　会计: 陈珊珊　　出纳: 林秀娟　　部门经理:　　报销人: 陈福来

单据 3-3-60-2

电子发票（普通发票）　　发票号码: 24031011918204103859
开票日期: 2025年03月14日

购买方信息	名称: 北京三花电气有限公司 统一社会信用代码/纳税人识别号: 911101060911083566	销售方信息	名称: 太原晨星连锁酒店有限公司 统一社会信用代码/纳税人识别号: 911401060482710387

项目名称	规格型号	单位	数量	单价	金额	税率/征收率	税额
*餐饮服务*餐费		次	1	220.75	220.75	6%	13.25
合　计					¥220.75		¥13.25
价税合计（大写）		⊗贰佰叁拾肆元整			（小写）¥234.00		
备注							

开票人: 唐旭

单据 3-3-60-3

电子发票（增值税专用发票）　　发票号码: 24140119513084013927
开票日期: 2025年03月14日

购买方信息	名称: 北京三花电气有限公司 统一社会信用代码/纳税人识别号: 911101060911083566	销售方信息	名称: 太原晨星连锁酒店有限公司 统一社会信用代码/纳税人识别号: 91140119513084013927

项目名称	规格型号	单位	数量	单价	金额	税率/征收率	税额
*住宿服务*住宿费		天	1	230.00	230.00	6%	13.80
合　计					¥230.00		¥13.80
价税合计（大写）		⊗贰佰肆拾叁元捌角整			（小写）¥243.80		
备注							

开票人: 唐旭

单据 3-3-60-4

单据 3-3-60-5

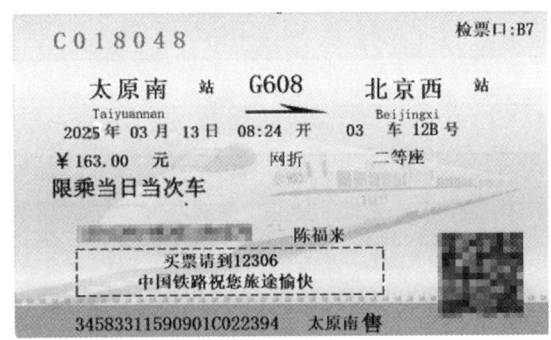

单据 3-3-60-6

差旅费报销单

差旅基础信息	
*部门：研发部	*日期：2025-03-14
编号：clf202503002	*出差人：陈福来
*出差事由：技术交流	*报销形式：现金
*单据张数：4张	预借金额：0.00
应退金额：	应补金额：803.80
合计金额：803.80	

差旅费用：

*出发-到达时间		*交通费不含税金额	*交通费税额	*住宿不含税金额	*住宿税额	*补贴费	其他费用	小计
2025/3/12	2025/3/13	299.08	26.92	230.00	13.80	0.00	234.00	803.80

【业务处理】

根据背景资料,审核票据合规性,判断报销金额是否超过报销标准,在财务共享中心对不合规的票据及超标项目报销金额进行扣减,完成报销单审批。

注：①报销人：陈福来,职务：研发部经理;②报销限额均为含税金额。

【业务 3-3-61】(平台业务 74)　研发人员报销差旅费——智能生成入账会计分录

【业务处理】

承【业务 3-3-60】,在系统中生成会计分录,如图 3-3-22 所示。

记账凭证			
记字第　号	年　月　日		附单据:　张
摘要	会计科目	借方金额	贷方金额
合计			
审核:	过账:		制单:

图 3-3-22　报销差旅费会计分录

【业务 3-3-62】(平台业务 75)　购入建筑材料用于 3#厂房

【背景资料】

相关资料,如单据 3-3-62-1 所示。

单据 3-3-62-1

	电子发票（增值税专用发票）	发票号码:24110119213018403729
	国家统一发票监制 北京市税务局	开票日期:2025年03月14日

购买方信息	名称:北京三花电气有限公司 统一社会信用代码/纳税人识别号:911101060911083566	销售方信息	名称:北京正阳实业有限公司 统一社会信用代码/纳税人识别号:911101128937417666

项目名称	规格型号	单位	数量	单价	金额	税率/征收率	税额
*非金属矿物制品*水泥		吨	547	400.00	218800.00	13%	28444.00
合计					¥218800.00		¥28444.00
价税合计（大写）	⊗ 贰拾肆万柒仟贰佰肆拾肆元整				（小写）¥247244.00		
备注							

开票人:邓丽芳

【业务处理】

3 月 14 日,购入建筑材料用于 3#厂房,款未付(3#厂房建造的材料不通过"工程物资"科目核算,直接计入在建工程),编制对应的会计分录,如图 3-3-23 所示。

<table>
<tr><td colspan="5" style="text-align:center">记账凭证</td></tr>
<tr><td>记字第　号</td><td colspan="2" style="text-align:center">年　月　日</td><td colspan="2" style="text-align:right">附单据：　张</td></tr>
<tr><td style="text-align:center">摘要</td><td colspan="2" style="text-align:center">会计科目</td><td style="text-align:center">借方金额</td><td style="text-align:center">贷方金额</td></tr>
<tr><td></td><td colspan="2"></td><td></td><td></td></tr>
<tr><td></td><td colspan="2"></td><td></td><td></td></tr>
<tr><td></td><td colspan="2"></td><td></td><td></td></tr>
<tr><td></td><td colspan="2"></td><td></td><td></td></tr>
<tr><td></td><td colspan="2"></td><td></td><td></td></tr>
<tr><td></td><td colspan="2"></td><td></td><td></td></tr>
<tr><td style="text-align:center">合　计</td><td colspan="2"></td><td></td><td></td></tr>
<tr><td>审核：</td><td colspan="2">过账：</td><td colspan="2">制单：</td></tr>
</table>

图 3-3-23　购料建厂房会计分录

【业务 3-3-63】(平台业务 76)收到货款——审核收款单

【背景资料】

相关资料，如单据 3-3-63-1 和单据 3-3-63-2 所示。

单据 3-3-63-1

收款信息

客户名称	中国移动通信有限公司北京分公司	收款日期	2025年3月14日
开户行	中国银行北京东城支行	账号	41000571028401847263
收款类型	收货款	收款方式	转账
收款金额	￥1500000.00	金额大写	人民币壹佰伍拾万元整

单据 3-3-63-2

收款单

*客户名称：中国移动通信有限公司北京分公司　　*申请日期：2025-03-14

*开户行：中国银行北京东城支行　　　　　　　　*账号：41000571028401847263

*收款类型：收货款　　　　　　　　　　　　　　*收款方式：转账

*收款金额：1500000.00　　　　　　　　　　　　收款金额大写：壹佰伍拾万元整

摘要：

【业务处理】

3月14日,根据背景单据审核收款单。

【业务3-3-64】(平台业务77) 收到货款——智能生成会计分录

【业务处理】

3月14日,承【业务3-3-63】,智能生成收款会计分录,如图3-3-24所示。

<table>
<tr><th colspan="4" style="text-align:center">记账凭证</th></tr>
<tr><td>记字第 号</td><td colspan="2" style="text-align:center">年 月 日</td><td>附单据: 张</td></tr>
<tr><td style="text-align:center">摘要</td><td style="text-align:center">会计科目</td><td style="text-align:center">借方金额</td><td style="text-align:center">贷方金额</td></tr>
<tr><td></td><td></td><td></td><td></td></tr>
<tr><td></td><td></td><td></td><td></td></tr>
<tr><td></td><td></td><td></td><td></td></tr>
<tr><td></td><td></td><td></td><td></td></tr>
<tr><td></td><td></td><td></td><td></td></tr>
<tr><td style="text-align:center">合计</td><td></td><td></td><td></td></tr>
<tr><td>审核:</td><td>过账:</td><td colspan="2">制单:</td></tr>
</table>

图3-3-24 收到货款会计分录

【业务3-3-65】(平台业务78) 发放上月工资

【背景资料】

相关资料,如单据3-3-65-1至单据3-3-65-3所示。

单据3-3-65-1

职工薪酬汇总表

2025年2月29日

金额单位:元

部门		短期薪酬 应付工资	代扣项目					小计	实发金额
			养老保险	失业保险	医疗保险	住房公积金	个人所得税		
钣金车间	生产工人	143250.00	10160.00	254.00	2615.00	15240.00		28269.00	114981.00
	管理人员	16000.00	928.00	23.20	238.00	1392.00	103.42	2684.62	13315.38
成套车间	生产工人	238000.00	16256.00	406.40	4184.00	24384.00		45230.40	192769.60
	管理人员	28000.00	1856.00	46.40	476.00	2784.00	115.63	5278.03	22721.97
管理部门		91000.00	6448.00	161.20	1651.00	9672.00	1143.21	19075.41	71924.59
研发部门		124000.00	9280.00	232.00	2380.00	13920.00	1085.58	26897.58	97102.42
销售部门		88000.00	3712.00	92.80	952.00	5568.00	2296.23	12621.03	75378.97
合计		728250.00	728250.00	1216.00	728250.00	728250.00	4744.07	140056.07	588193.93

审核:孙汉敏

制单人:郑伟光

单据 3-3-65-2

交通银行
转账支票存根

30108020
00023335

附加信息

出票日期 2025 年 3 月 15 日

收款人：北京三花电气有限公司

金　额：￥588,193.93

用　途：发放工资

单位主管　　　　会计

单据 3-3-65-3

交通银行 进账单（回单）

2025 年 03 月 15 日

出	全称	北京三花电气有限公司	收	全称	北京三花电气有限公司
票	账号	110002049052486289066	款	账号	110002035648721853921
人	开户银行	交通银行北京群芳支行	人	开户银行	交通银行北京群芳支行

| 金额 | 人民币（大写） | 伍拾捌万捌仟壹佰玖拾叁元玖角叁分 | 亿 | 千 | 百 | 十 | 万 | 千 | 百 | 十 | 元 | 角 | 分 |
| | | | | | ￥ | 5 | 8 | 8 | 1 | 9 | 3 | 9 | 3 |

| 票据种类 | **转账支票** | 票据张数 | 1 |
| 票据号码 | 00023335 | | |

复核　　　　　记账　　　　　开户银行签章

交通银行北京群芳支行
2025年03月15日
业务专用章

此联是开户银行交给持票人的回单

【业务处理】

3 月 15 日，发放上月工资，编制对应的会计分录，如图 3-3-25 所示。

记账凭证			
记字第　号　　　　　　　　年　月　日　　　　　　附单据：　张			
摘要	会计科目	借方金额	贷方金额
合计			
审核：　　　　　　过账：　　　　　　　制单：			

图 3-3-25　发放上月工资会计分录

【业务 3-3-66】(平台业务 79）缴纳本月住房公积金

【背景资料】

相关资料，如单据 3-3-66-1 至单据 3-3-66-3 所示。

单据 3-3-66-1

住房公积金计算表

2025 年 03 月 15 日　　　　　　　　　　　　　　　　　　　金额单位:元

部门		短期薪酬(住房公积金)			
		缴费基数	企业承担部分 12%	个人承担部分 12%	合计
钣金车间	生产工人	127 000	15 240	15 240	30 480
	管理人员	11 600	1 392	1 392	2 784
成套车间	生产工人	203 200	24 384	24 384	48 768
	管理人员	23 200	2 784	2 784	5 568
管理部门		80 600	9 672	9 672	19 344
研发部门		116 000	13 920	13 920	27 840
销售部门		46 400	5 568	5 568	11 136
合计		608 000	72 960	72 960	145 920

审核:孙汉敏　　　　　　　　　　　　　　　　　　　　　　　制单:郑伟光

单据 3-3-66-2

交通银行
转账支票存根

30108020

00023336

附加信息

_____

_____

出票日期 2025 年 3 月 15 日

收款人: 北京三花电气有限公司

金　额: ￥145,920.00

用　途: 缴纳住房公积金

单位主管　　　　会计

北京市城印有限公司·2025年印制

单据 3-3-66-3

住房公积金汇(补)缴书 *No 18950289*

2025 年 03月15日　　　　　　　附：缴存变更清册　页

缴款单位	单位名称	北京三花电气有限公司	收款单位	单位名称	北京三花电气有限公司
	单位账号	110002049052486289066		公积金账号	110002035648721963532
	开户银行	交通银行北京群芳支行		开户银行	交通银行北京群芳支行

缴款类型	√ 汇缴　　□补缴	补缴原因	

缴款人数	112	缴款时间	2025 年 03 月至 2025 年 04 月	月数	1

缴款方式	□现金　　□转账	百	十	万	千	百	十	元	角	分
金额(大写)	人民币壹拾肆万伍仟玖佰贰拾元整	¥	1	4	5	9	2	0	0	0

上次汇缴		本次增加汇缴		本 认 缴		本次汇(补)缴	
人数	金额	人数	金额	人数	金额	人数	金额

上述款项已划转至市住房公积金管理中心住房公积金存款账内 (银行盖章)

复核：　　　　经办：　　　　　　　　　　　年　　月　　日

【业务处理】

3 月 15 日,缴纳本月住房公积金,编制对应的会计分录,如图 3-3-26 所示。

记账凭证

记字第　号　　　　　　　　　年　月　日　　　　　　　　　附单据：　张

摘要	会计科目	借方金额	贷方金额
合计			

审核：　　　　　　过账：　　　　　　　制单：

图 3-3-26　缴纳住房公积金会计分录

【业务 3-3-67】(平台业务 80)　缴纳本月社会保险费
【背景资料】

相关资料,如单据 3-3-67-1 和单据 3-3-67-2 所示。

单据 3-3-67-1

社会保险费计算表

2025年3月15日

金额单位：元

部门		缴费基数	短期薪酬				离职后福利				合计
			医疗保险		工伤保险		养老保险		失业保险		
			企业承担部分	个人承担部分	全部企业承担		企业承担部分	个人承担部分	企业承担部分	个人承担部分	
			10.80%	2%+3	0.20%		16.00%	8.00%	0.80%	0.20%	
钣金车间	生产工人	127000.00	13716.00	2615.00	254.00		20320.00	10160.00	1016.00	254.00	48335.00
	管理人员	11600.00	1252.80	238.00	23.20		1856.00	928.00	92.80	23.20	4414.00
成套车间	生产工人	203200.00	21945.60	4184.00	406.40		32512.00	16256.00	1625.60	406.40	77336.00
	管理人员	23200.00	2505.60	476.00	46.40		3712.00	1856.00	185.60	46.40	8828.00
管理部门		80600.00	8704.80	1651.00	161.20		12896.00	6448.00	644.80	161.20	30667.00
研发部门		116000.00	12528.00	2380.00	232.00		18560.00	9280.00	928.00	232.00	44140.00
销售部门		46400.00	5011.20	952.00	92.80		7424.00	3712.00	371.20	92.80	17656.00
合计		608000.00	65664.00	12496.00	1216.00		97280.00	48640.00	4864.00	1216.00	231376.00

审核：孙汉敏　　　　　　　　　　　　　　　　制单：郑伟光

单据 3-3-67-2

交通银行电子缴税付款凭证

转账日期：2025年3月15日　　　　　　　　　　　　　　No:04821750

納税人全称及纳税人识别号：北京三花电气有限公司 911101060911083566

付款人全称：北京三花电气有限公司

付款人账号：11000204905248 6289066　　　征收机关名称：国家税务总局北京市通州区税务局

付款人开户银行：交通银行北京群芳支行　　收款国库（银行）名称：国家金库北京市西城区支库

小写（合计）金额：￥231376.00　　　　　缴款书交易流水号：2025031501037582

大写（合计）金额：贰拾叁万壹仟叁佰柒拾陆元整　　税票号码：19308520

税（种）费名称	所属时期	实缴金额
社保费（养老）	20250301-20250331	145920.00
社保费（医疗）	20250301-20250331	78160.00
社保费（失业）	20250301-20250331	6080.00
社保费（工伤）	20250301-20250331	1216.00

交通银行北京群芳支行 2025.03.15 业务专用章

打印时间：2025年3月15日

会计流水号：　　　　　复核：　　　　　记账：

第二联 作 付款回单（无银行收讫章无效）

【业务处理】

3月15日，缴纳本月社会保险费，编制对应的会计分录，如图 3-3-27 所示。

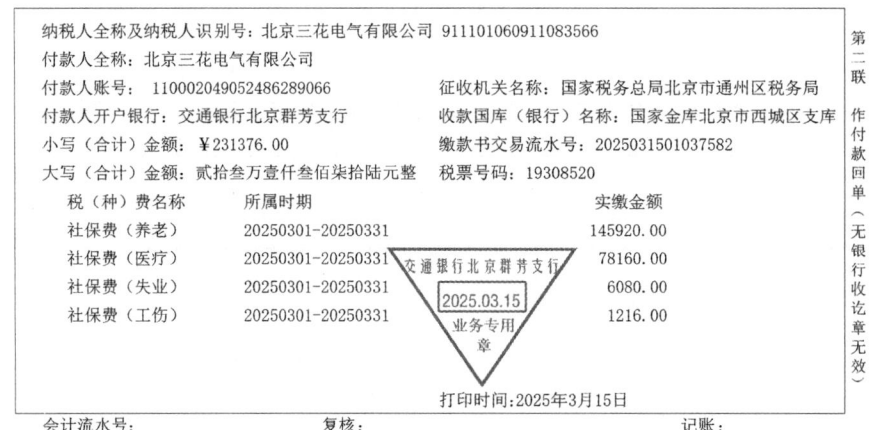

记账凭证

记字第　号　　　　　　　年　月　日　　　　　　附单据：　张

摘要	会计科目	借方金额	贷方金额
合计			

审核：　　　　　过账：　　　　　制单：

图 3-3-27　缴纳社会保险费会计分录

【业务 3-3-68】(平台业务 81) 拨缴上月工会经费

【背景资料】

相关资料,如单据 3-3-68-1 至单据 3-3-68-3 所示。

单据 3-3-68-1

交通银行
转账支票存根
30108020
00023337
附加信息 _____
_____
_____
出票日期 2025 年 3 月 15 日
收款人: 北京三花电气有限公司 工会委员会
金 额: ¥8,739.00
用 途: 缴纳工会经费
单位主管   会计

单据 3-3-68-2

① 工会专用结算凭证(行政拨交工会经费缴款书)

缴款日期 2025 年 03 月 15 日

付款单位	全称	北京三花电气有限公司			比例60%	(1)全称	北京三花电气有限公司工会委员会		金额								此联交缴款单位作回单
	账号	110002045290192252688				账号	110002045290192277609		万	千	百	十	元	角	分		
	开户银行	交通银行北京群芳支行				开户银行	交通银行北京群芳支行		¥	8	7	3	9	0	0		
	所属月份	02	职工人数	112	收款单位	(2)全称	北京市通州区工会委员会		金额								
	上月职工工资总额	728250.00	按2%计应缴交经费	14565.00		账号	11008888000025987102		万	千	百	十	元	角	分		
	迟交天数		按1%计应缴滞纳金		比例40%	开户银行	交通银行北京群芳支行										
合计金额(人民币大写)**捌仟柒佰叁拾玖元整**									十	万	千	百	十	元	角	分	
										¥	8	7	3	9	0	0
缴款单位盖章			工会委员会盖章 年 月 日			银行盖章						2025年03月15日		年 月 日		

单据 3-3-68-3

交通银行电子缴税付款凭证

转账日期：2025年3月15日　　　　　　　　　　　　　　　　　　No:18385920

纳税人全称及纳税人识别号：北京三花电气有限公司 911101060911083566
付款人全称：北京三花电气有限公司
付款人账号：11000204905248628906　　征收机关名称：国家税务总局北京市通州区税务局
付款人开户银行：交通银行北京群芳支行　收款国库（银行）名称：国家金库北京市通州区支库
小写（合计）金额：￥5826.00　　　　　缴款书交易流水号：2025031505320366
大写（合计）金额：伍仟捌佰贰拾陆元整　税票号码：48710492

税（种）费名称	所属时期	实缴金额
工会经费	20250201-20250229	5826.00

交通银行北京群芳支行
2025.03.15
业务专用章

打印时间：2025年3月15日

会计流水号：　　　　　　　复核：　　　　　　　　　记账：

【业务处理】

3月15日，拨缴上月工会经费，编制对应的会计分录，如图3-3-28所示。

记账凭证

记字第　号　　　　　　　　　年　月　日　　　　　　　附单据：　张

摘要	会计科目	借方金额	贷方金额
合计			

审核：　　　　　　　过账：　　　　　　　制单：

图 3-3-28　拨缴上月工会经费会计分录

【业务 3-3-69】(平台业务 82)　缴纳税费

【背景资料】

相关资料，如单据 3-3-69-1 和单据 3-3-69-2 所示。

单据 3-3-69-1

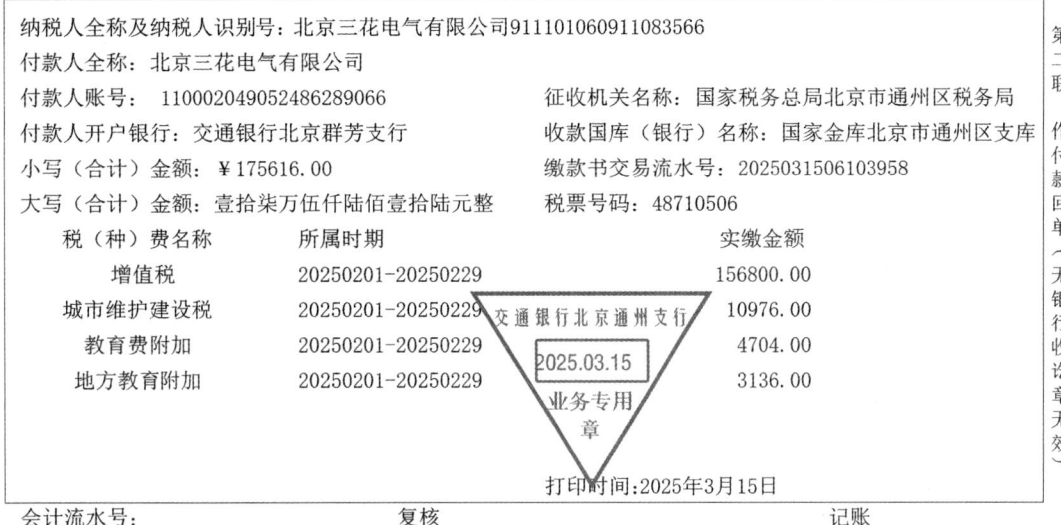

交通银行电子缴税付款凭证

转账日期：2025年3月15日   No:18207493

纳税人全称及纳税人识别号：北京三花电气有限公司911101060911083566
付款人全称：北京三花电气有限公司
付款人账号： 110002049052486289066   征收机关名称：国家税务总局北京市通州区税务局
付款人开户银行：交通银行北京群芳支行   收款国库（银行）名称：国家金库北京市通州区支库
小写（合计）金额：￥175616.00   缴款书交易流水号：2025031506103958
大写（合计）金额：壹拾柒万伍仟陆佰壹拾陆元整   税票号码：48710506

税（种）费名称	所属时期	实缴金额
增值税	20250201-20250229	156800.00
城市维护建设税	20250201-20250229	10976.00
教育费附加	20250201-20250229	4704.00
地方教育附加	20250201-20250229	3136.00

交通银行北京通州支行
2025.03.15
业务专用章

打印时间:2025年3月15日

会计流水号：   复核   记账

第二联 作付款回单（无银行收讫章无效）

单据 3-3-69-2

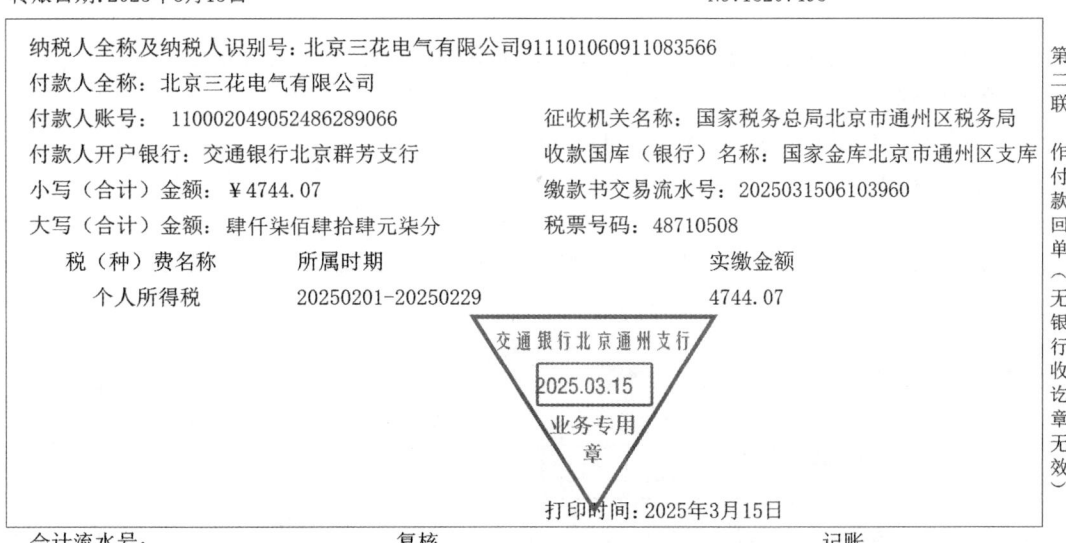

交通银行电子缴税付款凭证

转账日期:2025年3月15日   No:18207495

纳税人全称及纳税人识别号：北京三花电气有限公司911101060911083566
付款人全称：北京三花电气有限公司
付款人账号： 110002049052486289066   征收机关名称：国家税务总局北京市通州区税务局
付款人开户银行：交通银行北京群芳支行   收款国库（银行）名称：国家金库北京市通州区支库
小写（合计）金额：￥4744.07   缴款书交易流水号：2025031506103960
大写（合计）金额：肆仟柒佰肆拾肆元柒分   税票号码：48710508

税（种）费名称	所属时期	实缴金额
个人所得税	20250201-20250229	4744.07

交通银行北京通州支行
2025.03.15
业务专用章

打印时间:2025年3月15日

会计流水号：   复核   记账

第二联 作付款回单（无银行收讫章无效）

【业务处理】

3月15日,缴纳税费,编制对应的会计分录,如图3-3-29所示。

<table>
<tr><th colspan="4" style="text-align:center">记账凭证</th></tr>
<tr><td>记字第　号</td><td colspan="2" style="text-align:center">年　月　日</td><td style="text-align:right">附单据：　张</td></tr>
<tr><th>摘要</th><th>会计科目</th><th>借方金额</th><th>贷方金额</th></tr>
<tr><td></td><td></td><td></td><td></td></tr>
<tr><td></td><td></td><td></td><td></td></tr>
<tr><td></td><td></td><td></td><td></td></tr>
<tr><td></td><td></td><td></td><td></td></tr>
<tr><td></td><td></td><td></td><td></td></tr>
<tr><td></td><td></td><td></td><td></td></tr>
<tr><td></td><td></td><td></td><td></td></tr>
<tr><td>合计</td><td></td><td></td><td></td></tr>
<tr><td>审核：</td><td>过账：</td><td colspan="2">制单：</td></tr>
</table>

图 3-3-29　缴纳税费会计分录

【业务 3-3-70】(平台业务 83)　报销业务招待费——审核票据合规性

【背景资料】

相关资料,如单据3-3-70-1至单据3-3-70-5所示。

单据 3-3-70-1

报销单

填报日期：2025 年 03 月 18 日　　　　单据及附件共　1　张

<table>
<tr><td>姓名：黄凯芹</td><td>所属部门</td><td>行政部</td><td>报销形式</td><td colspan="2" style="text-align:center">现金</td></tr>
<tr><td></td><td></td><td></td><td>支票号码</td><td colspan="2"></td></tr>
<tr><td style="text-align:center">报销项目</td><td colspan="2" style="text-align:center">摘要</td><td style="text-align:center">金额</td><td colspan="2" style="text-align:center">备注</td></tr>
<tr><td style="text-align:center">招待费</td><td colspan="2" style="text-align:center">报销招待费</td><td style="text-align:center">1800.00</td><td colspan="2"></td></tr>
<tr><td></td><td colspan="3" style="text-align:center">现金付讫</td><td></td></tr>
<tr><td></td><td></td><td></td><td></td><td></td></tr>
<tr><td colspan="3" style="text-align:center">合　　　计</td><td style="text-align:center">¥1,800.00</td><td colspan="2"></td></tr>
<tr><td colspan="3">金额大写：零拾零万壹仟捌佰零拾零元零角零分</td><td>原借款：¥0.00</td><td colspan="2">应退（补）款：　¥1,800.00</td></tr>
</table>

总经理：韩国伟　　财务经理：孙汉敏　　部门经理：谭雄天　　会计：陈珊珊　　　出纳：林秀娟　　报销人：黄凯芹

单据 3-3-70-2

招待费审批申请

谭经理：

因科技项目研讨会招待需 ，需要请招待费1800元，用于招待参会专家晚宴，详细招待信息计划如下：

1.招待人员：共9人，名单如下：邱金、华明、安逸、刘灿、汪清、陈晨、胡锦、温玉玉、林琳。

2.招待地点：北京正厅餐饮有限公司。

请审批！

申请人：黄凯芹

回复：同意
部门经理：谭雄天

单据 3-3-70-3

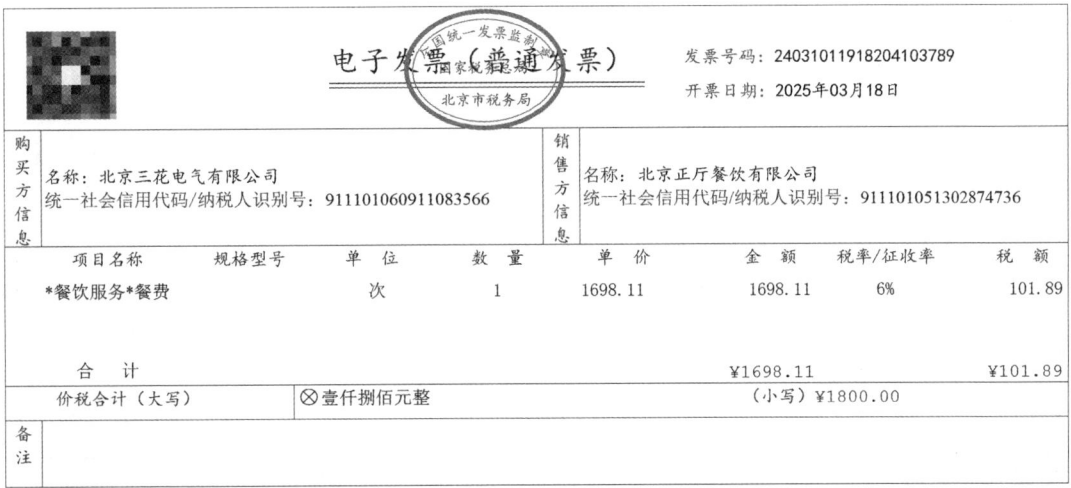

电子发票（普通发票）

发票号码：24031011918204103789

开票日期：2025年03月18日

购买方信息	名称：北京三花电气有限公司 统一社会信用代码/纳税人识别号：911101060911083566					销售方信息	名称：北京正厅餐饮有限公司 统一社会信用代码/纳税人识别号：911101051302874736		
项目名称	规格型号	单位	数量	单价		金额	税率/征收率		税额
*餐饮服务*餐费		次	1	1698.11		1698.11	6%		101.89
合 计						¥1698.11			¥101.89
价税合计（大写）	⊗壹仟捌佰元整					（小写）¥1800.00			
备注									

开票人：唐晨

单据 3-3-70-4

招待消费清单

北京正厅餐饮有限公司
客人消费清单
桌号：05

酒店日期：2025/3/18	餐段：晚市
单号：#5562	服务员：刘敏

菜品名称	数量	规格	小计
海鲜自助	9	份	￥1 800.00
		累计：	￥1 800.00

单据 3-3-70-5

业务招待费用报销单

*部门：行政部	*日期：2025-03-18	编号：ywzd202503001
*报销人：黄凯芹	*招待事由：会议招待	*报销形式：现金
*单据张数：4张	报销金额：1800.00	预借金额：0.00
退/补金额：1800.00	应付金额：1800.00	

【业务处理】

根据背景资料,审核票据合规性,判断报销金额是否超过报销标准,在财务共享中心对不合规的票据及超标项目报销金额进行扣减,完成报销单审批。

【业务 3-3-71】(平台业务 84）　报销业务招待费——智能生成会计分录

【业务处理】

3 月 18 日,承【业务 3-3-70】,智能生成会计分录,如图 3-3-30 所示。

记账凭证

记字第　号		年　月　日	附单据：　张
摘要	会计科目	借方金额	贷方金额
合计			
审核：	过账：		制单：

图 3-3-30　报销业务招待费会计分录

【业务 3-3-72】(平台业务 85）　支付审计费余款——审核付款单并核销

【背景资料】

相关资料,如单据 3-3-72-1 至单据 3-3-72-3 所示。

单据 3-3-72-1

付款申请单

2025年 03月 18日

用途及情况	金额											收款单位（人）：北京立信会计师事务所	
	亿	千	百	十	万	千	百	十	元	角	分		
支付审计费余款												账号：110002107426105829153	
			￥	1	0	0	0	0	0	0	0	开户行：交通银行北京丰台支行	
金额（大写）合计	人民币壹万元整									结算方式		转账	
总经理	韩国伟		财务部门	经理		孙汉敏		业务部门	经理			孙汉敏	
				会计		陈珊珊			经办人			陈珊珊	

单据 3-3-72-2

电子发票（增值税专用发票）							发票号码：24110119213049173296

发票号码：24110119213049173296
开票日期：2025年03月18日

购买方信息	名称：北京三花电气有限公司 统一社会信用代码/纳税人识别号：911101060911083566			销售方信息	名称：北京立信会计师事务所 统一社会信用代码/纳税人识别号：911101581258910251		
项目名称	规格型号	单 位	数 量	单 价	金 额	税率/征收率	税 额
*鉴证咨询服务*审计费		次	1	16981.13	16981.13	6%	1018.87
合 计					¥16981.13		¥1018.87
价税合计（大写）	⊗ 壹万捌仟元整				（小写）¥18000.00		
备注							

开票人：王婧

单据 3-3-72-3

付款单

*单号：fk202503003	*付款类型：审计费
*申请人：陈珊珊	*名称：北京立信会计师事务所
*税率：6%	*申请部门：财务部
*申请日期：2025-03-18	*开户行：交通银行北京丰台支行
*账号：110002107426105829153	*付款金额：10000.00
*付款方式：转账	付款金额大写：壹万元整
摘要：	

【业务处理】

根据背景资料，审核付款单并完成付款核销（申请人：陈珊珊；岗位：共享会计）。

【业务 3-3-73】（平台业务 86） 支付审计费余款——智能生成会计分录

【业务处理】

3月18日，承【业务 3-3-72】，修改会计分录，如图 3-3-31 所示。

记账凭证

记字第 号		年 月 日		附单据： 张
摘要	会计科目		借方金额	贷方金额
合 计				

审核： 过账： 制单：

图 3-3-31 支付审计费余款会计分录

【业务 3-3-74】(平台业务 87)　债务重组

【背景资料】

相关资料,如单据 3-3-74-1 至单据 3-3-74-3 所示。

单据 3-3-74-1

债务重组协议

债权人:北京三花电气有限公司(以下简称"甲方")

债务人:河北通用电气有限公司(以下简称"乙方")

鉴于:

1.甲方系依据中国法律在中国境内设立并合法存续的独立法人,具有履行本协议的权利

能力和行为能力,有权独立作出处置自有资产决定,包括处置自有债权债务的决定。

2.乙方系依据中国法律在中国境内设立并合法存续的独立法人,具有履行本协议的权利

能力和行为能力,有权独立作出处置自有资产决定,包括处置自有债权债务的决定。

3.协议双方有意就其因长期业务往来形成债权债务关系,进行相应的调整以实现清偿

债务的目的。

有鉴于此,甲乙双方经友好协商达成如下协议,以兹共同遵守:

一、截至本协议签署之时,乙方尚欠甲方货款人民币650000.00元(人民币大写:陆拾伍万元整);

当日,公允价值565000.00元(人民币大写:伍拾陆万伍仟元整)。

二、由于乙方生产经营遇到了前所未有的困难,资金匮乏,短期内无法偿付所欠甲方贷款。

双方经协商,进行债务重组。甲方同意乙方以其九成新中央空调抵偿债务。该中央空调的市

场价格(不含税)为人民币伍拾万元整(¥500000.00),剩余债务给予减免。

……

十、协议生效及其他

(1)本协议自双方代表签字并加盖公章之日起生效。

(2)本协议如有未尽事宜,由协议双方协商后另行签署相关补充协议。

(3)本协议正本一式两份,协议双方各持一份,均有同等法律效力。

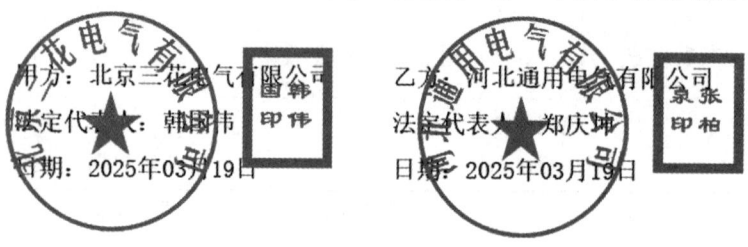

甲方: 北京三花电气有限公司　　　　乙方: 河北通用电气有限公司

法定代表: 韩伟　　　　　　　　　　法定代表: 郑庆坤

日期: 2025年03月19日　　　　　　日期: 2025年03月19日

单据 3-3-74-2

电子发票（增值税专用发票）

发票号码：24130292394312076767

开票日期：2025年03月19日

购买方信息	名称：北京三花电气有限公司 统一社会信用代码/纳税人识别号：911101060911083566	销售方信息	名称：河北通用电气有限公司 统一社会信用代码/纳税人识别号：911302031240084923

项目名称	规格型号	单位	数量	单价	金额	税率/征收率	税额
*制冷空调设备*中央空调		台	1	500000.00	500000.00	13%	65000.00
合　计					¥500000.00		¥65000.00

价税合计（大写）	⊗ 伍拾陆万伍仟元整	（小写）¥565000.00

备注	

开票人：张福煌

单据 3-3-74-3

固定资产验收单

资产编号	GU1083	资产名称		中央空调	
规格（编号）	6TYz	资产代码		购置日期	2025年3月19日
计量单位	台	单价（元）	500000.00	金额（元）	500000.00
出厂日期	2025年3月19日	管理人		管泽元	
生产厂家		格力	安装使用地点		北京市通州区群芳路194号
附件情况			债务重组，九成新中央空调		

固定资产验收情况说明：

　　本管理设备已经过调试，可以投入使用。

　　验收确认：

　　　　已验收

　　　　　　　　　　　　　　　　　　　　　　　　　　验收日期：2025年03月19日

管理部门经理签字：谭雄天

公司总经理签字：韩国伟

注：此表一式三份，使用部门、保管部门、财务部门各一份。

【业务处理】

3 月 19 日，债务重组，编制对应的会计分录，如图 3-3-32 所示。

记账凭证			
记字第　号　　　　　　　　　　年　月　日　　　　　　　　　　附单据：　张			
摘要	会计科目	借方金额	贷方金额
合计			
审核：　　　　　　　过账：　　　　　　　制单：			

图 3-3-32　债务重组会计分录

【业务 3-3-75】(平台业务 88)　支付材料款——审核付款单并核销

【背景资料】

相关资料，如单据 3-3-75-1 和单据 3-3-75-2 所示。

单据 3-3-75-1

付款申请单

2025年 03月 19日

用途及情况	金额											收款单位（人）：北京高宝自动化有限公司
支付材料款（含税率 13%）	亿	千	百	十	万	千	百	十	元	角	分	账号：41000184920183716592
			¥	8	5	4	6	0	0	0	0	开户行：中国银行北京朝阳支行
金额（大写）合计	人民币捌拾伍万肆仟陆佰元整											结算方式：转账
总经理	韩国伟	财务部门	经理		孙汉敏			业务部门	经理		林玉玉	
			会计		陈珊珊				经办人		李和伟	

单据 3-3-75-2

付款单

*单号：fk202503003　　　　　*付款类型：付货款

*申请人：李和伟　　　　　　*名称：北京高宝自动化有限公司

*税率：13%　　　　　　　　*申请部门：采购部

*申请日期：2025-03-19　　　*开户行：交通银行北京朝阳支行

*账号：41000184920183716592　*付款金额：854600.00

*付款方式：转账　　　　　付款金额大写：捌拾伍万肆仟陆佰元整

摘要：

【业务处理】

根据背景资料，审核付款单并完成付款核销（申请人：李和伟；岗位：采购员）。

【业务 3-3-76】(平台业务 89)　支付材料款——智能生成会计分录

【业务处理】

3 月 19 日，承【业务 3-3-75】，智能生成会计分录，如图 3-3-33 所示。

记账凭证			
记字第　号	年　月　日		附单据：　张
摘要	会计科目	借方金额	贷方金额
合计			
审核：	过账：	制单：	

图 3-3-33　支付材料款会计分录

【业务 3-3-77】(平台业务 90)　捐赠支出

【背景资料】

相关资料，如单据 3-3-77-1 至单据 3-3-77-3 所示。

单据 3-3-77-1

公益事业捐赠统一票据

UNIFIED INVOICE OF DONATION FOR PUBLIC WELFARE

国财00202　　　　　2025　年 03月 20日　　　NO 59180372

捐赠人Donor：北京三花电气有限公司　　　Y M D

捐赠项目For purpose	实物（外币）种类 Material objects（Currency）	数量Amount	金额Total Amount
助学救助款	人民币		20000
金额合计（小写）：			¥20,000.00
金额合计（大写）：贰万元整			
接受单位（盖章）Receiver's Seal:　　　复核人Verified by:　　　开票人Handing Person:蒋成毅			

第二联　收据

单据 3-3-77-2

<table>
<tr><td colspan="2" align="center">交通银行
转账支票存根
30108020
00023338</td></tr>
<tr><td rowspan="6">北京仲裁印刷有限公司·2025年印制</td><td>附加信息</td></tr>
<tr><td>出票日期 2025 年 3 月 20 日</td></tr>
<tr><td>收款人：中国教育发展基金会北京分会</td></tr>
<tr><td>金　额：￥20,000.00</td></tr>
<tr><td>用　途：助学救助款</td></tr>
<tr><td>单位主管　　　　会计</td></tr>
</table>

单据 3-3-77-3

交通银行 进账单（回单）

2025 年 03 月 20 日

<table>
<tr>
<td rowspan="3">出票人</td><td>全称</td><td>北京三花电气有限公司</td><td rowspan="3">收款人</td><td>全称</td><td colspan="10">中国教育发展基金会北京分会</td><td rowspan="9">此联是开户银行交给持票人的回单</td>
</tr>
<tr>
<td>账号</td><td>110002049052486289066</td><td>账号</td><td colspan="10">110002042630192632266</td>
</tr>
<tr>
<td>开户银行</td><td>交通银行北京群芳支行</td><td>开户银行</td><td colspan="10">交通银行北京朝阳支行</td>
</tr>
<tr>
<td rowspan="2">金额</td><td colspan="2" rowspan="2">人民币（大写）贰万元整</td><td>亿</td><td>千</td><td>百</td><td>十</td><td>万</td><td>千</td><td>百</td><td>十</td><td>元</td><td>角</td><td>分</td>
</tr>
<tr>
<td></td><td></td><td></td><td>￥</td><td>2</td><td>0</td><td>0</td><td>0</td><td>0</td><td>0</td><td>0</td>
</tr>
<tr>
<td>票据种类</td><td>转账支票</td><td>票据张数</td><td colspan="11"></td>
</tr>
<tr>
<td>票据号码</td><td colspan="2">00023338</td><td colspan="11">2025年03月20日
业务专用章</td>
</tr>
<tr>
<td colspan="2" align="center">复核</td><td colspan="2" align="center">记账</td><td colspan="9" align="center">开户银行签章</td>
</tr>
</table>

【业务处理】

3 月 20 日，捐赠支出，编制对应的会计分录，如图 3-3-34 所示。

记账凭证

			附单据：　张
记字第　号		年　月　日	

摘要	会计科目	借方金额	贷方金额
合计			

审核：　　　　　　　过账：　　　　　　　制单：

图 3-3-34　捐赠支出会计分录

【业务 3-3-78】(平台业务 91) 票据贴现

【背景资料】

相关资料,如单据 3-3-78-1 至单据 3-3-78-3 所示。

单据 3-3-78-1 银行承兑汇票(正面)

银行承兑汇票				2 10935803	

出票日期 (大写)	贰零贰肆 年 零壹拾 月 零贰拾 日		99371924	

出票入全称	河北华盛科技有限公司	收 款 人	全 称	北京三花电气有限公司	此联收款人开户行随托收凭证寄付款行作借方凭证附件
出票入账号	4400083726193027 1652		账 号	110002049052486289066	
付款行名称	中国建设银行唐山路北支行		开户银行	交通银行北京群芳支行	

出票金额	人民币 (大写) 贰拾伍万元整	亿 千 百 十 万 千 百 十 元 角 分 ¥ 2 5 0 0 0 0 0 0

汇票到期日 (大写)	贰零贰伍年肆月零贰拾日	付 款 行	行号	301100183756
承协议编号	58102849		地址	河北省唐山市路北区孙中街杨忠路17号

银行承兑到期无条件付款。 ★ 出票人签章	经承兑到期日由本 ★ 承兑日期 2025 年 03月20日 汇票专用章 备注	密押 复核 记账

复印件与原件核对无误

单据 3-3-78-2 银行承兑汇票(反面)

被背书人 交通银行北京群芳支行	被背书人	被背书人	贴 粘 单 处
★ 财务专用章 2025 年 03 月 20 日	背书人签章		
	背书人签章 年 月 日	背书人签章 年 月 日	

单据 3-3-78-3

	贴 现 凭 证 (收款通知)					

填写日期 2025 年 03 月20日 第   号

贴 现 汇 票	种 类	银行承兑汇票	号 码	9937192	申 请 人	名 称	北京三花电气有限公司	此联银行给申请人的收款通知
	出票日	2024 年10 月 20 日				账 号	110002049052486289066	
	到期日	2025 年04 月 20 日				开户银行	交通银行北京群芳支行	
汇票承兑人(或银行)	名称	中国建设银行唐山路北支行	账号		开户银行		

汇票金额 (即贴现金额)	人 民 币 (大写) 贰拾伍万元整	千 百 十 万 千 百 十 元 角 分 ¥ 2 5 0 0 0 0 0 0

贴现率 每 月	6‰	贴现利息	千 百 十 万 千 百 十 元 角 分 ¥ 1 7 0 0 0 0	实付贴现金额	千 百 十 万 千 百 十 元 角 分 ¥ 2 4 8 3 0 0 0 0

上述款项已入你单位:号	备注
此致 贴现申请人	银行盖章

交通银行 北京分行 业务受理章

【业务处理】

3月20日,银行承兑汇票贴现(该票据不附追索权),编制对应的会计分录,如图3-3-35所示。

记账凭证			
记字第　号	年　月　日		附单据：　张
摘要	会计科目	借方金额	贷方金额
合计			
审核：	过账：	制单：	

图 3-3-35　银行承兑汇票贴现会计分录

【业务 3-3-79】(平台业务 92)　收到存款利息

【背景资料】

相关资料,如单据3-3-79-1和单据3-3-79-2所示。

单据 3-3-79-1

交通银行（北京东城）计付存款利息清单（收款通知）

2025 年　03 月　21 日

单位名称：北京三花电气有限公司					
结算账号：110002035648721963928			存款账号：110002035648721963928		
编号	计息类型	计息起讫日期	计息积数	利率	利息金额
	活期储蓄存款	2024-12-21~2025-03-20	21933257.14	0.35%	213.24
摘要：利息				金额	
				合计	￥213.24
金额合计（大写）贰佰壹拾叁元贰角肆分					

复核　　　　　　　　　记账

单据 3-3-79-2

交通银行（北京群芳）计付存款利息清单（收款通知）

2025 年 03 月 21 日

单位名称：北京三花电气有限公司					
结算账号：110002049052486289066			存款账号：110002049052486289066		
编号	计息类型	计息起讫日期	计息积数	利率	利息金额
	活期储蓄存款	2024-12-21—2025-03-20	172853485.71	0.35%	1680.52
摘要：利息				金额	
				合计	￥1,680.52
金额合计（大写）壹仟陆佰捌拾元伍角贰分					

复核　　　　　　记账

【业务处理】

3 月 21 日，收到存款利息收入，编制对应的会计分录，如图 3-3-36 所示。

记账凭证				
记字第　号		年　月　日		附单据：　张
摘要	会计科目	借方金额	贷方金额	
合计				
审核：	过账：		制单：	

图 3-3-36　收到存款利息会计分录

【业务 3-3-80】(平台业务 93)　购入股票

【背景资料】

相关资料，如单据 3-3-80-1 所示。

单据 3-3-80-1

北京南二环东路证券营业部对账单

客户编号：240005910　　　姓名：北京三花电气有限公司　　对账日期：2025.03.22　　打印柜员：151

资金信息：

币种	资金余额	可用金额	可取现金	资产总值
人民币	221590.00	221590.00	221590.00	696590.00

流水明细：

日期	币种	业务标志	证券名称	证券代码	发生数量	成交均价	佣金	印花税	其他费	收付金额	资金余额	备注
2025.01.12	人民币	股票买入	中国太保	601601	20000	31.50	630			-630630.00	52380.00	
2025.03.02	人民币	股票卖出	中国太保	601601	5000	30.00	150			149850.00	202230.00	
2025.03.13	人民币	股票卖出	中国太保	601601	10000	33.00	330			329670.00	531900.00	
2025.03.22	人民币	股票买入	中国平安	600166	5000	62.00	310			-310310.00	221590.00	

【业务处理】

3 月 22 日,购入股票(划分为以公允价值计量且其变动计入当期损益的金融资产),编制对应的会计分录,如图 3-3-37 所示。

记账凭证			
记字第　号　　　　　　　　　年　月　日　　　　　　　　附单据：　张			
摘要	会计科目	借方金额	贷方金额
合计			

审核：　　　　　　　过账：　　　　　　　　制单：

图 3-3-37　购入股票会计分录

【业务 3-3-81】(平台业务 94)　支付职工培训费——审核付款单并核销

【背景资料】

相关资料,如单据 3-3-81-1 至单据 3-3-81-3 所示。

单据 3-3-81-1

付款申请单

2025年 03月 22日

用途及情况	金额											收款单位（人）：北京德尚培训中心
支付职工培训费	亿	千	百	十	万	千	百	十	元	角	分	账号：11000206905287 6730708
				¥	8	6	9	2	0	0		开户行：交通银行北京朝阳支行
金额（大写）合计	人民币捌仟陆佰玖拾贰元整											结算方式　转账
总经理	韩国伟	财务部门	经理	孙汉敏			业务部门	经理	李玉和
			会计	陈珊珊				经办人	陈芳华

单据 3-3-81-2

电子发票（增值税专用发票）	发票号码：24110119113020546222
	开票日期：2025年03月22日

购买方信息	名称：北京三花电气有限公司 统一社会信用代码/纳税人识别号：911101060911083566	销售方信息	名称：北京德尚培训中心 统一社会信用代码/纳税人识别号：91110105101602505R

项目名称	规格型号	单位	数量	单价	金额	税率/征收率	税额
*生活服务*培训费		次	1	8200.00	8200.00	6%	492.00
合计					¥8200.00		¥492.00
价税合计（大写）	⊗ 捌仟陆佰玖拾贰元整				（小写）¥8692.00		
备注							

开票人：梁伟强

单据 3-3-81-3

付款单

*单号：fk202503001　　　　*付款类型：职工教育经费

*申请人：陈芳华　　　　　　*名称：北京德尚培训中心

*税率：6%　　　　　　　　　*申请部门：行政部

*申请日期：2025-03-22　　　*开户行：交通银行北京朝阳支行

*账号：11000206905287 6730708　*付款金额：8692.00

*付款方式：转账　　　　　　付款金额大写：捌仟陆佰玖拾贰元整

摘要：

【业务处理】

根据背景资料,审核付款单并完成付款核销(申请人:陈芳华;岗位:行政人员)。

【业务 3-3-82】(平台业务 95)　支付职工培训费——智能生成会计分录

【业务处理】

3 月 22 日,承【业务 3-3-81】,智能生成会计分录,如图 3-3-38 所示。

记账凭证			
记字第　号	年　月　日		附单据：　张
摘要	会计科目	借方金额	贷方金额
合计			
审核：	过账：	制单：	

图 3-3-38　支付职工培训费会计分录

【业务 3-3-83】(平台业务 96)　支付销售中心搬迁物流费——审核付款单并核销

【背景资料】

相关资料,如单据 3-3-83-1 至单据 3-3-83-3 所示。

单据 3-3-83-1

付款申请单

2025 年 03 月　25 日

用途及情况	金额										收款单位(人)：北京市德润物流有限公司		
支付销售中心 搬迁物流费	亿	千	百	十	万	千	百	十	元	角	分	账号：110000374194209158543	
				¥	3	0	5	2	0	0	0	开户行：交通银行北京海淀支行	
金额(大写)合计：	人民币叁万零伍佰贰拾元整											结算方式：	转账
总经理	韩国伟	财务部门	经理		孙汉敏			业务部门		经理		吕晨曦
			会计		陈珊珊					经办人		高成玉

单据 3-3-83-2

电子发票（增值税专用发票）					发票号码：24110119113020546238				
					开票日期：2025年03月25日				

购买方信息	名称：北京三花电气有限公司 统一社会信用代码/纳税人识别号：911101060911083566	销售方信息	名称：北京市德润物流有限公司 统一社会信用代码/纳税人识别号：911101581258910251

项目名称	规格型号	单 位	数 量	单 价	金 额	税率/征收率	税 额
*运输服务*运费		次	1	28000.00	28000.00	9%	2520.00
合　计					¥28000.00		¥2520.00

运输工具种类	运输工具牌号	起运地	到达地	运输货物名称
公路运输	京B58T17	背景东城区	北京通州区	光合电器

价税合计（大写）	⊗ 叁万零伍佰贰拾元整	（小写）¥30520.00

备注	

开票人：李妍

单据 3-3-83-3

付款单

*单号：fk202503002	*付款类型：物流费
*申请人：高成玉	*名称：北京市德润物流有限公司
*税率：9%	*申请部门：销售部
*申请日期：2025-03-25	*开户行：交通银行北京海淀支行
*账号：110000374194209158543	*付款金额：30520.00
*付款方式：转账	付款金额大写：叁万零伍佰贰拾元整
摘要：	

【业务处理】

根据背景资料，审核付款单并完成付款核销（申请人：高成玉；岗位：销售员）。

【业务 3-3-84】（平台业务 97） 支付销售中心搬迁物流费——智能生成会计分录

【业务处理】

3 月 25 日，承【业务 3-3-83】，智能生成会计分录，如图 3-3-39 所示。

记账凭证

记字第　　号　　　　　　　　　　　　年　月　日　　　　　　　　　　　附单据：　张

摘要	会计科目	借方金额	贷方金额
合　计			

审核：　　　　　　　　　　过账：　　　　　　　　　　制单：

图 3-3-39　支付搬迁物流费会计分录

【业务 3-3-85】（平台业务 98）　支付电信基础服务费——审核付款单并核销

【背景资料】

相关资料，如单据 3-3-85-1 至单据 3-3-85-3 所示。

单据 3-3-85-1

付款申请单

2025年 03月 25日

用途及情况	金额										收款单位（人）：中国电信股份有限公司北京分公司
支付电信基础服务费	亿	千	百	十	万	千	百	十	元	角	分	账号：4100888800098699078
					¥	2	5	6	8	0	4	开户行：中国工商银行北京朝阳支行

金额（大写）合计	人民币贰仟伍佰陆拾捌元零肆分		结算方式	转账	
总经理	韩国伟	财务部门	经理	孙汉敏	业务部门	经理	李玉和
			会计	陈珊珊		经办人	陈芳华

单据 3-3-85-2

电子发票（增值税专用发票）

发票号码：24110119113020546318
开票日期：2025年03月25日

购买方信息　名称：北京三花电气有限公司　统一社会信用代码/纳税人识别号：911101060911083566

销售方信息　名称：中国电信股份有限公司北京分公司　统一社会信用代码/纳税人识别号：91110105862296295F

项目名称	规格型号	单位	数量	单价	金额	税率/征收率	税额
*电信服务*电信基础服务		次	1	2356.00	2356.00	9%	212.04
合　计					¥2356.00		¥212.04
价税合计（大写）	⊗ 贰仟伍佰陆拾捌元零肆分				（小写）¥2568.04		
备注							

开票人：余秀琴

单据 3-3-85-3

付款单

*单号：fk202503003	*付款类型：通信费
*申请人：陈芳华	*名称：中国电信股份有限公司北京分公司
*税率：9%	*申请部门：行政部
*申请日期：2025-03-25	*开户行：中国工商银行北京朝阳支行
*账号：4100888800098699078	*付款金额：2568.04
*付款方式：转账	付款金额大写：贰仟伍佰陆拾捌元零肆分
摘要：	

【业务处理】

根据背景资料，审核付款单并完成付款核销（申请人：陈芳华；岗位：行政人员）。

【业务 3-3-86】（平台业务 99）　支付电信基础服务费——智能生成会计分录

【业务处理】

3 月 25 日，承【业务 3-3-85】，智能生成会计分录，如图 3-3-40 所示。

记账凭证

记字第　　号　　　　　　　　年　　月　　日　　　　　　　　附单据：　张

摘要	会计科目	借方金额	贷方金额
合　计			

审核：　　　　　　　　　过账：　　　　　　　　　制单：

图 3-3-40　支付电信基础服务费会计分录

【业务 3-3-87】（平台业务 100）　支付电信增值服务费——审核付款单并核销

【背景资料】

相关资料，如单据 3-3-87-1 至单据 3-3-87-3 所示。

单据 3-3-87-1

付款申请单

2025年 03月 25日

用途及情况	金额										收款单位（人）：中国电信股份有限公司北京分公司
支付电信增值服务费	亿	千	百	十	万	千	百	十	元	角	分	账号：4100888800098699078
						¥	6	6	7	8	0	开户行：中国工商银行北京朝阳支行
金额（大写）合计	人民币陆佰陆拾柒元捌角											结算方式	转账

总经理	韩国伟	财务部门	经理	孙汉敏	业务部门	经理	李玉和
			会计	陈珊珊		经办人	陈芳华

单据 3-3-87-2

电子发票（增值税专用发票）

发票号码：24110119113020546319
开票日期：2025年03月25日

购买方信息	名称：北京三花电气有限公司 统一社会信用代码/纳税人识别号：911101060911083566	销售方信息	名称：中国电信股份有限公司北京分公司 统一社会信用代码/纳税人识别号：9110105862296295F

项目名称 规格型号	单位	数量	单价	金额	税率/征收率	税额
*电信服务*电信增值服务	次	1	630.00	630.00	6%	37.80
合计				¥630.00		¥37.80
价税合计（大写）	⊗ 陆佰陆拾柒元捌角			（小写）¥667.80		
备注						

开票人：余秀琴

单据 3-3-87-3

付款单

*单号：fk202503003	*付款类型：通信费
*申请人：陈芳华	*名称：中国电信股份有限公司北京分公司
*税率：6%	*申请部门：行政部
*申请日期：2025-03-25	*开户行：中国工商银行北京朝阳支行
*账号：4100888800098699078	*付款金额：667.80
*付款方式：转账	付款金额大写：陆佰陆拾柒元捌角整

摘要：

【业务处理】

根据背景资料,审核付款单并完成付款核销(申请人:陈芳华;岗位:行政人员)。

【业务 3-3-88】(平台业务 101)　支付电信增值服务费——智能生成会计分录

【业务处理】

3 月 25 日,承【业务 3-3-87】,智能生成会计分录,如图 3-3-41 所示。

记账凭证

记字第　　号　　　　　　　　　年　　月　　日　　　　　　　　　附单据:　　张

摘要	会计科目	借方金额	贷方金额
合　计			

审核:　　　　　　　　　　过账:　　　　　　　　　制单:

图 3-3-41　支付电信增值服务费会计分录

【业务 3-3-89】(平台业务 102)　收到货款——审核收款单

【背景资料】

相关资料,如单据 3-3-89-1 和单据 3-3-89-2 所示。

单据 3-3-89-1

收款信息

客户名称	北京ABB开关有限公司	收款日期	2025年3月25日
开户行	交通银行北京朝阳支行	账号	410001849512795618 29
收款类型	收货款	收款方式	转账
收款金额	¥1160000.00	金额大写	人民币壹佰壹拾陆万元整

单据 3-3-89-2

收款单

*客户名称:北京ABB开关有限公司　　　　*申请日期:2025-03-25

*开户行:交通银行北京朝阳支行　　　　　*账号:410001849512795618 29

*收款类型:收货款　　　　　　　　　　　*收款方式:转账

*收款金额:1160000.00　　　　　　　　　收款金额大写:壹佰壹拾陆万元整

摘要:

【业务处理】

3 月 25 日,根据背景资料,审核收款单。

【业务 3-3-90】(平台业务 103）　收到货款——智能生成会计分录

【业务处理】

3 月 28 日,承【业务 3-3-89】,智能生成收款会计分录,如图 3-3-42 所示。

记账凭证

记字第　　号		年　　月　　日	附单据：　张
摘要	会计科目	借方金额	贷方金额
合　　计			

审核：　　　　　　　　　过账：　　　　　　　　　制单：

图 3-3-42　收款会计分录

【业务 3-3-91】(平台业务 104）　购入需安装的数控冲床

【背景资料】

相关资料,如单据 3-3-91-1 和单据 3-3-91-2 所示。

单据 3-3-91-1

交通银行电子回单凭证

回单编号：　81842235658　　　　　回单类型:网银业务　　　　业务名称：
凭证种类：　　　　　　　　凭证号码：　　　　借贷标志:借记　　回单格式码:S
账号：　　11000204905248628906　　开户行名称：交通银行北京群芳支行
户名：　　北京三花电气有限公司
对方账号：　41622124375791319052
对方户名：　青岛盛通机械科技有限公司　　开户行名称:中国农业银行青岛四方支行
币种:CNY　　　　　　　　　　　　金额（小写）：813600.00
金额（大写）：捌拾壹万叁仟陆佰元整
兑换信息：　　币种：　　金额：0.00　　牌价：0.00　　币种：　　金额：0.00
摘要：

附加信息：

打印次数：0001　　　　记账日期：20250325　　　　会计流水号：EEZ0000011934556
记账机构：010120003999　经办柜员：EBB0C记账柜员：EEZ000 复核柜员：　授权柜员：
打印机构：010120003999　打印柜员：202500557519222　　批次号：

单据 3-3-91-2

电子发票（增值税专用发票）					发票号码：24370219113049812052 开票日期：2025年03月25日			
购买方信息	名称：北京三花电气有限公司 统一社会信用代码/纳税人识别号：911101060911083566				销售方信息	名称：青岛盛通机械科技有限公司 统一社会信用代码/纳税人识别号：913702051240084923		
项目名称	规格型号	单位	数量	单价	金额	税率/征收率	税额	
*机床*数控冲床		台	1	1200000.00	1200000.00	13%	156000.00	
合　计					¥1200000.00		¥156000.00	
价税合计（大写）		⊗ 壹佰叁拾伍万陆仟元整				（小写）¥1356000.00		
备注								

开票人：钟国钊

【业务处理】

3 月 25 日，购入需安装的数控冲床，编制对应的会计分录，如图 3-3-43 所示。

记账凭证

记字第　　号　　　　　　　　　　　年　　月　　日　　　　　　　　　　　附单据：　张

摘要	会计科目	借方金额	贷方金额
合　计			

审核：　　　　　　　　　　过账：　　　　　　　　　　制单：

图 3-3-43　购入数控冲床会计分录

【业务 3-3-92】(平台业务 105)　产品完工入库——审核产品入库单

【背景资料】

相关资料，如单据 3-3-92-1 和单据 3-3-92-2 所示。

单据 3-3-92-1

产品检验单

交来部门：生产车间　　　　　　2025 年 03 月 23日　　　　　　NO：200302

序号	编码	名称及规格	单位	数量		实际价格	
				应收	实收	单价	金额
1	ccp01	低压柜	个	29	29		
2	ccp02	中压柜	个	25	25		
	合　计						

部门经理：李福泽　　　　　　经手人：张新光　　　　　　质检员：吕晨阳

单据 3-3-92-2

入库单

*经办人：张新光　　　　　*日期：2025-03-23　　*单号：kc202503002

*单位及部门：生产部　　　　*验收仓库：成品库　　*入库日期：2025-03-23

*收料仓库：成品库

名称	编号	规格	单位	数量	单价	金额
低压柜	ccp01		个	29		
中压柜	ccp02		个	25		

【业务处理】

3 月 23 日，请根据背景单据审核产品入库单（经办人：张新光）。

【业务 3-3-93】(平台业务 106)　出售钣金车间边角料
【背景资料】

相关资料，如单据 3-3-93-1 至单据 3-3-93-3 所示。

单据 3-3-93-1

销售单

购货单位：北京鑫源达板材有限公司　地址和电话：北京市大兴区边有街韩康路01号 022-38892091　　单据编号：XS00228

纳税人识别号：911101151240084923 开户行及账号：交通银行北京大兴支行 41924996519048　　制单日期：2025年03月28日

编码	产品名称	规格	单位	单价	数量	金额	备注	
bj1001	边角料		千克	1.89	3000	5670.00	不含税	会计联
合计	人民币（大写）：伍仟陆佰柒拾元整					¥5,670.00		

销售经理：吕晨曦　　　　经手人：张新光　　　　会计：陈珊珊　　　　签收人：高成玉

单据 3-3-93-2

交通银行电子回单凭证

回单编号：818422353329　　　　回单类型：网银业务　　　　业务名称：
凭证种类：　　　　　　　　凭证号码：　　　借贷标志：贷记　　回单格式码：S
账号：　110002049052486289066　　开户行名称：交通银行北京群芳支行
户名：　北京三花电气有限公司
对方账号：41924996519048
对方户名：北京鑫源达板材有限公司　　开户行名称：交通银行北京大兴支行
币种：CNY　　　　　　　　　　　金额（小写）：6407.10
金额（大写）：陆仟肆佰零柒元壹角
兑换信息：　币种：　　金额：0.00　　牌价：0.00　　币种：　　金额：0.00
摘要：

附加信息：

打印次数：0001　　　记账日期：20250328　　　会计流水号：EEZ0000011933968
记账机构：010120003999　经办柜员：EBBO0　记账柜员：EEZ000　复核柜员：　　授权柜员：
打印机构：010120003999　打印柜员：202500557519222　　批次号：

单据 3-3-93-3

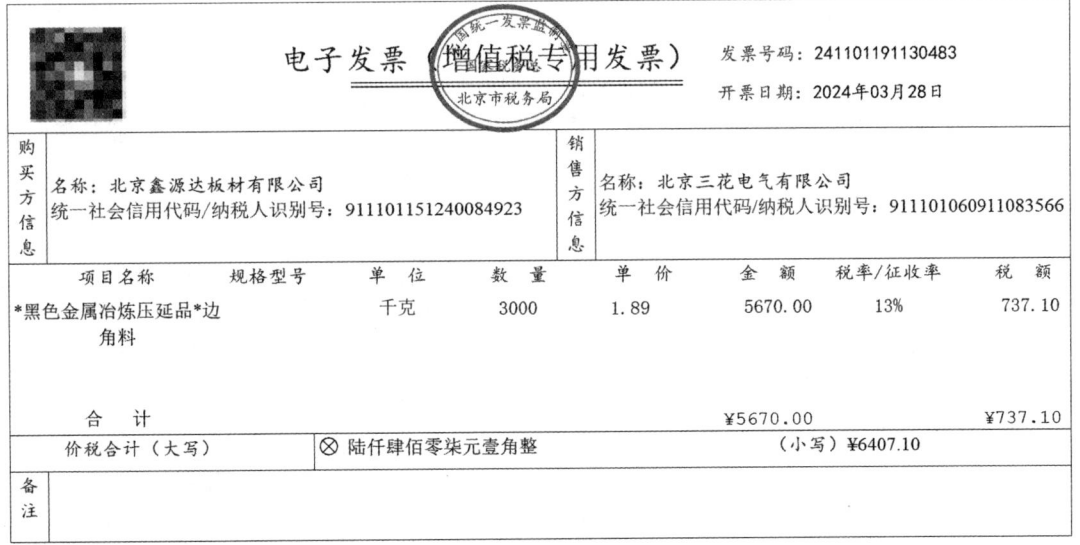

项目名称	规格型号	单 位	数 量	单 价	金 额	税率/征收率	税 额
*黑色金属冶炼压延品*边角料		千克	3000	1.89	5670.00	13%	737.10
合　计					¥5670.00		¥737.10

价税合计（大写）　⊗ 陆仟肆佰零柒元壹角整　　　　（小写）¥6407.10

备注

开票人：陈珊珊

【业务处理】

3 月 28 日，出售钣金车间边角料，编制对应的会计分录，如图 3-3-44 所示。

记账凭证

记字第　　号　　　　　　年　　月　　日　　　　　　附单据：　　张

摘要	会计科目	借方金额	贷方金额
合　计			

审核：　　　　　　　　过账：　　　　　　　　制单：

图 3-3-44　出售边角料会计分录

【业务 3-3-94】(平台业务 107)　收到员工违纪罚款

【背景资料】

相关资料，如单据 3-3-94-1 所示。

单据 3-3-94-1

收　款　收　据

No 00022357

2025 年　03 月　28 日

今收到　蔡兰新　　现金收讫

交来：违纪罚款

金额　人民币（大写）　贰佰元整

¥ 200.00　　☑现金　☐支票　☐信用卡　☐其他　　收款单位（签章）

北京三花电气有限公司 财务专用章

第三联 交财务

核准　　会计 陈珊珊　　记账　　出纳 林秀娟　　经手人 蔡兰新

【业务处理】

3 月 28 日，收到员工违纪罚款，编制对应的会计分录，如图 3-3-45 所示。

记账凭证

记字第　　号　　　　　　　　　　年　月　日　　　　　　　　　　　附单据：　张

摘要	会计科目	借方金额	贷方金额
合　计			

审核：　　　　　　　　过账：　　　　　　　　　　制单：

图 3-3-45　收到违纪罚款会计分录

【业务 3-3-95】（平台业务 108）　支付固定资产安装费——审核付款单并核销

【背景资料】

相关资料，如单据 3-3-95-1 至单据 3-3-95-3 所示。

单据 3-3-95-1　付款申请单

付款申请单
2025年 03月　28日

用途及情况	金额										收款单位（人）：青岛盛通机械科技有限公司		
支付固定资产安装费	亿	千	百	十	万	千	百	十	元	角	分	账号：41622124375791319052	
			¥	2	1	8	0	0	0	0	0	开户行：中国农业银行青岛四方支行	
金额（大写）合计	人民币贰万壹仟捌佰元整											结算方式	转账
总经理	韩国伟	财务部门	经理	孙汉敏				业务部门	经理	李枫达			
			会计	陈珊珊					经办人	李枫达			

单据 3-3-95-2

电子发票（增值税专用发票）

发票号码：24370219113049812063

开票日期：2025年03月28日

购买方信息　名称：北京三花电气有限公司　统一社会信用代码/纳税人识别号：911101060911083566

销售方信息　名称：青岛盛通机械科技有限公司　统一社会信用代码/纳税人识别号：913702051240084923

项目名称	建筑服务发生地	建筑项目名称	金　额	税率/征收率	税　额
*建筑服务*安装费	北京市通州区群芳路194号	设备安装	20000.00	9%	1800.00
合　计			¥20000.00		¥1800.00
价税合计（大写）	⊗ 贰万壹仟捌佰元整			（小写）¥21800.00	
备注	土地增值税项目编号：	跨地（市）标志：否			

开票人：钟国钊

单据 3-3-95-3

付款单

*单号：fk202503003	*付款类型：安装费
*申请人：李枫达	*名称：青岛盛通机械科技有限公司
*税率：9%	*申请部门：生产部
*申请日期：2025-03-28	*开户行：中国农业银行青岛四方支行
*账号：41622124375791319052	*付款金额：21800.00
*付款方式：转账	付款金额大写：贰万壹仟捌佰元整
摘要：	

【业务处理】

根据背景资料，审核付款单并完成付款核销（申请人：李枫达；岗位：生产人员）。

【业务 3-3-96】(平台业务 109)　支付固定资产安装费——智能生成会计分录

【业务处理】

3 月 28 日，承【业务 3-3-95】，智能生成会计分录，如图 3-3-46 所示。

记账凭证

记字第　　号　　　　　　　　　　　年　　月　　日　　　　　　　　　　附单据：　张

摘要	会计科目	借方金额	贷方金额
合　计			

审核：　　　　　　　　　　过账：　　　　　　　　　　制单：

图 3-3-46　支付固定资产安装费会计分录

【业务 3-3-97】(平台业务 110)　固定资产管理——审核固定资产卡片

【背景资料】

相关资料，如单据 3-3-97-1 和单据 3-3-97-2 所示。

单据 3-3-97-1

固定资产验收单

资产编号	GU1084	资产名称	数控冲床		
规格（编号）		资产代码	SKJC051	购置日期	2025年3月28日
计量单位	台	单价（元）	1220000.00	金额（元）	1220000.00
出厂日期	2025年3月28日	管理人	冯新新		
生产厂家	青岛盛通机械科技有限公司	安装使用地点	生产车间		
附件情况					

固定资产验收情况说明：

　　状态良好，调试可以投入使用。

验收确认：

　　已验收

　　　　　　　　　　　　　　　　　　　验收日期：2025年03月28日

管理部门经理签字：谭雄天

公司总经理签字：韩国伟

注：此表一式三份，使用部门、保管部门、财务部门各一份。

单据 3-3-97-2

资产卡片

基本信息	
*资产编码：GU1084	*资产名称：数控冲床
*资产类别：生产设备	*使用部门：生产部
*开始使用日期：2025-03-28	*数量：1
*增加方式：在建工程转入	规格型号：
存放地点：	*使用人：冯新新

折旧方式	
*折旧方法：平均年限法	*预计使用期数：120

原值、净值、累计折旧	
*原值：1220000.00	税额：
*残值率：0	减值准备：
预计使用月份：	*已折旧期间：0
*期初累计折旧：0	*月折旧额：10166.67

【业务处理】

根据业务资料，审核固定资产卡片。

注：残值率为 0，未计提折旧，已折旧期间为 0，期初累计折旧为 0。

【业务 3-3-98】(平台业务 111) 固定资产验收入库

【业务处理】

3 月 28 日，固定资产验收入库，编制对应的会计分录，如图 3-3-47 所示。

记账凭证

记字第　　号　　　　　　　　　　　　年　　月　　日　　　　　　　　　　附单据：　张

摘要	会计科目	借方金额	贷方金额
合　计			

审核：　　　　　　　　　　过账：　　　　　　　　　　制单：

图 3-3-47　固定资产验收入库会计分录

【业务 3-3-99】(平台业务 112)　销售商品——审核销售单

【背景资料】

相关资料，如单据 3-3-99-1 和单据 3-3-99-2 所示。

单据 3-3-99-1

购销合同

购方：　北京市电力公司　　　　　　　　合同编号：　gxhe019807

销方：　北京三花电气有限公司　　　　　签订时间：　2025年3月28日

供需双方本着互利互惠、长期合作的原则，根据《中华人民共和国民法典》及双方的实际情况，就需方向供方采购事宜，订立本合同，以使双方在合同履行中共同遵守。

一、产品名称、数量、单价、金额：

产品名称	规格型号	计量单位	数量	单价	金额	备注
低压柜		个	18	60000.00	1080000.00	不含税价
中压柜		个	9	62000.00	558000.00	税率13%
						交货时间：
						2025年3月28日
合计					￥1,638,000.00	

合计　人民币（大写）：壹佰陆拾叁万捌仟元整

二、质量要求技术标准：供方对质量负责的条件和期限：按合同企业标准。

三、交（提）货地点：北京市西城区王秀街韩春路68号。

四、付款时间与付款方式：购买方提货时，先支付60%货款，40%余款于一个月内付清。

五、运输方式及到站、港和费用负担：由购货方承担。

六、合理损耗及计算方法：以实际数量验收。

七、包装标准、包装物的供应与回收：普通包装，不回收包装物。

八、验收标准及方法：货到后需方进行验收并提出质量异议，不包括运输过程中造成的质量问题。

九、违约责任：按《中华人民共和国民法典》有关规定执行。

十、解决合同纠纷的方式：双方协商解决。

十一、其他约定事项：本合同一式两份，供需双方各一份，经双方盖章后即生效。

购方（盖章）：北京市电力公司　　　　　　销方（盖章）：北京三花电气有限公司

单位地址：北京市西城区王秀街韩春路68号　　单位地址：北京市通州区群芳路194号

电话：010-68210850-75322820　　　　　　电话：010-03562014

签订日期：2025年03月28日　　　　　　　签订日期：2025年03月28日

开户银行：建设银行北京西城支行　　　　　开户银行：交通银行北京群芳支行

账号：410904285012805122809　　　　　　账号：110002048052486289066

单据 3-3-99-2

销售单

*销售单号：xs202503003		*销售类型：产成品销售		*客户名称：北京市电力公司			
客户编号：010		*交货日期：2025-03-28		*币种：CNY			
*税率：13%		*销售部门：销售部		*销售员：高成玉			

序号	产品名称	产品编号	规格	单位	数量	不含税单价	不含税金额	税额	含税金额
1	低压柜	ccp01		个	18	60000.00	1080000.00	140400.00	1220400.00
2	中压柜	ccp02		个	9	62000.00	558000.00	72540.00	630540.00
合　计							1638000.00	212940.00	1850940.00

		填制人：　林秀娟

【业务处理】

3 月 28 日，根据背景资料审核销售单（销售员：高成玉）。

【业务 3-3-100】(平台业务 113)　销售商品——审核销售发货单

【背景资料】

相关资料，如单据 3-3-100-1 所示。

单据 3-3-100-1

销售发货单

*销售发货单号：xsfh202503003		*销售单号：xs202503003		*客户名称：北京市电力公司
客户编号：010		*计划交货日期：2025-03-28		

序号	产品名称	产品编号	规格	单位	数量
1	低压柜	ccp01		个	18
2	中压柜	ccp02		个	9

销售经理：吕晨曦	销售员：　高成玉	填制人：　林秀娟

【业务处理】

3 月 28 日，承【业务 3-3-99】，销售单中的产品已全部发货，审核销售发货单（销售经理：吕晨曦）。

【业务 3-3-101】(平台业务 114)　销售商品——审核销售出库单

【背景资料】

相关资料，如单据 3-3-101-1 所示。

单据 3-3-101-1

出库单

*销售出库单号：xsck202503003		*销售发货号：xsfh202503003		*客户名称：北京市电力公司
客户编号：010		*发出仓库：成品库		*出库日期：2025-03-28

序号	产品名称	产品编号	规格	单位	数量
1	低压柜	ccp01		个	18
2	中压柜	ccp02		个	9

部门经理：吕晨曦	仓库：张新光	填制人：　林秀娟

【业务处理】

3月28日,承【业务3-3-100】,审核销售出库单(销售经理:吕晨曦;仓库:张新光)。

【业务3-3-102】(平台业务115)　销售商品——审核销售发票

【背景资料】

相关资料,如单据3-3-102-1和单据3-3-102-2所示。

单据3-3-102-1　低压柜、中压柜销售增值税专用发票

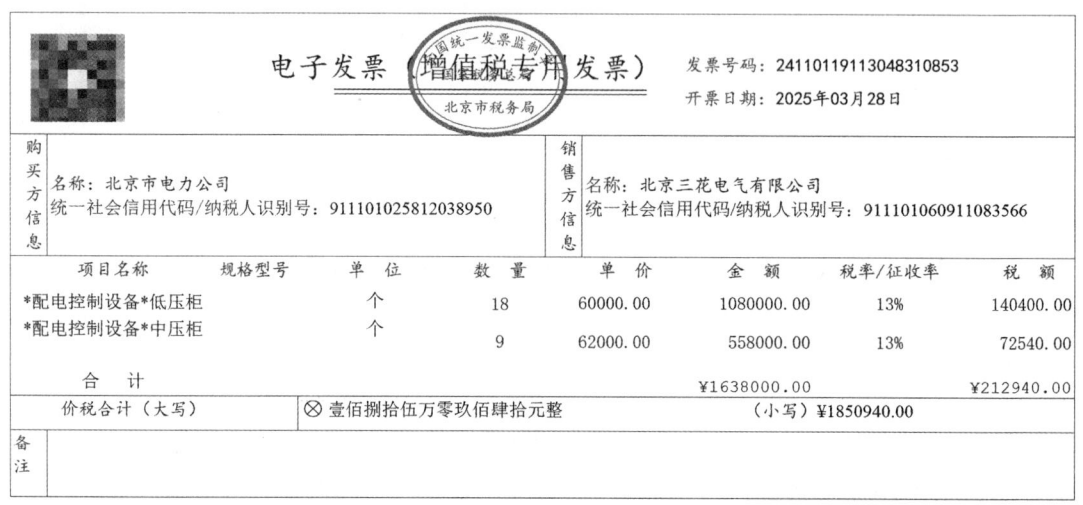

发票号码:24110119113048310853

开票日期:2025年03月28日

购买方信息	名称:北京市电力公司 统一社会信用代码/纳税人识别号:911101025812038950					销售方信息	名称:北京三花电气有限公司 统一社会信用代码/纳税人识别号:911101060911083566		

项目名称	规格型号	单位	数量	单价	金额	税率/征收率	税额
*配电控制设备*低压柜		个	18	60000.00	1080000.00	13%	140400.00
*配电控制设备*中压柜		个	9	62000.00	558000.00	13%	72540.00
合　计					¥1638000.00		¥212940.00
价税合计(大写)	⊗ 壹佰捌拾伍万零玖佰肆拾元整				(小写)¥1850940.00		
备注							

开票人:陈珊珊

单据3-3-102-2

销售发票

*开票日期:2025-03-28	*发票号码:24110119113048310853	*录入日期:2025-03-28
*客户名称:北京市电力公司	*统一社会信用代码:911101025812038950	*业务类型:销售商品

序号	商品名称	规格型号	单位	数量	单价	金额	税率	税额
1	低压柜		个	18	60000.00	1080000.00	13%	140400.00
2	中压柜		个	9	62000.00	558000.00	13%	72540.00
不含税金额:1638000.00			税额:212940.00			价税合计:1850940.00		

【业务处理】

3月28日,根据背景资料审核销售发票(发票号码:24110119113048310853;统一社会信用代码:911101025812038950)。

【业务3-3-103】(平台业务116)　销售商品——审核应收单

【背景资料】

相关资料,如单据3-3-103-1所示。

单据 3-3-103-1

应收单

*应收单号：ysd202503003		*销售类型：产成品销售			*客户名称：北京市电力公司		
客户编号：010		*出库单：xsck202503003			币种：CNY		
*税率：13%		*填制日期：2025-03-28					

序号	产品名称	产品编号	规格	单位	数量	不含税单价	税额	含税金额
1	低压柜	ccp01		个	18	60000.00	140400.00	1220400.00
2	中压柜	ccp02		个	9	62000.00	72540.00	630540.00
合计							212940.00	1850940.00

填制人：林秀娟

【业务处理】

3 月 28 日，承【业务 3-3-102】，审核应收单。

【业务 3-3-104】（平台业务 117） **销售商品——智能生成收入确认会计分录**

【业务处理】

3 月 8 日，承【业务 3-3-99】至【业务 3-3-103】，生成收入确认会计分录，如图 3-3-48 所示。

记账凭证

记字第　　号　　　　　　　　　　　年　　月　　日　　　　　　　　附单据：　张

摘要	会计科目	借方金额	贷方金额
合　计			

审核：　　　　　　　　　　过账：　　　　　　　　　　制单：

图 3-3-48　收入确认会计分录

【业务 3-3-105】（平台业务 118） **销售商品——审核收款单**

【背景资料】

相关资料，如单据 3-3-105-1 所示。

单据 3-3-105-1

收款单

*客户名称：北京市电力公司	*申请日期：2025-03-28
*开户行：中国建设银行北京西城支行	*账号：41000128591280512809
*收款类型：收货款	*收款方式：转账
*收款金额：1110564.00	收款金额大写：壹佰壹拾壹万零伍佰陆拾肆元整

摘要：	销售商品收到部分货款

【业务处理】

3 月 28 日，承【业务 3-3-99】的购销合同审核收款单（收款方式：转账）。

【业务 3-3-106】(平台业务 119)　销售商品——智能生成收款会计分录

【业务处理】

3 月 28 日，承【业务 3-3-105】，智能生成收款会计分录，如图 3-3-49 所示。

记账凭证

记字第　　号　　　　　　　　　　年　月　日　　　　　　　　　附单据：　张

摘要	会计科目	借方金额	贷方金额
合　计			

审核：　　　　　　　　　过账：　　　　　　　　　制单：

图 3-3-49　收款会计分录

【业务 3-3-107】(平台业务 120)　支付材料款——审核付款单并核销

【背景资料】

相关资料，如单据 3-3-107-1 和单据 3-3-107-2 所示。

单据 3-3-107-1　付款申请单

付款申请单

2025年 03月 30日

用途及情况	金额										收款单位（人）：北京浪博铜业有限公司			
支付材料款（含税率13%）	亿	千	百	十	万	千	百	十	元	角	分	账号：41924996334114		
			¥	1	6	2	9	4	5	0	8	0	开户行：交通银行北京顺义支行
金额（大写）合计	人民币壹佰陆拾贰万玖仟肆佰伍拾元捌角										结算方式	转账		
总经理	韩国伟	财务部门	经理	孙汉敏						业务部门	经理	林玉玉		
			会计	陈珊珊							经办人	李和伟		

单据 3-3-107-2

付款单

*单号：fk202503003	*付款类型：付货款
*申请人：李和伟	*名称：北京浪博铜业有限公司
*税率：13%	*申请部门：采购部
*申请日期：2025-03-30	*开户行：交通银行北京顺义支行
*账号：41924996334114	*付款金额：1629450.80
*付款方式：转账	付款金额大写：壹佰陆拾贰万玖仟肆佰伍拾元捌角整

摘要：

【业务处理】

根据背景资料,审核付款单并完成付款核销(申请人：李和伟；岗位：采购员)。

【业务 3-3-108】(平台业务 121)　支付材料款——智能生成会计分录

【业务处理】

3 月 30 日,承【业务 3-3-107】,智能生成会计分录,如图 3-3-50 所示。

记账凭证

记字第　　号　　　　　　　　　　年　月　日　　　　　　　　　　附单据：　张

摘要	会计科目	借方金额	贷方金额
合　计			

审核：　　　　　　　　过账：　　　　　　　　制单：

图 3-3-50　支付材料款会计分录

【业务 3-3-109】(平台业务 122)　支付产品设计制图费——审核付款单并核销

【背景资料】

相关资料,如单据 3-3-109-1 至单据 3-3-109-3 所示。

单据 3-3-109-1

付款申请单

2025年 03月 31日

用途及情况	金额											收款单位（人）：北京元素设计中心
支付产品设计制图费	亿	千	百	十	万	千	百	十	元	角	分	账号：11000206905287672108
					¥	8	4	7	9	5	4	开户行：交通银行北京朝阳支行
金额（大写）合计	人民币捌仟肆佰柒拾玖元伍角肆分									结算方式		转账

总经理		韩国伟	财务部门	经理	孙汉敏	业务部门	经理	石知田
				会计	陈珊珊		经办人	石知田

单据 3-3-109-2

电子发票（增值税专用发票）

发票号码：24110119113020546237

开票日期：2025年03月31日

购买方信息	名称：北京三花电气有限公司 统一社会信用代码/纳税人识别号：911101060911083566	销售方信息	名称：北京元素设计中心 统一社会信用代码/纳税人识别号：911101051016025118

项目名称	规格型号	单位	数量	单价	金额	税率/征收率	税额
*设计服务*模型图纸		次	1	7999.57	7999.57	6%	479.97
合 计					¥7999.57		¥479.97
价税合计（大写）	⊗ 捌仟肆佰柒拾玖元伍角肆分				（小写）¥8479.54		
备注							

开票人：梁伟强

单据 3-3-109-3

付款单

*单号：fk202503003	*付款类型：设计制图费
*申请人：石知田	*名称：北京元素设计中心
*税率：6%	*申请部门：生产部
*申请日期：2025-03-31	*开户行：交通银行北京朝阳支行
*账号：11000206905287672108	*付款金额：8479.54
*付款方式：转账	付款金额大写：捌仟肆佰柒拾玖元伍角肆分

摘要：

【业务处理】

根据背景资料,审核付款单并完成付款核销(申请人:石知田;岗位:车间主任)。

【业务 3-3-110】(平台业务 123) 支付产品设计制图费——智能生成会计分录
【业务处理】

3 月 31 日,承【业务 3-3-109】,智能生成会计分录,请根据车间进行费用分配操作,如图 3-3-51 所示。

记账凭证

记字第　　号　　　　　　　　　年　　月　　日　　　　　　　　　附单据:　　张

摘要	会计科目	借方金额	贷方金额
合　计			

审核:　　　　　　　　　过账:　　　　　　　　　制单:

图 3-3-51 支付产品设计制图费会计分录

【业务 3-3-111】(平台业务 124) 支付新产品试验检测费——审核付款单并核销
【背景资料】

相关资料,如单据 3-3-111-1 至单据 3-3-111-3 所示。

单据 3-3-111-1

付款申请单

2025年 03月 31日

用途及情况	金额											收款单位(人):北京博科测试有限公司	
支付新产品试验检测费	亿	千	百	十	万	千	百	十	元	角	分	账号:110002069052876730221	
			¥	1	9	0	8	0	0	0	0	开户行:交通银行北京朝阳支行	
金额(大写)合计	人民币壹万玖仟零捌拾元整											结算方式	转账
总经理	韩国伟		财务部门	经理	孙汉敏			业务部门	经理	刘媛媛			
				会计	陈珊珊				经办人	陈笑笑			

单据 3-3-111-2

电子发票（增值税专用发票）					发票号码：24110119113020546238			
					开票日期：2025年03月31日			
购买方信息	名称：北京三花电气有限公司 统一社会信用代码/纳税人识别号：911101060911083566				销售方信息	名称：北京博科测试有限公司 统一社会信用代码/纳税人识别号：911101051016034921		
项目名称	规格型号	单位	数量	单价	金额	税率/征收率		税额
*信息技术服务*试验检测		次	1	18000.00	18000.00	6%		1080.00
合 计					¥18000.00			¥1080.00
价税合计（大写）	⊗ 壹万玖仟零捌拾元整				（小写）¥19080.00			
备注								

开票人：梁伟强

单据 3-3-111-3

付款单

*单号：fk202503003	*付款类型：新产品试验检测费
*申请人：陈笑笑	*名称：北京博科测试有限公司
*税率：6%	*申请部门：研发部
*申请日期：2025-03-31	*开户行：交通银行北京朝阳支行
*账号：110002069052876730221	*付款金额：19080.00
*付款方式：转账	付款金额大写：壹万玖仟零捌拾元整
摘要：	

【业务处理】

根据背景资料，审核付款单并完成付款核销（申请人：陈笑笑；岗位：研发人员）。

【业务 3-3-112】(平台业务 125)　支付新产品试验检测费——智能生成会计分录

【业务处理】

3 月 31 日，承【业务 3-3-111】，智能生成会计分录，如图 3-3-52 所示。

记账凭证

记字第 号 年 月 日 附单据： 张

摘要	会计科目	借方金额	贷方金额
合　计			

审核： 过账： 制单：

图 3-3-52 支付新产品试验检测费会计分录

【业务 3-3-113】(平台业务 126) 行政部报销购买办公用品费用

【背景资料】

相关资料，如单据 3-3-113-1 和单据 3-3-113-2 所示。

单据 3-3-113-1

报销单

填报日期： 2025 年 03 月 31 日 单据及附件共 1 张

姓名：黄凯芹	所属部门	行政部	报销形式	现金	
			支票号码		
报销项目		摘要	金额	备注	
办公费		报销办公费	1695.00		
		现金付讫			
合　　　　计			¥1,695.00		
金额大写：零拾零万壹仟陆佰玖拾伍元零角零分			原借款：¥0.00元	应退（补）款	¥1,695.00

总经理：韩国伟 财务经理：孙汉敏 部门经理：谭雄天 会计：陈珊珊 出纳：林秀娟 报销人：黄凯芹

单据 3-3-113-2

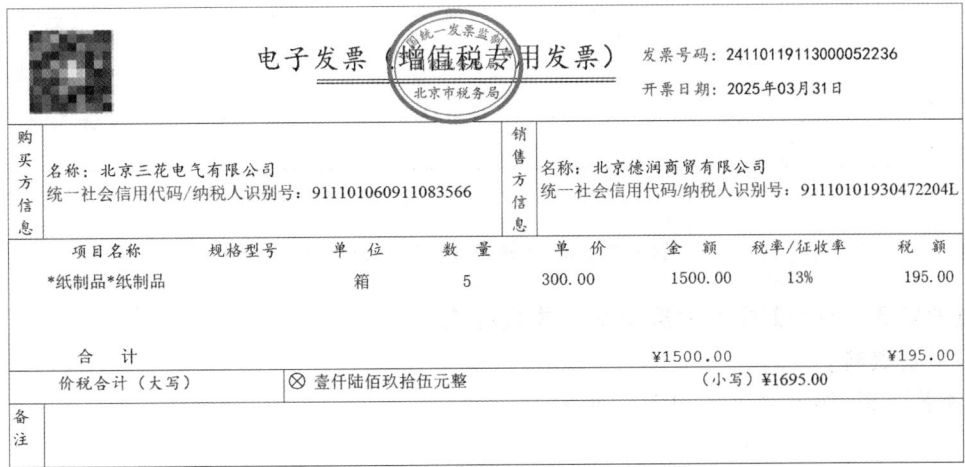

电子发票（增值税专用发票）					发票号码：24110119113000052236			
					开票日期：2025年03月31日			
购买方信息	名称：北京三花电气有限公司 统一社会信用代码/纳税人识别号：911101060911083566				销售方信息	名称：北京德润商贸有限公司 统一社会信用代码/纳税人识别号：91110101930472204L		
项目名称	规格型号	单位	数量	单价	金额	税率/征收率	税额	
*纸制品*纸制品		箱	5	300.00	1500.00	13%	195.00	
合　计					¥1500.00		¥195.00	
价税合计（大写）	⊗ 壹仟陆佰玖拾伍元整				（小写）¥1695.00			
备注								

开票人：张小敏

【业务处理】

3月31日,行政部报销购买办公用品费用,编制对应的会计分录,如图3-3-53所示。

记账凭证

记字第　　号　　　　　　　　　　　年　月　日　　　　　　　　　　附单据：　张

摘要	会计科目	借方金额	贷方金额
合　计			

审核：　　　　　　　　　　过账：　　　　　　　　　　制单：

图 3-3-53　报销购买办公用品费用会计分录

【业务 3-3-114】(平台业务 159)　结转研发支出

【业务处理】

3月31日,结转研发支出,编制对应的会计分录,如图3-3-54所示。

记账凭证

记字第　　号　　　　　　　　　　　年　月　日　　　　　　　　　　附单据：　张

摘要	会计科目	借方金额	贷方金额
合　计			

审核：　　　　　　　　　　过账：　　　　　　　　　　制单：

图 3-3-54　结转研发支出会计分录

【业务 3-3-115】(平台业务 160)　季度盘点

【背景资料】

相关资料,如单据3-3-115-1所示。

单据 3-3-115-1　存货盘点报告表

存货盘点报告表

2025 年 03 月 31 日

企业名称：北京三花电气有限公司　　　　　　　　　　　　　　　　　　　　　金额单位：元

存货类别	存货名称	计量单位	单价	数量		盈余		亏短		盈亏原因
				账存	实存	数量	金额	数量	金额	
原材料	敷铝锌板	千克	4.20	34000	34500	500	2100			

审核人：　　　　　　　　　　监盘人：陈珊珊　　　　　　　　　　盘点人：张新光

【业务处理】

3 月 31 日,季度盘点,编制对应的会计分录,如图 3-3-55 所示。

记账凭证

记字第　　号　　　　　　　　年　　月　　日　　　　　　　　　　附单据：　　张

摘要	会计科目	借方金额	贷方金额
合　计			

审核：　　　　　　　　　　过账：　　　　　　　　　　制单：

图 3-3-55　季度盘点会计分录

【业务 3-3-116】(平台业务 161)　**存货盘点批准处理**

【背景资料】

相关资料,如单据 3-3-116-1 所示。

单据 3-3-116-1

存货盘点报告表

公司于2025年03月31日对原材料进行盘点清查,原材料——敷铝锌板2.5盘盈500千克,

不含税价人民币贰仟壹佰元整(¥2100.00),经查是因收发计量单位换算误差造成的。

北京三花电气有限公司财务部

2025/3/31

【业务处理】

3月31日,存货盘点批准处理,编制对应的会计分录,如图3-3-56所示。

记账凭证

记字第　　号　　　　　　　　　年　月　日　　　　　　　附单据：　张

摘要	会计科目	借方金额	贷方金额
合　计			

审核：　　　　　　　　　过账：　　　　　　　　　制单：

图 3-3-56　存货盘点批准处理会计分录

【业务 3-3-117】(平台业务 162)：结转转让金融商品应交增值税

【业务处理】

3月31日,结转转让金融商品应交增值税,编制对应的会计分录,如图3-3-57所示。

记账凭证

记字第　　号　　　　　　　　　年　月　日　　　　　　　附单据：　张

摘要	会计科目	借方金额	贷方金额
合　计			

审核：　　　　　　　　　过账：　　　　　　　　　制单：

图 3-3-57　结转转让金融商品应交增值税会计分录

【业务 3-3-118】(平台业务 165)　编制未交增值税计算表

【业务处理】

3月31日,计算未交增值税,填写单据3-3-118-1。

单据 3-3-118-1

未缴增值税计算表

2025年03月31日 金额单位：元

项目	进项税额	销项税额	进项税额转出	本月未缴增值税
增值税				
合 计				

审核：孙汉敏 制单：陈珊珊

【业务 3-3-119】(平台业务 166)　转出未缴增值税

【业务处理】

3 月 31 日,承【业务 3-3-118】,转出未缴增值税,编制对应的会计分录,如图 3-3-58 所示。

记账凭证

记字第　　号 年　月　日 附单据：　张

摘要	会计科目	借方金额	贷方金额
合　计			

审核： 过账： 制单：

图 3-3-58　转出未缴增值税会计分录

【业务 3-3-120】(平台业务 167)　编制应缴城市维护建设税与教育费附加计算表

【业务处理】

3 月 31 日,计算本月应缴城市维护建设税与教育费附加、地方教育附加,填写 单据 3-3-120-1。

单据 3-3-120-1

应缴城市维护建设税与教育费附加计算表

2025年03月31日 金额单位：元

税种	计税金额	税率	应纳税额
城市维护建设税		7%	
教育费附加		3%	
地方教育附加		2%	
合计			

审核：孙汉敏 制单：陈珊珊

【业务 3-3-121】(平台业务 168)　计提城市维护建设税及教育费附加

【业务处理】

3 月 31 日,承【业务 3-3-120】,计提城市维护建设税及教育费附加,编制对应的会计分录,如图 3-3-59 所示。

记账凭证

记字第　　号　　　　　　　　　　　年　　月　　日　　　　　　　　　　附单据：　张

摘要	会计科目	借方金额	贷方金额
合　计			

审核：　　　　　　　　　　过账：　　　　　　　　　制单：

图 3-3-59　计提城市维护建设税及教育费附加会计分录

【业务 3-3-122】(平台业务 169)　计提 3 月份借款利息

【背景资料】

相关资料,如单据 3-3-122-1 所示。

单据 3-3-122-1

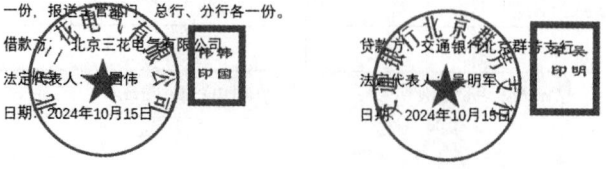

借款合同

借款方：北京三花电气有限公司

法定代表人：韩国伟

地址：北京市通州区群芳路194号　　　　电话：010-63846234

贷款方：交通银行北京群芳支行

法定代表人：吴明军

地址：北京市通州区群芳路1100号　　　　电话：010-47219579

　　根据国家法律规定，借款方为进行基本建设所需贷款，经贷款方审查发放。

为明确双方责任，恪守信用，特签订本合同，共同遵守。

第一条　借款用途：用于建造北京市通州区群芳路194号的3#厂房。

第二条　借款金额：借款方向贷款方借款人民币贰佰万元整（￥2000000.00）。

第三条　借款利率：自支用贷款之日起，按实际支用数计算利息，在合同规定的借款期内年息为9.60%，利息于每季季末支付。借款方如果不按期归还贷款，按逾期部分加收利率20%。

第四条　借款期限：借款方保证从2024年10月15日起至2026年10月14日止，就国家规定的还款资金偿还全部贷款。贷款逾期不还的部分，贷款方有权限期追回贷款，或者商请借款单位的其他账户代为扣款清偿。

　　……

第十条　本合同经过签章后生效，贷款本息全部清偿后失效。本合同一式五份，签章各方各执一份，报送主管部门，总行、分行各一份。

借款方：北京三花电气有限公司　　　　贷款方：交通银行北京群芳支行

法定代表人：韩国伟　　　　　　　　　法定代表人：吴明军

日期：2024年10月15日　　　　　　　日期：2024年10月15日

【业务处理】

3 月 31 日,计提 3 月份借款利息,编制对应的会计分录,如图 3-3-60 所示。

记账凭证

记字第　　号		年　　月　　日		附单据:　　张
摘要	会计科目		借方金额	贷方金额
合　计				

审核:　　　　　　　　　　过账:　　　　　　　　　　制单:

图 3-3-60　计提借款利息会计分录

【业务 3-3-123】(平台业务 170)　支付一季度借款利息

【背景资料】

相关资料,如单据 3-3-123-1 所示。

单据 3-3-123-1　付款通知书

交通银行（ 北京群芳支行 ）付款通知书

日期　　2025年03月31日

机构号　2125228		交易代码　1926145074032766
单位名称	北京三花电气有限公司	
账号	11000204905248628 9066	
摘要		
利息（2025.01.01-2025.03.31）　　48000.00		交通银行 北京群芳支行 2025.03.31
	金额合计	￥48,000.00
金额合计（大写）	人民币肆万捌仟元整	

注:此付款通知书加盖我行业务公章方有效。

流水号　12410738361　　　　　　　　　　经办　林小茹

【业务处理】

3 月 31 日,支付一季度借款利息,编制对应的会计分录,如图 3-3-61 所示。

记账凭证

记字第　　号　　　　　　　　　　年　月　日　　　　　　　　　　附单据：　张

摘要	会计科目	借方金额	贷方金额
合　计			

审核：　　　　　　　　　过账：　　　　　　　　　制单：

图3-3-61　支付借款利息会计分录

【业务3-3-123】(平台业务171)　预提一季度所得税费用

【业务处理】

3月31日,预提一季度所得税费用,编制对应的会计分录,如图3-3-62所示。

记账凭证

记字第　　号　　　　　　　　　　年　月　日　　　　　　　　　　附单据：　张

摘要	会计科目	借方金额	贷方金额
合　计			

审核：　　　　　　　　　过账：　　　　　　　　　制单：

图3-3-62　预提季度所得税会计分录

注：第1季度所得税预缴数＝第1季度利润总额×企业所得税税率,其中第1月、第2月利润总额可通过查询期初"本年利润"累计贷方获取,第3月利润总额可通过结转损益获取。

结账流程：①资金管理岗进行出纳签字;②财务主管岗进行凭证审核和凭证过账;③审核主管岗进行损益结转;④财务主管岗进行结账。

学习子场景 3.4　开展财务主管岗工作任务

德技并修

新希望集团 CFO 谈 CFO 职责与卓越财务运营体系的打造

新希望集团是全球大型饲料生产商,也是中国大型的肉蛋奶供应商和第四大生猪养殖商。在全球政局和经济形势风云变幻的当下,新希望集团这样关乎国计民生的企业肩负着重大责任。新希望集团首席财务官吴俊峰先生通过专访,介绍了新希望集团对 CFO 岗位职责的要求以及他所主导的"卓越财务运营体系"。

一是 CFO 的三重职责。吴俊峰认为,企业生命周期的长度主要由三个要素决定:战略、经营和风险管理。战略决定生存质量,经营决定寿命,风险决定生死。若以开车为喻,战略如同行车方向,经营如同方向盘和油门,风险管理则如同刹车。过去,财务的定位更像是"踩刹车"的角色,但现在财务需创造更多增值,对产业前景、市场空间、毛利高低、投资回报及企业资源配置、压力测试等提供全面数据分析,以确保决策的科学性。因此,今天的 CFO 不仅要会"踩刹车",更要会"踩油门",并握紧方向盘,平衡速度与风险,避免翻车。CFO 领导的财务部门相应具备三大功能:战略发展的"导航仪"、生产经营的"仪表盘"和风险管控的"制动器"。

二是打造卓越财务运营体系。2022 年,新希望集团提出"科技驱动、卓越运营、组织再造"12 字经营方针,核心在于"卓越运营"——以数字化转型为手段,以组织再造为保障,推动企业卓越运营,实现成为世界一流农牧企业的战略目标。财务运营是集团卓越运营的核心和主要抓手。以财务绩效改善为最终目标,以财务指标牵引业务运营,使财务从核算转变为运营管理,从事后走向事前,从被动变为主动,吴俊峰称之为"卓越财务运营体系"。该体系拥有完整框架:包括目标定位、运营主体、组织变革、数据底座和自我评价与反馈。

(1) 目标定位。卓越财务运营体系以资产回报率(ROA)作为北极星指标,重点关注企业的毛利水平和资金周转水平。相较于净资产收益率(ROE),ROA 剔除了杠杆率影响,更反映资产本身的盈利能力。从提升盈利水平和周转效率两个维度,进一步分解出"两控三提升"的十项具体举措,如控投资、控费用、促减亏、控减值、去滞重、管账期等。这些举措对接业务场景,成为财务推动运营的抓手。

(2) 运营主体。卓越财务体系的运营主体包括管理会计、企业司库、税务中心和共享中心。财务总监们不能再置身于运营之外,必须进入业务中,结合运营流程和环节,推动实现卓越运营。卓越财务运营强调业务与财务的深度融合,以财务指标牵引业务运营提升,将财务指标转化为生产指标和管理指标,在业务场景落地。这对财务人员提出了更高要求,需熟悉业务流程和技术,指标设计更符合业务实质和特点,避免"两张皮"现象。

（3）组织变革。卓越财务运营体系的建设和实施，必须推动组织变革，提升专业化平台的服务能力。完善战略财务、运营财务和共享财务的分层管理，锻造专业化平台能力，包括资金、税务、共享及运营等，强化这些专业平台的统筹和服务能力。

（4）数据底座。财务卓越运营需提高精益化管理水平和业务运营效率，均以数据为基础。首先，实现业务系统与财务系统的互联互通，财务深度介入运营，财务指标层层分解至业务端，将业务数据转化为财务指标，使其数字化、可量化、可跟踪、可考核，促进业务提升效率，降低成本。其次，实现全集团各板块财务系统的互联互通，最终实现业务标准化、报告实时化、流程自动化和决策智能化。

（5）自我评价与反馈。卓越财务运营体系需评估运营效果并持续改进，基于杜邦分析法、企业绩效评价标准和平衡计分卡，构建一套指标评价体系，评估、衡量卓越运营成果。

★思考与践行

从了解新希望集团 CFO 的职责和带领财务团队打造卓越财务运营体系的案例中，我们发现，相较于其他岗位，财务主管乃至 CFO 承担着更大责任，需具备更宏观的财务管理智慧和魄力。对于即将毕业的财会专业学生而言，这指明了努力方向，即成为 CFO，创造财务价值。但在通向目标的路上，首先，需做好职业生涯规划，实现从阶段小目标到大目标的跨越；其次，要坚持终身学习，扎实财务专业功底，拓宽见识，把握每次实践机会，勇敢迎接挑战；再次，培养团队分工协作精神和团队建设能力，依靠团队力量；最后，做好长期坚持努力和奋斗的心理准备。

3.4.1　基础档案维护

业务 3-4-1：
账套基本
信息设置

【业务 3-4-1】（平台业务 1）　账套基本信息设置

【背景资料】

相关资料，如单据 3-4-1-1 所示。

单据 3-4-1-1

账套基本信息

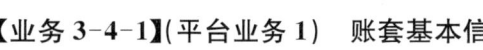

北京三花电气有限公司决定于2025年3月在会计信息系统中启用新的账套，具体信息如下：

企业名称： 北京三花电气有限公司

统一社会信用代码： 911101060911083566

注册资本： 人民币壹仟伍佰万元整

注册地址、电话： 北京市通州区群芳路194号　010-63846234

法定代表人： 韩国伟

基本户开户银行及账号： 交通银行北京群芳支行　110002049052486289066

一般户开户银行及账号： 交通银行北京东城支行　110002035648721963928

上级单位： 北京三花控股股份有限公司

所属行业： 电力设备

会计制度： 企业会计准则

纳税制度： 一般纳税人

启用职能： 总账、采购管理、销售管理、库存管理、应付款管理、应收款管理、商旅
　　　　　　费控管理、固定资产管理

【业务处理】

由于公司业务发展,北京三花电气有限公司决定于 2025 年 3 月启用新的账套,请根据背景资料设置账套基本信息。

具体操作流程见本业务二维码。

【业务 3-4-2】(平台业务 8) 维护期初余额并完成业财期初对账

【背景资料】

期初余额见"学习子场景 2.4 实训企业期初数据准备",可以下载期初余额再导入账套。

【业务处理】

请根据要求导入期初余额,完成期初业财对账,并完成期初账套创建。

具体操作流程见本业务二维码。

业务 3-4-2:
维护期初余额并完成业财期初对账

3.4.2 业财税资融合业务处理

【业务 3-4-3】(平台业务 127) 编制职工薪酬分配表

【背景资料】

相关资料,如单据 3-4-3-1 所示。

单据 3-4-3-1

职工薪酬汇总表

2025年3月31日   金额单位:元

部门		短期薪酬						离职后福利		合计
		应付工资	缴费基数	医疗保险	工伤保险	住房公积金	工会经费	养老保险	失业保险	
				10.80%	0.20%	12.00%	2.00%	16.00%	0.80%	
钣金车间	生产工人	150110.30	127000.00	13716.00	254.00	15240.00	3002.21	20320.00	1016.00	203658.50
	管理人员	16341.18	11600.00	1252.80	23.20	1392.00	326.82	1856.00	92.80	21284.80
成套车间	生产工人	253976.50	203200.00	21945.60	406.40	24384.00	5079.53	32512.00	1625.60	339929.60
	管理人员	28682.35	23200.00	2505.60	46.40	2784.00	573.65	3712.00	185.60	38489.60
管理部门		93370.59	80600.00	8704.80	161.20	9672.00	1867.41	12896.00	644.80	127316.80
研发部门		127411.80	116000.00	12528.00	232.00	13920.00	2548.24	18560.00	928.00	176128.00
销售部门		81364.71	46400.00	5011.20	92.80	5568.00	1627.29	7424.00	371.20	101459.20
合计		751257.40	608000.00	65664.00	1216.00	72960.00	15025.15	97280.00	4864.00	1008267.00

审核:孙汉敏   制单人:郑伟光

【业务处理】

3 月 31 日,分配职工薪酬,填写单据 3-4-3-2(尾差计入中压母线排、中压柜,分配率保留 4 位小数,计算结果保留 2 位小数)。

单据 3-4-3-2

职工薪酬分配表

2025 年 3 月 31 日   金额单位:元

受益对象	分配标准(工时)		分配率	分配金额
钣金车间	低压柜体	85 200		
	中压柜体	47 040		

(续表)

受益对象	分配标准（工时）		分配率	分配金额
钣金车间	低压母线排	80 640		
	中压母线排	34 000		
	小计	246 880		
成套车间	低压柜	270 400		
	中压柜	138 960		
	小计	409 360		
车间管理人员	钣金车间			
	成套车间			
	小计			
管理部门				
研发部门				
销售部门				
合 计				

制单：郑伟光　　　　　　　　　　　　　　　　　　　　　　　　　　审核：孙汉敏

【业务 3-4-4】(平台业务 128)　分配职工薪酬会计分录

【业务处理】

3 月 31 日，承【业务 3-4-3】，分配职工薪酬（研发部门不符合资本化），编制对应的会计分录，如图 3-4-1 至图 3-4-3 所示。

记账凭证

记字第　　号　　　　　　　　　　年　月　日　　　　　　　　　　附单据：　张

摘要	会计科目	借方金额	贷方金额
合　计			

审核：　　　　　　　　　过账：　　　　　　　　　制单：

图 3-4-1　分配职工薪酬会计分录 a

记账凭证

记字第　　号　　　　　　　　　　　年　月　日　　　　　　　　附单据：　张

摘要	会计科目	借方金额	贷方金额
合　计			

审核：　　　　　　　　　　　过账：　　　　　　　　　　制单：

图 3-4-2　分配职工薪酬会计分录 b

记账凭证

记字第　　号　　　　　　　　　　　年　月　日　　　　　　　　附单据：　张

摘要	会计科目	借方金额	贷方金额
合　计			

审核：　　　　　　　　　　　过账：　　　　　　　　　　制单：

图 3-4-3　分配职工薪酬会计分录 c

【业务 3-4-5】(平台业务 129)　编制职工教育经费分配表
【业务处理】

3 月 31 日,分配职工教育经费,填写单据 3-4-5-1。

单据 3-4-5-1

职工教育经费分配表

2025年03月31日　　　　　　　金额单位：元

受益对象	分配标准（人数）	分配率	分配金额
管理部门	13		
研发部门	20		
销售部门	8		
合计	41		

审核：孙汉敏　　　　　　　　　制单：陈珊珊

【业务3-4-6】(平台业务130) 分配职工教育经费会计分录

【业务处理】

3月31日，承【业务3-4-5】，分配职工教育经费(研发部门不符合资本化)，编制对应的会计分录，如图3-4-4所示。

记账凭证

记字第　号　　　　　　　　　　年　月　日　　　　　　　　　　附单据：　张

摘要	会计科目	借方金额	贷方金额
合　计			

审核：　　　　　　　　　　过账：　　　　　　　　　　制单：

图3-4-4　分配职工教育经费会计分录

【业务3-4-7】(平台业务131) 编制个人所得税计算表

【业务处理】

3月31日，计算个人所得税，填写单据3-4-7-1(假设均不存在专项附加扣除项目)。

单据3-4-7-1

个人所得税计算表

2025年3月31日　　　　　　　　　　金额单位：元

姓名	应付工资	四险一金	员工福利费	本月应纳税所得额	1,2月应纳税所得额	累计应纳税额	累计已缴税额	应补/退税额
韩国伟	21000	2667	0		25998		779.94	
孙汉敏	18000	2223	0		21330		639.90	
王光辉	16800	2223	0		21330		639.90	
汤忠清	13000	1668	0		11994		359.82	
魏小晴	12600	1335	0		11994		359.82	
许国权	9800	1557	0		7326		219.78	
曾灿良	9600	1224	0		7326		219.78	
高占	8600	1224	0		7328		219.84	
林达通	8500	1224	0		7330		219.90	
……	……	……	……	……	……	……	……	2754.48
合　计	……	……	……	……	……	……	……	

【业务 3-4-8】(平台业务 132) 计提个人所得税

【业务处理】

3 月 31 日,承【业务 3-4-7】,计提个人所得税,编制对应的会计分录,如图 3-4-5 所示。

记账凭证

记字第　　号　　　　　　　　　年　月　日　　　　　　　　附单据：　　张

摘要	会计科目	借方金额	贷方金额
合　计			

审核：　　　　　　　　　　过账：　　　　　　　　　制单：

图 3-4-5 计提个人所得税会计分录

3.4.3 税务业务处理

【业务 3-4-9】(平台业务 179) 增值税及附加税费纳税申报

【背景资料】

增值税申报前必须先完成以下工作:

(1) 申报前,务必先完成[业务 3-1-66](开票业务)和[业务 3-1-67](发票勾选认证业务)2 项任务,系统将直接读取已开具发票信息和已勾选认证发票信息,自动填报至增值税纳税申报表对应项目。

(2) 其他扣税凭证相关数据的采集:首先,需要共享会计岗在日常业务处理中逐笔统计其他扣税凭证(包括飞机票、高铁票、海关进口专用缴款书、购进农产品、境外所得完税凭证等)的购货额、进项税额、张数;统计购进不动产的购货额、进项税额、张数;统计涉及转让金融商品的销售额、可扣除项目金额;统计涉及未开具发票销售的销售额、税率、销项税额。其次,将业务会计岗与财务主管岗统计结果进行相互核对,以确保数据的准确性。最后,由财务主管将统计数据填入增值税纳税申报表的附列资料(二)。

【业务处理】

在电子税务局完成本月增值税及附加税费纳税申报,填写单据 3-4-9-1 至单据 3-4-9-7。

单据 3-4-9-1

增值税及附加税费申报表

（一般纳税人适用）

纳税人识别号：　　　　　　　　　纳税人名称：

所属时期：　　　　　至　　　　　填表日期：　　　　　　　金额单位：元（列至角分）

项目		栏次	一般项目		即征即退项目	
			本月数	本年累计	本月数	本年累计
销售额	（一）按适用税率计税销售额	1				
	其中：应税货物销售额	2				
	应税劳务销售额	3				
	纳税检查调整的销售额	4				
	（二）按简易办法计税销售额	5				
	其中：纳税检查调整的销售额	6				
	（三）免、抵、退办法出口销售额	7			—	—
	（四）免税销售额	8			—	—
	其中：免税货物销售额	9			—	—
	免税劳务销售额	10			—	—
税款计算	销项税额	11				
	进项税额	12				
	上期留抵税额	13			—	
	进项税额转出	14				
	免、抵、退应退税额	15			—	—
	按适用税率计算的纳税检查应补缴税额	16			—	—
	应抵扣税额合计	$17 = 12 + 13 - 14 - 15 + 16$		—		—
	实际抵扣税额	18（如17＜11，则为17，否则为11）				
	应纳税额	$19 = 11 - 18$				

（续表）

项目		栏次	一般项目		即征即退项目	
			本月数	本年累计	本月数	本年累计
税款计算	期末留抵税额	20 = 17 − 18			—	
	简易计税办法计算的应纳税额	21				
	按简易计税办法计算的纳税检查应补缴税额	22			—	—
	应纳税额减征额	23				
	应纳税额合计	24 = 19 + 21 − 23				
税款缴纳	期初未缴税额（多缴为负数）	25				
	实收出口开具专用缴款书退税额	26			—	—
	本期已缴税额	27 = 28 + 29 + 30 + 31				
	① 分次预缴税额	28			—	—
	② 出口开具专用缴款书预缴税额	29			—	—
	③ 本期缴纳上期应纳税额	30				
	④ 本期缴纳欠缴税额	31				
	期末未缴税额（多缴为负数）	32 = 24 + 25 + 26 − 27				
	其中：欠缴税额（≥0）	33 = 25 + 26 − 27			—	—
	本期应补（退）税额	34 = 24 − 28 − 29				
	即征即退实际退税额	35	—	—		
	期初未缴查补税额	36			—	—
	本期入库查补税额	37				
	期末未缴查补税额	38 = 16 + 22 + 36 − 37				
附加税费	城市维护建设税本期应补（退）税额	39			—	—
	教育费附加本期应补（退）费额	40			—	—
	地方教育附加本期应补（退）费额	41			—	—

单据 3-4-9-2

增值税及附加税费申报表附列资料（一）
（本期销售情况明细）

纳税人识别号：

所属时期：　　　　　至

纳税人名称：

填表日期：

金额单位：元（列至角分）

项目及栏次		开具增值税专用发票		开具其他发票		未开具发票		纳税检查调整		合计			服务、不动产和无形资产扣除项目本期实际扣除金额	扣除后	
		销售额	销项(应纳)税额	销售额	销项(应纳)税额	销售额	销项(应纳)税额	销售额	销项(应纳)税额	销售额	销项(应纳)税额	价税合计		含税(免税)销售额	销项(应纳)税额
		1	2	3	4	5	6	7	8	9=1+3+5+7	10=2+4+6+8	11=9+10	12	13=11-12	14=13÷(100%+税率或征收率)×税率或征收率
一、一般计税方法计税 全部征税项目	13%税率的货物及加工修理修配劳务	1											—	—	—
	13%税率的服务、不动产和无形资产	2													
	9%税率的货物及加工修理修配劳务	3											—	—	—
	9%税率的服务、不动产和无形资产	4													
	6%税率	5													
其中：即征即退项目	即征即退货物及加工修理修配劳务	6											—	—	—
	即征即退服务、不动产和无形资产	7											—	—	—

（续表）

项目及栏次	开具增值税专用发票		开具其他发票		未开具发票		纳税检查调整		合计			服务、不动产和无形资产扣除项目本期实际扣除金额	扣除后	
	销售额	销项（应纳）税额	销售额	销项（应纳）税额	销售额	销项（应纳）税额	销售额	销项（应纳）税额	销售额	销项（应纳）税额	价税合计		含税（免税）销售额	销项（应纳）税额
	1	2	3	4	5	6	7	8	9＝1＋3＋5＋7	10＝2＋4＋6＋8	11＝9＋10	12	13＝11－12	14＝13÷(100%＋税率或征收率)×税率或征收率
二、简易计税方法征税 全部征税项目	6%征收率 8												—	—
	5%征收率的货物及加工修理修配劳务 9a													—
	5%征收率的服务、不动产和无形资产 9b													
	4%征收率 10												—	—
	3%征收率的货物及加工修理修配劳务 11												—	—
	3%征收率的服务、不动产和无形资产 12													
	预征率 ％ 13a													
	预征率 ％ 13b													
	预征率 ％ 13c													
其中：即征即退	即征即退货物及加工修理修配劳务 14													
	即征即退服务、不动产和无形资产 15													
三、免抵退税	货物及加工修理修配劳务 16	—	—	—	—	—	—	—	—	—	—	—	—	—	—
	服务、不动产和无形资产 17	—	—	—	—	—	—	—	—	—	—	—	—	—	—
四、免税	货物及加工修理修配劳务 18	—	—	—	—	—	—	—	—	—	—	—	—	—	—
	服务、不动产和无形资产 19	—	—	—	—	—	—	—	—	—	—	—	—	—	—

单据 3-4-9-3

增值税及附加税费申报表附列资料(二)

(本期进项税额明细)

纳税人识别号： 　　　　　　　纳税人名称：

所属时期： 　　　至　　　　　填表日期： 　　　　　金额单位：元(列至角分)

一、申报抵扣的进项税额				
项目	栏次	份数	金额	税额
(一)认证相符的增值税专用发票	1＝2＋3			
其中：本期认证相符且本期申报抵扣	2			
前期认证相符且本期申报抵扣	3			
(二)其他扣税凭证	4＝5＋6＋7＋8			
其中：海关进口增值税专用缴款书	5			
农产品收购发票或者销售发票	6			
代扣代缴税收缴款凭证	7		—	
加计扣除农产品进项税额	8a	—	—	
其他	8b			
(三)本期用于购建不动产的扣税凭证	9			
(四)本期用于抵扣的旅客运输服务扣税凭证	10			
(五)外贸企业进项税额抵扣证明	11	—	—	
当期申报抵扣进项税额合计	12＝1＋4＋11			
二、进项税额转出额				
项目	栏次			
本期进项税额转出额	13＝14至23之和			
其中：免税项目用	14			
集体福利、个人消费	15			
非正常损失	16			
简易计税方法征税项目用	17			
免抵退税办法不得抵扣的进项税额	18			
纳税检查调减进项税额	19			
红字专用发票信息表注明的进项税额	20			
上期留抵税额抵减欠税	21			
上期留抵税额退税	22			
异常凭证转出进项税额	23a			
其他应作进项税额转出的情形	23b			

（续表）

三、待抵扣进项税额				
项目	栏次		金额	税额
（一）认证相符的增值税专用发票	24	—	—	—
期初已认证相符但未申报抵扣	25			
本期认证相符且本期未申报抵扣	26			
期末已认证相符但未申报抵扣	27			
其中：按照税法规定不允许抵扣	28			
（二）其他扣税凭证	29 = 30 至 33 之和			
其中：海关进口增值税专用缴款书	30			
农产品收购发票或销售发票	31			
代扣代缴税收缴款凭证	32	—		
其他	33			
	34			
四、其他				
项目	栏次		金额	税额
本期认证相符的增值税专用发票	35			
代扣代缴税额	36	—		

单据 3-4-9-4

增值税及附加税费申报表附列资料（三）
（服务、不动产和无形资产扣除项目明细）

纳税人识别号：　　　　　　　　　　纳税人名称：

所属时期：　　　　　　至　　　　　　填表日期：　　　　　　　金额单位：元（列至角分）

项目及栏次		本期服务、不动产和无形资产价税合计额（免税销售额）	服务、不动产和无形资产扣除项目				
			期初余额	本期发生额	本期应扣除金额	本期实际扣除金额	期末余额
		1	2	3	4 = 2 + 3	5(5≤1且5≤4)	6 = 4 − 5
13%税率的项目	1						
9%税率的项目	2						
6%税率的项目（不含金融商品转让）	3						
6%税率的金融商品转让项目	4						

（续表）

项目及栏次		本期服务、不动产和无形资产价税合计额（免税销售额）	服务、不动产和无形资产扣除项目				
			期初余额	本期发生额	本期应扣除金额	本期实际扣除金额	期末余额
		1	2	3	4 = 2 + 3	5（5≤1 且 5≤4）	6 = 4 - 5
5%征收率的项目	5						
3%征收率的项目	6						
免抵退税的项目	7						
免税的项目	8						

单据 3-4-9-5

增值税及附加税费申报表附列资料(四)
(税额抵减情况表)

纳税人识别号： 　　　　　　　　　　纳税人名称：

所属时期：　　　　　至　　　　　　填表日期：　　　　　　金额单位：元(列至角分)

一、税额抵减情况						
序号	抵减项目	期初余额	本期发生额	本期应抵减税额	本期实际抵减税额	期末余额
		1	2	3 = 1 + 2	4≤3	5 = 3 - 4
1	增值税税控系统专用设备费及技术维护费					
2	分支机构预征缴纳税款					
3	建筑服务预征缴纳税款					
4	销售不动产预征缴纳税款					
5	出租不动产预征缴纳税款					

二、加计抵减情况							
序号	加计抵减项目	期初余额	本期发生额	本期调减额	本期可抵减额	本期实际抵减额	期末余额
		1	2	3	4 = 1 + 2 - 3	5	6 = 4 - 5
6	一般项目加计抵减额计算						
7	即征即退项目加计抵减额计算						
8	合计						

单据3-4-9-6

增值税及附加税费申报表附列资料(五)
(附加税费情况表)

纳税人识别号:
所属时期: 　　　　至

纳税人名称:
填表日期:

金额单位:元(列至角分)

税(费)种		计税(费)依据			税(费)率(征收率)(%)	本期应纳税(费)额	本期减免税(费)额		试点建设培育产教融合型企业		本期已缴税(费)额	本期应补(退)税(费)额
		增值税税额	增值税免抵税额	留抵退税本期扣除额			减免性质代码	减免税(费)额	减免性质代码	本期抵免金额		
		1	2	3	4	5=(1-3+2)×4	6	7	8	9	10	11=5-7-9-10
城市维护建设税	1				%				—			
教育费附加	2				%				—			
地方教育附加	3				%				—			
合计	4	—	—	—	—		—		—			

本期是否适用试点建设培育产教融合型企业抵免政策	是 否	当期新增投资额	5
		上期留抵可抵免金额	6

单据 3-4-9-7

增值税减免税申报明细表

纳税人识别号： 　　　　　　纳税人名称：

所属时期： 　至　 　　　　填表日期： 　　　　金额单位：元(列至角分)

一、减税项目						
减税性质 代码及名称	栏次	期初 余额	本期 发生额	本期应抵减 税额	本期实际 抵税额	期末 余额
		1	2	3 = 1 + 2	4 ≤ 3	5 = 3 - 4
合计						
二、免税项目						
免税性质 代码及名称	栏次	免征增值税 项目销售额	免税销售额 扣除项目本期 实际扣除金额	扣除后免税 销售额	免税销售额 对应的进项 税额	免税额
		1	2	3 = 1 - 2	4	5
合计						
出口免税			—	—	—	—
其中：跨境服务			—	—	—	—

【业务 3-4-10】(平台业务 180)　年度企业所得税申报

【背景资料】

所得税申报相关涉税事项

(1) 期间费用：三花电气目前不存在境外业务,也没有境外相关费用。

(2) 资产折旧、摊销情况：会计核算与税法一致,不存在调整事项,也不存在固定资产加速计提折旧。

(3) 交易性金融资产不考虑交易手续费,其他货币资金的发生额为交易性金融资产变动形成的。

(4) 营业外支出：1 850 000 元为捐赠红十字会并取得法定票据。

(5) 本年度实际预缴所得税 613 888.24 元。

(6) 职工教育经费不存在全额扣除人员支出,上年度无留抵。

(7) 研发费用符合加计扣除条件,研发费用发生的差旅费、会议费在其他列支,折旧为设备折旧。

(8) 本年主营业务收入均列为高新技术产品收入。

（9）本年平均月员工总数为 120 人,其中研发人员 20 人。

（10）所有的费用以及职工薪酬都已实际全部发放,并且有合法票据,不存在税收优惠及其他特殊事项。

相关资料,如单据 3-4-10-1 和单据 3-4-10-2 所示。

单据 3-4-10-1

利　润　表

编制单位:北京三花电气有限公司 单位:元

项目	行次	本年累计金额
一、营业成本	1	74 923 043.42
减:营业成本	2	60 125 919.75
税金及附加	3	386 778.96
销售费用	4	1 761 150.12
管理费用	5	3 884 508.09
研发费用	6	3 029 051.79
财务费用	7	54 897.00
其中:利息费用	8	11 268.00
利息收入	9	64 000.00
加:其他收益	10	
投资收益(损失以"-"号填列)	11	111 850.94
其中:对联营企业和合营企业的投资收益	12	
公允价值变动收益(损失以"-"号填列)	13	152 300.00
信用减值损失(损失以"-"号填列)	14	-2 300.41
资产减值损失(损失以"-"号填列)	15	
资产处置收益(损失以"-"号填列)	16	
二、营业利润(亏损以"-"号填列)	17	5 942 588.24
加:营业外收入	18	0
减:营业外支出	19	1 850 000.00
三、利润总额(亏损总额以"-"号填列)	20	4 092 588.24
减:所得税费用	21	613 888.24
四、净利润(净亏损以"-"号填列)	22	3 478 700.00

单位负责人:韩国伟　　　　会计主管:孙汉敏　　　　复核:王光辉　　　　制表:孙汉敏

单据 3-4-10-2

2024 年度科目余额表

金额单位：元

科目名称	科目编码	期初余额		本年累计借方发生额	本年累计贷方发生额	期末余额	
		借	贷			借	贷
库存现金	1001	21 628.00	0	182 726.00	174 378.94	29 975.06	0
银行存款	1002	3 471 127.46	0	29 952 290.60	31 680 088.65	1 743 329.41	0
交通银行北京群芳支行	100201	3 305 327.46	0	28 752 290.60	30 480 088.65	1 577 529.41	0
交通银行北京东城支行	100202	165 800.00	0	1 200 000.00	1 200 000.00	165 800.00	0
其他货币资金	1012	320 000.00	0	8 562 380.00	8 282 380.00	600 000.00	0
存出投资款	101201	320 000.00	0	8 562 380.00	8 282 380.00	600 000.00	0
银行汇票存款	101202	0	0	0	0	0	0
交易性金融资产	1101	0	0	8 434 680.00	8 434 680.00	0	0
中国太保	110101	0	0	8 434 680.00	8 434 680.00	0	0
成本	11010101	0	0	8 282 380.00	8 282 380.00	0	0
公允价值变动	11010102	0	0	152 300.00	152 300.00	0	0
中国平安	110102						
成本	11010201						
公允价值变动	11010202						
应收票据	1121	468 800.00	0	5 699 086.00	5 217 886.00	950 000.00	0

（续表）

科目名称	科目编码	期初余额		本年累计借方发生额	本年累计贷方发生额	期末余额	
		借	贷			借	贷
山西省太原市电力公司	112101	0	0	2 486 500.00	1 736 500.00	750 000.00	0
河北唐山市电力公司	112102	0	0	2 012 586.00	1 812 586.00	200 000.00	0
天津讯科电气有限公司	112103	200 000.00	0	950 000.00	1 150 000.00	0	0
河北华盛科技有限公司	112104	268 800.00	0	250 000.00	518 800.00	0	0
应收账款	1122	5 330 102.00	0	38 280 360.00	31 968 902.00	11 641 560.00	0
武汉钢铁集团公司	112201	1 196 120.00	0	5 358 660.00	3 264 780.00	3 290 000.00	0
中国移动通信有限公司北京分公司	112202	1 246 360.00	0	9 523 000.00	8 720 560.00	2 048 800.00	0
中国海洋集团总公司	112203	900 560.00	0	8 226 100.00	7 441 860.00	1 684 800.00	0
北京 ABB 开关有限公司	112204	886 202.00	0	6 322 800.00	3 749 842.00	3 459 160.00	0
河北通用电气有限公司	112206	617 500.00	0	2 349 800.00	2 317 300.00	650 000.00	0
山西省太原市电力公司	112207	483 360.00	0	6 500 000.00	6 474 560.00	508 800.00	0
天津市电力公司	112208						
华电开关股份有限公司	112209						
北京市电力公司	112210						
预付账款	1123	0	0	20 000.00	20 000.00	0	0
北京立信会计师事务所	112301	0	0	20 000.00	20 000.00	0	0

（续表）

科目名称	科目编码	期初余额		本年累计借方发生额	本年累计贷方发生额	期末余额	
		借	贷			借	贷
应收股利	1131	0	0	0	0	0	0
应收利息	1132	0	0	0	0	0	0
其他应收款	1221	8 000.00	0	63 000.00	63 000.00	8 000.00	0
王光辉	122101	5 000.00	0	37 000.00	37000.00	5 000.00	0
李伟	122102	3 000.00	0	26 000.00	26 000.00	3 000.00	0
坏账准备	1231	0	21 219.22	0	2 300.41	0	23 519.63
应收账款	123101	0	21 219.22	0	2 300.41	0	23 519.63
材料采购	1401	0	0	0	0	0	0
在途物资	1402	0	0	0	0	0	0
原材料	1403	1 381 965.60	0	68 938 452.00	68 927 721.60	1 392 696.00	0
敷铝锌板	140301	190 080.00	0	8 553 600.00	8 570 880.00	172 800.00	0
铜排	140302	325 200.00	0	21 384 000.00	21 277 200.00	432 000.00	0
热缩套管	140303	84 480.00	0	3 801 600.00	3 809 280.00	76 800.00	0
电流互感器	140304	81 312.00	0	3 659 040.00	3 666 432.00	73 920.00	0
电压互感器	140 305	66 528.00	0	2 993 760.00	2 999 808.00	60 480.00	0
继电器	140306	21 384.00	0	962 280.00	964 224.00	19 440.00	0
断路器	140307	52 800.00	0	2 376 000.00	2 380 800.00	48 000.00	0

（续表）

科目名称	科目编码	期初余额		本年累计借方发生额	本年累计贷方发生额	期末余额	
		借	贷			借	贷
高压熔断器	140308	47 520.00	0	2 138 400.00	2 142 720.00	43 200.00	0
接地开关	140309	21 384.00	0	962 280.00	964 224.00	19 440.00	0
隔离开关	140310	23 073.60	0	1 038 312.00	1 040 409.60	20 976.00	0
负荷开关	140311	18 216.00	0	819 720.00	821 376.00	16 560.00	0
干变变压器	140312	198 000.00	0	8 910 000.00	8 928 000.00	180 000.00	0
避雷器	140313	39 600.00	0	1 782 000.00	1 785 600.00	36 000.00	0
电压表	140314	46 200.00	0	2 079 000.00	2 083 200.00	42 000.00	0
电流表	140315	55 440.00	0	2 494 800.00	2 499 840.00	50 400.00	0
电度表	140316	85 008.00	0	3 825 360.00	3 833 088.00	77 280.00	0
螺母	140317	9 900.00	0	445 500.00	446 400.00	9 000.00	0
木箱	140318	15 840.00	0	712 800.00	714 240.00	14 400.00	0
材料成本差异	1404	0	0	0	0	0	0
库存商品	1405	1 114 630.57	0	85 302 388.11	85 218 491.18	1 198 527.50	0
半成品	140501	232 990.57	0	25 141 339.13	25 123 802.2	250 527.50	0
低压柜体	14050101	44 040.15	0	1 935 960.10	1 932 645.25	47 355.00	0
中压柜体	14050102	24 840.30	0	1 279 619.20	1 277 749.50	26 710.00	0
低压母线排	14050103	129 211.87	0	18 706 744.87	18 697 019.24	138 937.50	0

（续表）

科目名称	科目编码	期初余额		本年累计借方发生额	本年累计贷方发生额	期末余额	
		借	贷			借	贷
中压母线排	14050104	34 898.25	0	3 219 014.96	3 216 388.21	37 525.00	0
成品	140502	881 640.00	0	60 161 048.98	60 094 688.98	948 000.00	0
低压柜	14050201	491 040.00	0	32 500 568.89	32 463 608.89	528 000.00	0
中压柜	14050202	390 600.00	0	27 660 480.09	27 631 080.09	420 000.00	0
发出商品	1406	0	0	0	0	0	0
商品进销差价	1407	0	0	0	0	0	0
委托加工物资	1408	0	0	0	0	0	0
周转材料	1411	0	0	0	0	0	0
存货跌价准备	1471	0	0	0	0	0	0
合同资产	1472						
合同资产减值准备	1473						
持有待售资产	1481	0	0	0	0	0	0
持有待售资产减值准备	1482	0	0	0	0	0	0
债权投资	1501	0	0	0	0	0	0
债权投资减值准备	1502	0	0	0	0	0	0
其他债权投资	1503	0	0	0	0	0	0
长期股权投资	1511	0	0	0	0	0	0

（续表）

科目名称	科目编码	期初余额		本年累计借方发生额	本年累计贷方发生额	期末余额	
		借	贷			借	贷
长期股权投资减值准备	1512	0	0	0	0	0	0
其他权益工具投资	1513						0
投资性房地产	1521	0	0	0		0	0
投资性房地产累计折旧	1522						
投资性房地产减值准备	1523						
长期应收款	1531	0	0	0	0	0	0
未实现融资收益	1532	0	0	0	0	0	0
固定资产	1601	13 800 000.00	0	0	0	13 800 000.00	0
房屋建筑物	160101	8 400 000.00	0	0	0	8 400 000.00	0
生产设备	160102	4 660 000.00	0	0	0	4 660 000.00	0
运输设备	160103	500 000.00	0	0	0	500 000.00	0
管理设备	160104	240 000.00	0	0	0	240 000.00	0
累计折旧	1602	0	3 356 400.00	0	1 016 640.00	0	4 373 040.00
房屋建筑物	160201	0	1 371 200.00	0	403 200.00	0	1 774 400.00
生产设备	160202	0	1 523 920.00	0	447 360.00	0	1 971 280.00
运输设备	160203	0	300 000.00	0	120 000.00	0	420 000.00
管理设备	160204	0	161 280.00	0	46 080.00	0	207 360.00

(续表)

科目名称	科目编码	期初余额 借	期初余额 贷	本年累计借方发生额	本年累计贷方发生额	期末余额 借	期末余额 贷
固定资产减值准备	1603	0	0	0	0	0	0
在建工程	1604	0	0	34 682.63	0	34 682.63	0
3#厂房	160401	0	0	34 682.63	0	34 682.63	0
设备	160401	0	0		0	0	0
工程物资	1605	0	0	0	0	0	0
固定资产清理	1606	0	0	0	0	0	0
生产性生物资产	1621	0	0	0	0	0	0
生产性生物资产累计折旧	1622	0	0	0	0	0	0
油气资产	1631	0	0	0	0	0	0
累计折耗	1632	0	0	0	0	0	0
使用权资产	1641						
无形资产	1701	6 078 900.00	0	0	0	6 078 900.00	0
土地使用权	170101	4 800 000.00	0	0	0	4 800 000.00	0
非专利技术	170102	1 258 900.00	0	0	0	1 258 900.00	0
商标权	170103	20 000.00	0	0	0	20 000.00	0
累计摊销	1702	0	610 010.80	0	287 889.96	0	897 900.73
土地使用权	170201	0	426 666.60	0	159 999.96	0	586 666.52

（续表）

科目名称	科目编码	期初余额		本年累计借方发生额	本年累计贷方发生额	期末余额	
		借	贷			借	贷
非专利技术	170202	0	178 344.10	0	125 889.96	0	304 234.07
商标权	170203	0	5 000.10	0	2 000.04	0	7 000.14
无形资产减值准备	1703	0	0	0	0	0	0
商誉	1711	0	0	0	0	0	0
长期待摊费用	1801	0	0	0	0	0	0
递延所得税资产	1811	3 182.88	0	0	0	3 182.88	0
应收账款	181101	3 182.88	0	0	0	3 182.88	0
待处理财产损溢	1901	0	0	0	0	0	0
短期借款	2001	0	0	0	0	0	0
交易性金融负债	2101	0	0	0	0	0	0
应付票据	2201	0	0	0	0	0	0
应付账款	2202	0	8 399 768.00	20 173 130.14	19 484 600.00	0	7 711 238.10
北京浪博铜业有限公司	220201	0	3 668 400.00	8 568 400.00	8 550 000.00	0	3 650 000.00
河北铭祺电气有限公司	220202	0	2 226 500.00	6 379 800.00	6 050 000.00	0	1 896 700.00
北京高宝自动化有限公司	220203	0	1 086 200.00	738 938.00	854 600.00	0	1 201 862.00
上海民赛电气有限公司	220204	0	235 800.00	195 800.00	80 000.00	0	120 000.00
北京鑫源达板材有限公司	220205	0	1 182 868.00	4 290 192.14	3 950 000.00	0	842 676.08

（续表）

科目名称	科目编码	期初余额 借	期初余额 贷	本年累计借方发生额	本年累计贷方发生额	期末余额 借	期末余额 贷
青岛盛通机械科技有限公司	220206						
北京正阳实业有限公司	220207						
预收账款	2203	0	0	100 000.00	0	100 000.00	0
福建省福州电力有限公司	220301	0	0	100 000.00	0	100 000.00	0
华润置业有限公司	220302	0	0	0	0	0	0
合同负债	2204	0	826 000.00	4 912 000.00	4 626 000.00	0	540 000.00
华润置业有限公司	220401	0	826 000.00	4 912 000.00	4 626 000.00	0	540 000.00
应付职工薪酬	2211	0	504 596.90	11 440 555.79	11 462 955.35	0	526 996.47
短期薪酬	221101	0	504 596.90	10 044 101.39	10 066 500.95	0	526 996.47
工资	22110101	0	493 214.60	7 984 273.84	8 004 273.50	0	513 214.29
医疗保险	22110102	0	0	761 702.40	761 702.40	0	0
工伤保险	22110103	0	0	14 107.60	14 107.60	0	0
生育保险	22110104	0	0	0	0	0	0
住房公积金	22110105	0	0	846 332.00	846 332.00	0	0
工会经费	22110106	0	11 382.28	157 685.55	160 085.45	0	13 782.18
职工福利费	22110107	0	0	0	0	0	0
职工教育经费	22110108	0	0	280 000.00	280 000.00	0	0

（续表）

科目名称	科目编码	期初余额		本年累计借方发生额	本年累计贷方发生额	期末余额	
		借	贷			借	贷
离职后福利	221102	0	0	1 396 454.40	1 396 454.40	0	0
养老保险	22110201	0	0	1 340 032.00	1 340 032.00	0	0
失业保险	22110202	0	0	56 422.40	56 422.40	0	0
应交税费	2221	0	459 611.40	4 286 997.77	4 276 114.95	0	448 728.57
应交增值税	222101	0	0	0	0	0	0
进项税额	22210101	9 757 748.00	0	8 934 316.00	0	18 692 064.00	0
销项税额抵减	22210102	0	0	0	0	0	0
已交税金	22210103	0	0	0	0	0	0
转出未交增值税	22210104	464 787.00	0	3 207 309.00	0	3 672 096.00	0
减免税款	22210105	0	0	0	0	0	0
出口抵减内销产品应纳税额	22210106	0	0	0	0	0	0
销项税额	22210107	0	10 222 535.00	0	12 141 625.00	0	22 364 160.00
出口退税	22210108	0	0	0	0	0	0
进项税额转出	22210109	0	0	0	0	0	0
转出多交增值税	22210110	0	0	0	0	0	0
未交增值税	222102	0	268 216.00	3 306 623.00	3 207 309.00	0	168 902.00
预缴增值税	222103	0	0	0	0	0	0

（续表）

科目名称	科目编码	期初余额		本年累计借方发生额	本年累计贷方发生额	期末余额	
		借	贷			借	贷
待抵扣进项税额	222104	0	0	2 219.69	2 219.69	0	0
待认证进项税额	222105	0	0	0	0	0	0
待转销项税额	222106	0	0	0	0	0	0
简易计税	222107	0	0	0	0	0	0
转让金融商品应交增值税	222108	0	0	15 849.06	15 849.06	0	0
代扣代缴增值税	222109	0	0	0	0	0	0
应交所得税	222110	0	156 625.90	513 815.78	613 888.24	0	256 698.33
应交消费税	222111	0	0	0	0	0	0
应交资源税	222112	0	0	0	0	0	0
应交土地增值税	222113	0	0	0	0	0	0
应交城市维护建设税	222114	0	18 775.12	232 573.04	225 621.06	0	11 823.14
应交教育费附加	222115	0	8 046.48	99 674.16	96 694.74	0	5 067.06
应交地方教育附加	222116	0	5 364.32	66 449.44	64 463.16	0	3 378.04
应交房产税	222117	0	0	0	0	0	0
应交城镇土地使用税	222118	0	0	0	0	0	0
应交车船税	222119	0	0	0	0	0	0
应交个人所得税	222120	0	2 583.60	49 793.60	50 070.00	0	2 860.00
应付利息	2231	0	0	0	0	0	0

（续表）

科目名称	科目编码	期初余额		本年累计借方发生额	本年累计贷方发生额	期末余额	
		借	贷			借	贷
应付股利	2232	0	0	0	0	0	0
其他应付款	2241	0	0	0	0	0	0
持有待售负债	2251	0	0	0	0	0	0
递延收益	2401	0	0	0	0	0	0
长期借款	2501	0	0	0	2 000 000.00	0	2 000 000.00
交通银行北京群芳支行	250101	0	0	0	2 000 000.00	0	2 000 000.00
应付债券	2502	0	0	0	0	0	0
长期应付款	2701	0	0	0	0	0	0
未确认融资费用	2702	0	0	0	0	0	0
专项应付款	2711	0	0	0	0	0	0
预计负债	2801	0	0	0	0	0	0
递延所得税负债	2901	0	0	0	0	0	0
衍生工具	3101	0	0	0	0	0	0
实收资本	4001	0	15 000 000.00	0	0	0	15 000 000.00
资本公积	4002	0	0	0	0	0	0
资本溢价	400201	0	0	0	0	0	0
其他资本公积	400202	0	0	0	0	0	0
其他综合收益	4003	0	0	0	0	0	0

（续表）

科目名称	科目编码	期初余额 借	期初余额 贷	本年累计借方发生额	本年累计贷方发生额	期末余额 借	期末余额 贷
盈余公积	4101	0	507 730.00	0	347 870.00	0	855 600.00
法定盈余公积	410101	0	507 730.00	0	347 870.00	0	855 600.00
本年利润	4103	0	0	3 478 700.00	3 478 700.00	0	0
利润分配	4104	0	4 569 570.00	695 740.00	3 826 570.00	0	7 700 400.00
未分配利润	410401	0	4 569 570.00	347 870.00	3 478 700.00	0	7 700 400.00
提取法定盈余公积	410402			347 870.00	347 870.00	0	0
库存股	4201	0	0	0	0	0	0
专项储备	4301						
其他权益工具	4401						
生产成本	5001	2 256 570.00	0	85 542 388.11	85 302 388.11	2 496 570.00	0
低压柜体	500101	122 000.00	0	1 963 960.10	1 935 960.10	150 000.00	0
直接材料	50010101	85 000.00	0	1 026 426.96	1 006 426.96	105 000.00	0
直接人工	50010102	26 000.00	0	678 457.26	674 457.26	30 000.00	0
制造费用	50010103	11 000.00	0	259 075.88	255 075.88	15 000.00	0
中压柜体	500102	161 120.00	0	1 301 619.20	1 279 619.20	183 120.00	0
直接材料	50010201	116 520.00	0	715 357.76	703 357.76	128 520.00	0
直接人工	50010202	31 400.00	0	314 317.12	309 317.12	36 400.00	0
制造费用	50010203	13 200.00	0	271 944.32	266 944.32	18 200.00	0

（续表）

科目名称	科目编码	期初余额		本年累计借方发生额	本年累计贷方发生额	期末余额	
		借	贷			借	贷
低压母线排	500103	264 250.00	0	18 743 744.87	18 706 744.87	301 250.00	0
直接材料	50010301	245 000.00	0	17 725 870.13	17 695 870.13	275 000.00	0
直接人工	50010302	12 500.00	0	664 318.72	659 318.72	17 500.00	0
制造费用	50010303	6 750.00	0	353 556.02	351 556.02	8 750.00	0
中压母线排	500104	199 400.00	0	3 266 014.96	3 219 014.96	246 400.00	0
直接材料	50010401	184 000.00	0	2 585 688.04	2 545 688.04	224 000.00	0
直接人工	50010402	8 200.00	0	342 322.34	339 322.34	11 200.00	0
制造费用	50010403	7 200.00	0	338 004.58	334 004.58	11 200.00	0
低压柜	500105	784 000.00	0	32 556 568.89	32 500 568.89	840 000.00	0
直接材料	50010501	710 000.00	0	30 087 729.51	30 037 729.51	760 000.00	0
直接人工	50010502	56 000.00	0	1 892 124.36	1 888 124.36	60 000.00	0
制造费用	50010503	18 000.00	0	576 715.02	574 715.02	20 000.00	0
中压柜	500106	725 800.00	0	27 710 480.09	27 660 480.09	775 800.00	0
直接材料	50010601	680 000.00	0	25 543 339.69	25 503 339.69	720 000.00	0
直接人工	50010602	34 600.00	0	1 604 442.26	1 599 442.26	39 600.00	0
制造费用	50010603	11 200.00	0	562 698.14	557 698.14	16 200.00	0
制造费用	5101	0	0	2 361 993.96	2 361 993.96	0	0
钣金车间	510101	0	0	1 159 416.00	1 159 416.00	0	0

（续表）

科目名称	科目编码	期初余额		本年累计借方发生额	本年累计贷方发生额	期末余额	
		借	贷			借	贷
职工薪酬	51010101	0	0	260 184.00	260 184.00	0	0
职工教育经费	51010102	0	0	0	0	0	0
水电费	51010103	0	0	372 192.00	372 192.00	0	0
折旧费	51010104	0	0	527 040.00	527 040.00	0	0
设计费	51010105	0	0	0	0	0	0
成套车间	510102	0	0	1 202 577.96	1 202 577.96	0	0
职工薪酬	51010201	0	0	472 368.00	472 368.00	0	0
职工教育经费	51010202	0	0	0	0	0	0
水电费	51010203	0	0	472 800.00	472 800.00	0	0
折旧费	51010204	0	0	131 520.00	131 520.00	0	0
无形资产摊销	51010205	0	0	125 889.96	125 889.96	0	0
设计费	51010206	0	0	0	0	0	0
劳务成本	5201	0	0	0	0	0	0
研发支出	5301	0	0	3 029 051.79	3 029 051.79	0	0
费用化支出	530101	0	0	3 029 051.79	3 029 051.79	0	0
工资	53010101	0	0	1 609 812.68	1 609 812.68	0	0
四险一金	53010102	0	0	921 631.56	921 631.56	0	0
设备检测费	53010103	0	0	0	0	.	0

（续表）

科目名称	科目编码	期初余额		本年累计借方发生额	本年累计贷方发生额	期末余额	
		借	贷			借	贷
新产品检测费	53010104	0	0	0	0	0	0
折旧	53010105	0	0	19 200.00	19 200.00	0	0
职工教育经费	53010106	0	0	0	0	0	0
水电费	53010107	0	0	0	0	0	0
其他	53010108	0	0	68 421.90	68 421.90	0	0
工会经费	53010109	0	0	32 196.25	32 196.25	0	0
材料费	53010110	0	0	261 258.60	261 258.60	0	0
设计费	53010111	0	0	116 530.80	116 530.80	0	0
资本化支出	530102	0	0	0	0	0	0
工程施工	5401	0	0	0	0	0	0
工程结算	5402	0	0	0	0	0	0
机械作业	5403	0	0	0	0	0	0
应收退货成本	5404						
合同履约成本	5405						
合同履约成本减值准备	5406						
合同取得成本	5407						
合同取得成本减值准备	5408						
主营业务收入	6001	0	0	74 890 240.00	74 890 240.00	0	0

（续表）

科目名称	科目编码	期初余额		本年累计借方发生额	本年累计贷方发生额	期末余额	
		借	贷			借	贷
低压柜	600101	0	0	35 950 515.20	35 950 515.20	0	0
中压柜	600102	0	0	38 939 724.80	38 939 724.80	0	0
其他业务收入	6051	0	0	32 803.42	32 803.42	0	0
材料	605101			32 803.42	32 803.42		
公允价值变动损益	6101	0	0	152 300.00	152 300.00	0	0
投资收益	6111	0	0	111 850.94	111 850.94	0	0
交易手续费	611101						
出售金融资产损益	611102			111 850.94	111 850.94		
债务重组损益	611103						
其他收益	611104						
资产处置损益	6112	0	0	0	0	0	0
其他收益	6113	0	0	0	0	0	0
营业外收入	6301	0	0	0	0	0	0
主营业务成本	6401	0	0	60 094 688.98	60 094 688.98	0	0
低压柜	640101	0	0	32 463 608.89	32 463 608.89	0	0
中压柜	640102	0	0	27 631 080.09	27 631 080.09	0	0
其他业务成本	6402	0	0	31 230.77	31 230.77	0	0
材料	640201			31 230.77	31 230.77		

（续表）

科目名称	科目编码	期初余额		本年累计借方发生额	本年累计贷方发生额	期末余额	
		借	贷			借	贷
税金及附加	6403	0	0	386 778.96	386 778.96	0	0
城市维护建设税	640301	0	0	225 621.06	225 621.06	0	0
教育费附加	640302	0	0	96 694.74	96 694.74	0	0
地方教育附加	640303	0	0	64 463.16	64 463.16	0	0
销售费用	6601	0	0	1 761 150.12	1 761 150.12	0	0
职工薪酬	660101	0	0	1 095 759.36	1 095 759.36	0	0
职工教育经费	660102	0	0	80 000.00	80 000.00	0	0
业务宣传费	660103	0	0	430 845.70	430 845.70	0	0
水电费	660104	0	0	5 976.00	5 976.00	0	0
折旧费	660105	0	0	7 680.00	7 680.00	0	0
物流费	660106	0	0	140 889.06	140 889.06	0	0
管理费用	6602	0	0	6 913 559.88	6 913 559.88	0	0
职工薪酬	660201	0	0	1 375 021.44	1 375 021.44	0	0
职工教育经费	660202	0	0	120 000.00	120 000.00	0	0
办公费	660203	0	0	21 708.00	21 708.00	0	0
通信费	660204	0	0	5 364.00	5 364.00	0	0
业务招待费	660205	0	0	1 767 948.65	1 767 948.65	0	0
差旅费	660206	0	0	35 772.00	35 772.00	0	0

（续表）

科目名称	科目编码	期初余额		本年累计借方发生额	本年累计贷方发生额	期末余额	
		借	贷			借	贷
水电费	660207	0	0	24 240.00	24 240.00	0	0
折旧费	660208	0	0	331 200.00	331 200.00	0	0
无形资产摊销	660209	0	0	162 000.00	162 000.00	0	0
车辆费用	660210	0	0	0	0	0	0
审计费	660211	0	0	41 254.00	41 254.00	0	0
盈亏	660212	0	0	0	0	0	0
研发支出	660213	0	0	3 029 051.79	3 029 051.79	0	0
财务费用	6603	0	0	54 897.00	54 897.00	0	0
手续费	660301	0	0	2 165.00	2 165.00	0	0
利息收入	660302	0	0	11 268.00	11 268.00	0	0
利息支出	660303	0	0	64 000.00	64 000.00	0	0
现金折扣	660304	0	0	0	0	0	0
勘探费用	6604	0	0	0	0	0	0
资产减值损失	6701	0	0			0	0
信用减值损失	6702	0	0	2 300.41	2 300.41	0	0
营业外支出	6711	0	0	1 850 000.00	1 850 000.00	0	0
所得税费用	6801	0	0	613 888.24	613 888.24	0	0
以前年度损益调整	6901	0	0	0	0	0	0

【业务处理】

在电子税务局完成 2024 年度所得税汇算清缴,填写单据 3-4-10-3 至单据 3-4-10-14。

单据 3-4-10-3

企业所得税年度纳税申报表(A 类)(A100000)

纳税人识别号:　　　　　　　　　　　纳税人名称:

所属时期:　　　　　　　至　　　　　填表日期:　　　　　　　　　　金额单位:元

行次	类别	项目	金额
1	利润总额计算	一、营业收入(填写 A101010/101020/103000)	
2		减:营业成本(填写 A102010/102020/103000)	
3		减:税金及附加	
4		减:销售费用(填写 A104000)	
5		减:管理费用(填写 A104000)	
6		减:研发费用(填写 A104000)	
7		减:财务费用(填写 A104000)	
8		加:其他收益	
9		加:投资收益(损失以'—'号填列)	
10		加:净敞口套期收益(损失以'—'号填列)	
11		加:公允价值变动收益(损失以'—'号填列)	
12		加:信用减值损失(损失以'—'号填列)	
13		加:资产减值损失(损失以'—'号填列)	
14		加:资产处置收益(损失以'—'号填列)	
15		二、营业利润(亏损以'—'号填列)	
16		加:营业外收入(填写 A101010/101020/103000)	
17		减:营业外支出(填写 A102010/102020/103000)	
18		三、利润总额(15 + 16 − 17)	
19	应纳税所得额计算	减:境外所得(填写 A108010)	
20		加:纳税调整增加额(填写 A105000)	
21		减:纳税调整减少额(填写 A105000)	
22		减:免税、减计收入及加计扣除(22.1 + 22.2 + …)	
22.1		(填写优惠事项名称)	
22.2		(填写优惠事项名称)	
23		加:境外应税所得抵减境内亏损(填写 A108000)	
24		四、纳税调整后所得(18 − 19 + 20 − 21 − 22 + 23)	
25		减:所得减免(填写 A107020)	
26		减:弥补以前年度亏损(填写 A106000)	
27		减:抵扣应纳税所得额(填写 A107030)	
28		五、应纳税所得额(24 − 25 − 26 − 27)	

行次	类别	项目	金额
29	应纳税额计算	税率（25%）	
30		六、应纳所得税额（28×29）	
31		减：减免所得税额（填写 A107040）	
31.1		（填写优惠事项名称）	
31.2		（填写优惠事项名称）	
32		减：抵免所得税额（填写 A107050）	
33		七、应纳税额（30−31−32）	
34		加：境外所得应纳所得税额（填写 A108000）	
35		减：境外所得抵免所得税额（填写 A108000）	
36		八、实际应纳所得税额（33＋34−35）	
37	实际应补（退）税额计算	减：本年累计实际已缴纳的所得税额	
38		九、本年应补（退）所得税额（36−37）	
39		其中：总机构分摊本年应补（退）所得税额（填写 A109000）	
40		财政集中分配本年应补（退）所得税额（填写 A109000）	
41		总机构主体生产经营部门分摊本年应补（退）所得税额（填写 A109000）	

单据 3-4-10-4

一般企业收入明细表（A101010）

纳税人识别号：　　　　　　　　　　纳税人名称：

所属时期：　　　　　　至　　　　　　填表日期：　　　　　　　　　金额单位：元

行次	项目	金额
1	一、营业收入（2＋9）	
2	（一）主营业务收入（3＋5＋6＋7＋8）	
3	1. 销售商品收入	
4	其中：非货币性资产交换收入	
5	2. 提供劳务收入	
6	3. 建造合同收入	
7	4. 让渡资产使用权收入	
8	5. 其他	
9	（二）其他业务收入（10＋12＋13＋14＋15）	
10	1. 销售材料收入	
11	其中：非货币性资产交换收入	

（续表）

行次	项目	金额
12	2. 出租固定资产收入	
13	3. 出租无形资产收入	
14	4. 出租包装物和商品收入	
15	5. 其他	
16	二、营业外收入（17＋18＋19＋20＋21＋22＋23＋24＋25＋26）	
17	（一）非流动资产处置利得	
18	（二）非货币性资产交换利得	
19	（三）债务重组利得	
20	（四）政府补助利得	
21	（五）盘盈利得	
22	（六）捐赠利得	
23	（七）罚没利得	
24	（八）确实无法偿付的应付款项	
25	（九）汇兑收益	
26	（十）其他	

单据 3-4-10-5

一般企业成本支出明细表（A102010）

纳税人识别号：　　　　　　　　　　　纳税人名称：

所属时期：　　　　　　　　至　　　　　填表日期：　　　　　　　　　　金额单位：元

行次	项目	金额
1	一、营业成本（2＋9）	
2	（一）主营业务成本（3＋5＋6＋7＋8）	
3	1. 销售商品成本	
4	其中：非货币性资产交换成本	
5	2. 提供劳务成本	
6	3. 建造合同成本	
7	4. 让渡资产使用权成本	
8	5. 其他	
9	（二）其他业务成本（10＋12＋13＋14＋15）	

行次	项目	金额
10	1. 销售材料成本	
11	其中：非货币性资产交换成本	
12	2. 出租固定资产成本	
13	3. 出租无形资产成本	
14	4. 包装物出租成本	
15	5. 其他	
16	二、营业外支出（17＋18＋19＋20＋21＋22＋23＋24＋25＋26）	
17	（一）非流动资产处置损失	
18	（二）非货币性资产交换损失	
19	（三）债务重组损失	
20	（四）非常损失	
21	（五）捐赠支出	
22	（六）赞助支出	
23	（七）罚没支出	
24	（八）坏账损失	
25	（九）无法收回的债券股权投资损失	
26	（十）其他	

单据 3-4-10-6

期间费用明细表（A104000）

纳税人识别号：　　　　　　　　　　纳税人名称：

所属时期：　　　　　至　　　　　　填表日期：　　　　　　　　　金额单位：元

行次	项目	销售费用	其中：境外支付	管理费用	其中：境外支付	财务费用	其中：境外支付
		1	2	3	4	5	6
1	一、职工薪酬		—		—	—	—
2	二、劳务费					—	—
3	三、咨询顾问费					—	—
4	四、业务招待费		—		—	—	—
5	五、广告费和业务宣传费					—	—
6	六、佣金和手续费						
7	七、资产折旧摊销费		—		—	—	—

（续表）

行次	项目	销售费用	其中：境外支付	管理费用	其中：境外支付	财务费用	其中：境外支付
		1	2	3	4	5	6
8	八、财产损耗、盘亏及毁损损失		—		—	—	—
9	九、办公费		—		—	—	—
10	十、董事会费		—		—	—	—
11	十一、租赁费					—	—
12	十二、诉讼费		—		—	—	—
13	十三、差旅费		—		—	—	—
14	十四、保险费		—		—	—	—
15	十五、运输、仓储费		—		—	—	—
16	十六、修理费					—	—
17	十七、包装费		—		—	—	—
18	十八、技术转让费					—	—
19	十九、研究费用					—	—
20	二十、各项税费					—	—
21	二十一、利息收支	—	—	—	—		
22	二十二、汇兑差额	—	—	—	—		
23	二十三、现金折扣	—	—	—	—		
24	二十四、党组织工作经费	—	—	—	—	—	—
25	二十五、其他						
26	合计（1＋2＋3＋…25）						

单据 3-4-10-7

纳税调整项目明细表（A105000）

行次	项目	账载金额	税收金额	调增金额	调减金额
		1	2	3	4
1	一、收入类调整项目（2＋3＋4＋5＋6＋7＋8＋10＋11）	—	—		
2	（一）视同销售收入（填写 A105010）	—			—
3	（二）未按权责发生制原则确认的收入（填写 A105020）				

（续表）

行次	项目	账载金额	税收金额	调增金额	调减金额
		1	2	3	4
4	（三）投资收益（填写 A105030）				
5	（四）按权益法核算长期股权投资对初始投资成本调整确认收益	—	—		
6	（五）交易性金融资产初始投资调整	—	—		—
7	（六）公允价值变动净损益		—		
8	（七）不征税收入	—	—		
9	其中：专项用途财政性资金（填写 A105040）	—	—		
10	（八）销售折扣、折让和退回				
11	（九）其他				
12	二、扣除类调整项目（13＋14＋15＋16＋17＋18＋19＋20＋21＋22＋23＋24＋26＋27＋28＋29＋30）	—	—		
13	（一）视同销售成本（填写 A105010）	—			
14	（二）职工薪酬（填写 A105050）				
15	（三）业务招待费支出				—
16	（四）广告费和业务宣传费支出（填写 A105060）	—	—		
17	（五）捐赠支出（填写 A105070）				
18	（六）利息支出				
19	（七）罚金、罚款和被没收财物的损失		—		—
20	（八）税收滞纳金、加收利息		—		—
21	（九）赞助支出		—		—
22	（十）与未实现融资收益相关在当期确认的财务费用				
23	（十一）佣金和手续费支出（保险企业填写 A105060）				
24	（十二）不征税收入用于支出所形成的费用	—	—		—
25	其中：专项用途财政性资金用于支出所形成的费用（填写 A105040）	—	—		—
26	（十三）跨期扣除项目				
27	（十四）与取得收入无关的支出				
28	（十五）境外所得分摊的共同支出	—	—		—

（续表）

行次	项目	账载金额	税收金额	调增金额	调减金额
		1	2	3	4
29	（十六）党组织工作经费				
30	（十七）其他				
31	三、资产类调整项目(32＋33＋34＋35)	—	—		
32	（一）资产折旧、摊销(填写 A105080)				
33	（二）资产减值准备金		—		
34	（三）资产损失(填写 A105090)	—	—		
35	（四）其他				
36	四、特殊事项调整项目(37＋38＋39＋40＋41＋42＋43)	—	—		
37	（一）企业重组及递延纳税事项(填写 A105100)				
38	（二）政策性搬迁(填写 A105110)	—	—		
39	（三）特殊行业准备金 (39.1＋39.2＋39.4＋39.5＋39.6＋39.7)	—	—		
39.1	1. 保险公司保险保障基金				
39.2	2. 保险公司准备金				
39.3	其中：已发生未报案未决赔款准备金				
39.4	3. 证券行业准备金				
39.5	4. 期货行业准备金				
39.6	5. 中小企业融资(信用)担保机构准备金				
39.7	6. 金融企业、小额贷款公司准备金(填写 A105120)	—	—		
40	（四）房地产开发企业特定业务计算的纳税调整额(填写 A105010)	—			
41	（五）合伙企业法人合伙人应分得的应纳税所得额				
42	（六）发行永续债利息支出				
43	（七）其他	—	—		
44	五、特别纳税调整应税所得	—	—		
45	六、其他	—	—		
46	合计(1＋12＋31＋36＋44＋45)	—	—		

单据3-4-10-8

投资收益纳税调整明细表（A105030）

行次	项目	持有收益			处置收益						纳税调整金额
		账载金额	税收金额	纳税调整金额	会计确认的处置收入	税收计算的处置收入	处置投资的账面价值	处置投资的计税基础	会计确认的处置所得或损失	税收计算的处置所得	纳税调整金额	纳税调整金额
		1	2	3(2-1)	4	5	6	7	8(4-6)	9(5-7)	10 (9-8)	11 (3+10)
1	一、交易性金融资产											
2	二、其他债权投资											
3	三、持有至到期投资											
4	四、衍生工具											
5	五、交易性金融负债											
6	六、长期股权投资											
7	七、短期投资											
8	八、长期债券投资											
9	九、其他											
10	合计(1+2+3+4+5+6+7+8+9)											

单据 3-4-10-9

职工薪酬支出及纳税调整明细表（A105050）

纳税人识别号：　　　　　　　　　　纳税人名称：

所属时期：　　　　至　　　　　　　填表日期：　　　　　　金额单位：元（列至角分）

行次	项目	账载金额	实际发生额	税收规定扣除率	以前年度累计结转扣除额	税收金额	纳税调整金额	累计结转以后年度扣除额
		1	2	3	4	5	6(1-5)	7(2+4-5)
1	一、工资薪金支出			—	—			—
2	其中：股权激励			—	—			—
3	二、职工福利费支出			—				—
4	三、职工教育经费支出							
5	其中：按税收规定比例扣除的职工教育经费							
6	按税收规定全额扣除的职工培训费用							—
7	四、工会经费支出			—				—
8	五、各类基本社会保障性缴款			—	—			—
9	六、住房公积金			—	—			—
10	七、补充养老保险							
11	八、补充医疗保险							
12	九、其他							
13	合计(1+3+4+7+8+9+10+11+12)			—				

单据 3-4-10-10

广告费和业务宣传费等跨年度纳税调整明细表（A105060）

纳税人识别号：　　　　　　　　　　纳税人名称：

所属时期：　　　　至　　　　　　　填表日期：　　　　　　金额单位：元（列至角分）

行次	项目	广告费和业务宣传费	保险企业手续费及佣金支出
1	一、本年支出		
2	减：不允许扣除的支出		
3	二、本年符合条件的支出(1-2)		
4	三、本年计算扣除限额的基数		

（续表）

行次	项目	广告费和业务宣传费	保险企业手续费及佣金支出
5	乘：税收规定扣除率		
6	四、本企业计算的扣除限额(4×5)		
7	五、本年结转以后年度扣除额(3>6,本行＝3－6;3≤6,本行＝0)		
8	加：以前年度累计结转扣除额		
9	减：本年扣除的以前年度结转额[3>6,本行＝0;3≤6,本行＝8或(6－3)孰小值]		
10	六、按照分摊协议归集至其他关联方的(10≤3或6孰小值)		—
11	按照分摊协议从其他关联方归集至本企业的金额		—
12	七、本年支出纳税调整金额(3>6,本行＝2+3－6+10－11;3≤6,本行＝2+10－11－9)		
13	八、累计结转以后年度扣除额(7+8－9)		

单据 3-4-10-11

捐赠支出及纳税调整明细表(A105070)

行次	项目	账载金额	以前年度结转可扣除的捐赠额	按税收规定计算的扣除限额	税收金额	纳税调增金额	纳税调减金额	可结转以后年度扣除的捐赠额
		1	2	3	4	5	6	7
1	一、非公益性捐赠		—	—	—		—	—
2	二、限额扣除的公益性捐赠(3+4+5+6)							
3	前三年度(年)	—						
4	前二年度(年)	—						
5	前一年度(年)	—						
6	本年(年)		—					
7	三、全额扣除的公益性捐赠							
8	1.							
9	2.							
10	3.							
11	合计(1+2+7)							
附列资料	2015年度至本年发生的公益性扶贫捐赠合计金额		—	—				

单据 3-4-10-12

资产折旧、摊销及纳税调整明细表（A105080）

行次	项目	账载金额			资产计税基础	税收折旧、摊销额	税收金额			累计折旧、摊销额	纳税调整金额
		资产原值	本年折旧、摊销额	累计折旧、摊销额			享受加速折旧政策的资产按税收一般规定计算的折旧、摊销额	加速折旧、摊销统计额			
		1	2	3	4	5	6	7(5-6)	8	9(2-5)
1	一、固定资产(2+3+4+5+6+7)						—	—		
2	(一)房屋、建筑物						—	—		
3	(二)飞机、火车、轮船、机器、机械和其他生产设备						—	—		
4	(三)与生产经营活动有关的器具、工具、家具等						—	—		
5	(四)飞机、火车、轮船以外的运输工具						—	—		
6	(五)电子设备						—	—		
7	(六)其他						—	—		
8	二、生产性生物资产(9+10)						—	—		
9	(一)林木类						—	—		
10	(二)畜类						—	—		

（续表）

行次	项目	账载金额			税收金额					纳税调整金额
		资产原值	本年折旧、摊销额	累计折旧、摊销额	资产计税基础	税收折旧、摊销额	享受加速折旧政策的资产按税收一般规定计算的折旧、摊销额	加速折旧、摊销统计额	累计折旧、摊销额	
		1	2	3	4	5	6	7(5-6)	8	9(2-5)
11	三、无形资产(12+13+14+15+16+17+18+19)						—	—		
12	(一)专利权						—	—		
13	(二)商标权						—	—		
14	(三)著作权						—	—		
15	(四)土地使用权						—	—		
16	(五)非专利技术						—	—		
17	(六)特许权使用费						—	—		
18	(七)软件						—	—		
19	(八)其他						—	—		
20	四、长期待摊费用(21+22+23+24+25)						—	—		
21	(一)已足额提取折旧的固定资产的改建支出						—	—		
22	(二)租入固定资产的改建支出						—	—		

（续表）

行次	项目	账载金额			税收金额					纳税调整金额
		资产原值	本年折旧、摊销额	累计折旧、摊销额	资产计税基础	税收折旧、摊销额	享受加速折旧政策的资产按税收一般规定计算的折旧、摊销额	加速折旧、摊销统计额	累计折旧、摊销额	
		1	2	3	4	5	6	7(5－6)	8	9(2－5)
23	（三）固定资产的大修理支出						—	—		
24	（四）开办费						—	—		
25	（五）其他						—	—		
26	五、油气勘探投资						—	—		
27	六、油气开发投资						—	—		
28	（一）加速折旧（摊销）									—
28.1	（填写优惠事项名称）									—
28.2	（填写优惠事项名称）									—
29	（二）一次性扣除（摊销）									—
29.1	（填写优惠事项名称）									—
29.2	（填写优惠事项名称）									—
30	合计									
附列资料	全民所有制企业公司制改制资产评估增值政策资产							—		—

单据 3-4-10-13

研发费用加计扣除优惠明细表（A107012）

行次	项目	金额（数量）
1	本年可享受研发费用加计扣除项目数量	
2	一、自主研发、合作研发、集中研发(3+7+16+19+23+34)	
3	（一）人员人工费用(4+5+6)	
4	1. 直接从事研发活动人员工资薪金	
5	2. 直接从事研发活动人员五险一金	
6	3. 外聘研发人员的劳务费用	
7	（二）直接投入费用(8+9+10+11+12+13+14+15)	
8	1. 研发活动直接消耗材料	
9	2. 研发活动直接消耗燃料	
10	3. 研发活动直接消耗动力费用	
11	4. 用于中间试验和产品试制的模具、工艺装备开发及制造费	
12	5. 用于不构成固定资产的样品、样机及一般测试手段购置费	
13	6. 用于试制产品的检验费	
14	7. 用于研发活动的仪器、设备的运行维护、调整、检验、维修等费用	
15	8. 通过经营租赁方式租入的用于研发活动的仪器、设备租赁费	
16	（三）折旧费用(17+18)	
17	1. 用于研发活动的仪器的折旧费	
18	2. 用于研发活动的设备的折旧费	
19	（四）无形资产摊销(20+21+22)	
20	1. 用于研发活动的软件的摊销费用	
21	2. 用于研发活动的专利权的摊销费用	
22	3. 用于研发活动的非专利技术（包括许可证、专有技术、设计和计算方法等）的摊销费用	
23	（五）新产品设计费等(24+25+26+27)	
24	1. 新产品设计费	
25	2. 新工艺规程制定费	
26	3. 新药研制的临床试验费	
27	4. 勘探开发技术的现场试验费	
28	（六）其他相关费用(29+30+31+32+33)	
29	1. 技术图书资料费、资料翻译费、专家咨询费、高新科技研发保险费	

（续表）

行次	项目	金额（数量）
30	2. 研发成果的检索、分析、评议、论证、鉴定、评审、评估、验收费用	
31	3. 知识产权的申请费、注册费、代理费	
32	4. 职工福利费、补充养老保险费、补充医疗保险费	
33	5. 差旅费、会议费	
34	（七）经限额调整后的其他相关费用	
35	二、委托研发（36＋37＋39）	
36	（一）委托境内机构或个人进行研发活动所发生的费用	
37	（二）委托境外机构进行研发活动发生的费用	
38	其中：允许加计扣除的委托境外机构进行研发活动发生的费用	
39	（三）委托境外个人进行研发活动发生的费用	
40	三、年度研发费用小计（2＋36×80%＋38）	
41	（一）本年费用化金额	
42	（二）本年资本化金额	
43	四、本年形成无形资产摊销额	
44	五、以前年度形成无形资产本年摊销额	
45	六、允许扣除的研发费用合计（41＋43＋44）	
46	减：特殊收入部分	
47	七、允许扣除的研发费用抵减特殊收入后的金额（45－46）	
48	减：当年销售研发活动直接形成产品（包括组成部分）对应的材料部分	
49	减：以前年度销售研发活动直接形成产品（包括组成部分）对应材料部分结转金额	
50	八、加计扣除比例及计算方法	
51	九、本年研发费用加计扣除总额（47－48－49）×50	
52	十、销售研发活动直接形成产品（包括组成部分）对应材料部分结转以后年度扣减金额（当 47－48－49≥0，本行＝0；当 47－48－49＜0，本行＝47－48－49 的绝对值）	

单据 3-4-10-14

高新技术企业优惠情况及明细表（A107041）

税收优惠基本信息			
1	企业主要产品（服务）发挥核心支持作用的技术所属范围	国家重点支持的高新技术领域	一级领域	
2			二级领域	
3			三级领域	

（续表）

		税收优惠有关情况				
4	收入指标	一、本年高新技术产品（服务）收入（5＋6）				
5		其中：产品（服务）收入				
6		技术性收入				
7		二、本年企业总收入（8－9）				
8		其中：收入总额				
9		不征税收入				
10		三、本年高新技术产品（服务）收入占企业总收入的比例（4÷7）				
11	人员指标	四、本年科技人员数				
12		五、本年职工总数				
13		六、本年科技人员占企业当年职工总数的比例（11÷12）				
14	研发费用指标	高新研发费用归集年度	本年度	前一年度	前二年度	合计
			1	2	3	4
15		七、归集的高新研发费用金额（16＋25）				
16		（一）内部研究开发投入（17＋…＋22＋24）				
17		1. 人员人工费用				
18		2. 直接投入费用				
19		3. 折旧费用与长期待摊费用				
20		4. 无形资产摊销费用				
21		5. 设计费用				
22		6. 装备调试费与试验费用				
23		7. 其他费用				
24		其中：可计入研发费用的其他费用				
25		（二）委托外部研发费用［（26＋28）×80%］				
26		1. 境内的外部研发费				
27		2. 境外的外部研发费				
28		其中：可计入研发费用的境外的外部研发费				
29		八、销售（营业）收入				
30		九、三年研发费用占销售（营业）收入的比例（15行4列÷29行4列）				
31	减免税额	十、国家需要重点扶持的高新技术企业减征企业所得税				
32		十一、经济特区和上海浦东新区新设立的高新技术企业定期减免税额				

业务 3-4-11：
个人所得
税申报

【业务 3-4-11】(平台业务 181)　个人所得税申报

【背景资料】

相关资料，如单据 3-4-11-1 所示。

单据 3-4-11-1

正常工资薪金所得

工号	*姓名	*证照类型	*证照号码	*本期收入	本期免税收入	基本养老保险费	基本医疗保险费	失业保险费	住房公积金
001	韩国伟	居民身份证	350521196809120072	22664.00		1680.00	423.00	42.00	2520.00
002	孙汉敏	居民身份证	350521197003071185	19664.00		1440.00	363.00	36.00	2160.00
003	王光辉	居民身份证	350521197106081800	19397.60		1344.00	339.00	33.60	2016.00
004	汤忠清	居民身份证	350521197502120160	13886.00		1040.00	263.00	26.00	1560.00
005	魏小晴	居民身份证	350521198902181061	13797.20		1008.00	255.00	25.20	1512.00
006	许国权	居民身份证	350521199002110186	10841.60		784.00	199.00	19.60	1176.00
007	曾灿良	居民身份证	350521199103111846	10797.20		768.00	195.00	19.20	1152.00
008	高占	居民身份证	350521198701161791	10576.20		688.00	175.00	17.20	1032.00
009	林达通	居民身份证	350521198701301691	10555.00		680.00	173.00	17.00	1020.00
010	孔富宾	居民身份证	350521198601121751	10200.00		380.66	98.16	8.99	570.99
………		………	………	………		………	………	………	………

【业务处理】

在电子税务局完成上月个人综合所得申报（申报密码：123456）。

具体操作流程见业务二维码。

【业务 3-4-12】(平台业务 184)　税负率风险识别

A 企业为食品生产企业，主营业务为食品生产加工、批发零售。A 企业为增值税一般纳税人，2024 年 12 月 31 日，员工人数为 59 人，生产经营地为北京。A 企业 2024 年开具增值税发票明细表、认证增值税发票明细表数据区资料，财务报表数据详见背景资料。

【背景资料】

相关资料，如单据 3-4-12-1 至单据 3-4-12-5 所示。

单据 3-4-12-1

增值税申报明细

单位：元

年度	增值税申报收入	销项税额	进项税额	进项税额转出额	应纳增值税额
2024 年	18 794 475.00	2 443 281.75	2 024 829.24	0	418 452.51

单据 3-4-12-2

企业增值税税负率风险评估标准

指标值	风险等级	风险评估分
$N \leqslant 3\%$	中	2
$3\% < N < 3.5\%$	无	0
$N \geqslant 3.5\%$	低	1

单据 3-4-12-3

财务报表项目风险评估标准

指标名称	指标值	风险等级	风险评分
合同负债占营业收入比重	0≤N<20%	无	0
	20%≤N<70%	低	1
	70%≤N<100%	中	2
	100%≤N	高	3
主营业务收入（成本）变动率	N<−30%	中	2
	−30%≤N<30%	无	0
	30%≤N<50%	低	1
	50%≤N<80%	中	2
	80%≤N	高	3
主营业务收入变动率与主营业务成本变动率配比分析	−50%≤N<−80%	中	2
	−80%≤N<20%	无	0
	20%≤N<50%	低	1
	50%≤N<80%	中	2
	80%≤N	高	3

单据 3-4-12-4

利润表

编制单位：　　　　　　2024 年 12 月　　　　　　单位：元

项目	本期金额	上期金额
一、营业收入	18 794 475.00	12 744 573.65
减：营业成本	14 201 105.31	10 312 033.88
税金及附加	132 413.76	91 453.74
销售费用	3 973 580.98	2 069 977.46
管理费用	488 522.42	270 184.96
研发费用		
财务费用	−3 166.44	−3 076.76
其中：利息费用		
利息收入		
加：其他收益		
投资收益（损失以"−"号填列）		

（续表）

项目	本期金额	上期金额
其中：对联营企业和合营企业的投资收益		
以摊余成本计量的金融资产终止确认收益（损失以"－"号填列）		
净敞口套期收益（损失以"－"号填列）		
公允价值变动收益（损失以"－"号填列）		
信用减值损失（损失以"－"号填列）		
资产减值损失（损失以"－"号填列）		
资产处置收益（损失以"－"号填列）		
二、营业利润（亏损以"－"号填列）	2 018.97	4 000.37
加：营业外收入	36 872.32	
减：营业外支出		
三、利润总额（亏损总额以"－"号填列）	38 891.29	4 000.37
减：所得税费用	9 722.82	1 000.09
四、净利润（净亏损以"－"号填列）	29 168.47	3 000.28
（一）持续经营净利润（净亏损以"－"号填列）		
（二）终止经营净利润（净亏损以"－"号填列）		
五、其他综合收益的税后净额		
（一）不能重分类进损益的其他综合收益		
1. 重新计量设定受益计划变动额		
2. 权益法下不能转损益的其他综合收益		
3. 其他权益工具投资公允价值变动		
4. 企业自身信用风险公允价值变动		
……		
（二）将重分类进损益的其他综合收益		
1. 权益法下可转损益的其他综合收益		
2. 其他债权投资公允价值变动		
3. 金融资产重分类计入其他综合收益的金额		

（续表）

项目	本期金额	上期金额
4. 其他债权投资信用减值准备		
5. 现金流量套期储备		
6. 外币财务报表折算差额		
……		
六、综合收益总额	29 168.47	3 000.28
七、每股收益		

单据 3-4-12-5

资产负债表

编制单位：　　　　　　　　　　2024 年 12 月 31 日　　　　　　　　　　单位：元

资产	期末余额	上年年末余额	负债和所有者权益（或股东权益）	期末余额	上年年末余额
流动资产：			流动负债：		
货币资金	1 357 428.65	1 536 257.23	短期借款		
交易性金融资产	0	0	交易性金融负债		
衍生金融资产	0	0	衍生金融负债		
应收票据	0	0	应付票据		
应收账款	4 705 680.29	2 193 248.27	应付账款	3 764 944.87	2 934 532.76
应收款项融资			预收款项		
预付款项			合同负债	4 926 407.79	2 011 384.72
其他应收款	234 739.54	164 732.43	应付职工薪酬	272 373.98	286 324.23
存货	1 749 576.17	1 493 956.28	应交税费	1 563 824.62	1 672 876.32
合同资产			其他应付款	2 257 444.32	1 254 552.2
持有待售资产			持有待售负债		
一年内到期的非流动资产			一年内到期的非流动负债		

（**续表**）

资产	期末余额	上年年末余额	负债和所有者权益 （或股东权益）	期末余额	上年年末余额
其他流动资产			其他流动负债		
流动资产合计	8 047 424.65	5 388 194.21	流动负债合计	12 784 995.58	8 159 670.23
非流动资产：			非流动负债：		
债权投资			长期借款		
其他债权投资			应付债券		
长期应收款			其中：优先股		
长期股权投资			永续债		
其他权益工具投资			租赁负债		
其他非流动金融资产			长期应付款		
投资性房地产			预计负债		
固定资产	8 430 131.49	6 434 868.11	递延收益		
在建工程			递延所得税负债		
生产性生物资产			其他非流动负债		
油气资产			非流动负债合计	0	0
使用权资产			负债合计	12 784 995.58	8 159 670.23
无形资产			所有者权益 （或股东权益）：		
开发支出			实收资本（或股本）	10 000 000.00	10 000 000.00
商誉			资本公积		
长期待摊费用			其他权益工具		

（续表）

资产	期末余额	上年年末余额	负债和所有者权益（或股东权益）	期末余额	上年年末余额
递延所得税资产			其中：优先股		
其他非流动资产			永续债		
非流动资产合计	8 430 131.49	6 434 868.11	资本公积		
			减：库存股		
			其他综合收益		
			专项储备		
			盈余公积		
			未分配利润	− 6 307 439.44	− 6 336 607.91
			所有者权益（或股东权益）合计	3 692 560.56	3 663 392.09
资产总计	16 477 556.14	11 823 062.32	负债和所有者权益（或股东权益）总计	16 477 556.14	11 823 062.32

【业务处理】

计算增值税税负率，并依给定风险评估标准填写增值税税负率税务风险等级，填写单据 3-4-12-6。企业设定税负率合理区间为 3%～3.5%，风险等级评估标准详见背景资料。

单据 3-4-12-6

2024 年风险评估分

年度	税负率	风险判断	风险评估分
2024 年			

【业务 3-4-13】（平台业务 185）　财务报表项目指标风险识别

【背景资料】

承【业务 3-4-12】背景单据。

【业务处理】

计算 A 企业 2024 年度财务报表项目风险指标值，填写单据 3-4-13-1（变动率配比指标计算保留两位小数，其余计算结果保留小数点后 4 位），并判断该指标值的税务风险及评分。

单据 3-4-13-1

2024 年度财务报表项目风险指标值

项目指标值	指标计算值	风险判断	风险评估分
合同负债占营业收入比重(2024 年)			
主营业务收入同比变动率(2024 年)			
主营业务成本同比变动率(2024 年)			
主营业务收入变动率与主营业务成本变动率配比分析(2024 年)			

【业务 3-4-14】(平台业务 186)　企业税务风险管控——发票风险识别
【背景资料】
相关资料,如单据 3-4-14-1 所示。
单据 3-4-14-1

业务 3-4-14:
企业税务风险
管控——发
票风险识别

发票风险评价标准

评价标准	风险等级
存在纳税信用等级 D,且纳税信用等级 D 发票税额≥20 000 元	高
存在纳税信用等级 D,且纳税信用等级 D 发票税额<20 000 元	中
不存在纳税信用等级为 D 的增值税发票	无

【业务处理】
　　根据给定的发票风险评价标准,通过 Power BI 系统绑定"企业税务风险管理-数据集 1",整理增值税进项发票认证明细表,填写单据 3-4-13-2,并对企业发票税务风险进行识别(计算结果保留 2 位小数)。
　　具体操作流程见本业务二维码。
单据 3-4-14-2

发票风险识别

纳税信用等级	税额(元)
A	
B	
C	
D	
风险等级评价	

【业务 3-4-15】(平台业务 187)　税务优化——计算成立子公司前后净利润
三花电气销售中压柜、低压柜的售价中包含了 3 480 元/台(含税)的安装费;董事会

研究提出成立一家子公司专门从事产品安装业务。

【业务处理】

假设成立子公司所增加的费用忽略不计,所得税税率不变,请计算成立子公司前后单位产品利润变化,填写单据3-4-15-1(只考虑增值税、税金及附加、所得税,计算结果保留两位小数)。

单据3-4-15-1

成立子公司前后净利润对比表

项目	未成立子公司	成立子公司
营业收入(含税)		
增值税		
税金及附加		
所得税		
净利润		

审核:韩国伟　　　　　　　　　　　　　　　　　　　　制单:孙汉敏

【业务3-4-16】(平台业务188)　税务优化——判断是否应成立子公司

【业务处理】

【单选】承【业务3-4-15】,从公司利益出发,三花电气是否应该成立子公司?(　　　)

A. 是　　　　　　　　　　　　　B. 否

业务3-4-17:
社会保险
费申报

【业务3-4-17】(平台业务189)　社会保险费申报

【业务处理】

在电子税务局完成2025年3月社会保险费申报。

具体操作流程见本业务二维码。

3.4.4　大数据业财分析

业务3-4-18:
经营现金
净流量与
净利润可
视化呈现

【业务3-4-18】(平台业务190)　经营现金净流量与净利润可视化呈现

【背景资料】

经营现金净流量与净利润可视化仪表板绘制要求(见平台)。

【业务处理】

请结合背景资料的任务要求,自行选择正确数据模型,借助 Power BI 绘制仪表板,完成小家电行业经营现金净流量与净利润的可视化呈现。

具体操作流程见本业务二维码。

业务3-4-19:
盈余现金保
障倍数计算

【业务3-4-19】(平台业务191)　盈余现金保障倍数计算

【业务处理】

根据【业务3-4-18】可视化分析模型,完成数据填列并进行小家电行业盈余现金保障倍数分析(计算结果保留 4 位小数)。

具体操作流程见本业务二维码。

【业务 3-4-20】(平台业务 192) 盈余现金保障倍数分析
【业务处理】

【多选】根据【业务 3-4-18】可视化分析模型和【业务 3-4-19】分析数据,下列说法错误的有(   )。

A. 2018—2021 年,小熊电器的盈余质量高于龙头公司苏泊尔,也高于小家电的行业平均值

B. 2018—2021 年,小熊电器企业经营活动产生的净利润对现金贡献最大的是 2019 年

C. 2018—2021 年,小熊电器、龙头公司苏泊尔和小家电行业的净利润都呈现上升趋势

D. 2018—2021 年,小家电行业净利润质量最高的是 2020 年

【业务 3-4-21】(平台业务 193) 经营现金净流量增长率计算
【业务处理】

根据【业务 3-4-18】可视化分析模型,完成下表数据填列并进行经营活动产生的现金流量净额增长率分析。

注:年复合增长率 =(现有价值/基础价值)^(1/年数)- 1;计算结果以百分比表示,并保留百分号前 2 位小数。

具体操作流程见本业务二维码。

业务 3-4-21:
经营现金
净流量增
长率计算

【业务 3-4-22】(平台业务 194) 经营现金净流量增长率分析
【业务处理】

【多选】根据【业务 3-4-21】的分析数据,下列关于经营活动产生的现金流量净额增长率和年复合增长率说法正确的有(   )。

A. 小熊电器的年复合增长率高于龙头公司苏泊尔,高于小家电行业平均值

B. 2018—2021 年,小熊电器、龙头公司苏泊尔和小家电行业的年增长率都曾出现过负增长

C. 2021 年,小熊电器和龙头公司苏泊尔的年增长率都出现负增长

D. 2018—2021 年,小家电行业的整体的年增长率稳步增长

【业务 3-4-23】(平台业务 195) 经营活动现金流分析
【业务处理】

借助 Power BI 系统选择合适的数据模型,自行创建可视化分析模型,获取现金流量表相关数据,完成上市公司小熊电器经营活动现金流分析(计算结果保留 2 位小数)。

具体操作流程见本业务二维码。

业务 3-4-23:
经营活动现
金流分析

【业务 3-4-24】(平台业务 196) 投资活动现金流分析
【业务处理】

通过 Power BI 系统选择合适的数据模型,自行创建可视化分析模型,获取现金流量表相关数据,完成上市公司小熊电器投资活动现金流分析(计算结果保留 2 位小数)。

业务 3-4-24:
投资活动现
金流分析

具体操作流程见本业务二维码。

业务 3-4-25：筹资活动现金流分析

【业务 3-4-25】(平台业务 197)　筹资活动现金流分析

【业务处理】

通过 Power BI 系统选择合适的数据模型，自行创建可视化分析模型，获取现金流量表相关数据，完成上市公司小熊电器筹资活动现金流分析（计算结果保留 2 位小数）。

具体操作流程见本业务二维码。

【业务 3-4-26】(平台业务 198)　现金流量分析

【业务处理】

【单选】根据【业务 3-4-23】的分析数据，可以判断小熊电器 2019—2021 年经营活动产生的现金流量净额持续提升。(　　)

A. 正确　　　　　　　　　　　　B. 错误

业务 3-4-27：资产负债表数据爬取

【业务 3-4-27】(平台业务 199)　资产负债表数据爬取

【业务处理】

通过 Python 智能编辑器从"大数据中心—证券交易所"爬取小熊电器（证券代码：002959)2020—2021 年资产负债表，通过修改代码编辑器中预置的相关代码或自行编写代码完成工作任务。

具体操作流程见本业务二维码。

业务 3-4-28：资产负债表数据清洗

【业务 3-4-28】(平台业务 200)　资产负债表数据清洗

【业务处理】

承【业务 3-4-27】，利用数据清洗工具，将爬取的小熊电器 2020—2021 年资产负债表数据进行清洗（清洗规则：将空格替换为 0)。

具体操作流程见本业务二维码。

业务 3-4-29：偿债能力指标计算

【业务 3-4-29】(平台业务 201)　偿债能力指标计算

【业务处理】

使用 Python 智能编辑器读取"小熊电器资产负债表（简表). xlsx"，完成小熊电器 2021 年流动比率、资产负债率和长期资本负债率计算，可通过修改代码编辑器中预置的相关代码或自行编写代码完成工作任务。

具体操作流程见本业务二维码。

业务 3-4-30：已披露管理费用明细可视化呈现

【业务 3-4-30】(平台业务 202)　已披露管理费用明细可视化呈现

【背景资料】

已披露管理费用明细可视化仪表板绘制要求。

【业务处理】

结合背景资料的任务要求，自行选择正确数据模型，借助 Power BI 工具绘制仪表板，完成小熊电器已披露管理费用明细的可视化呈现。

具体操作流程见本业务二维码。

【业务 3-4-31】(平台业务 203)　已披露管理费用可视化呈现

【背景资料】

已披露管理费用可视化仪表板绘制要求。

【业务处理】

结合背景资料的任务要求，自行选择正确数据模型，通过 Power BI 工具绘制仪表板，完成小熊电器已披露管理费用的可视化呈现。

具体操作流程见本业务二维码。

业务 3-4-31：已披露管理费用可视化呈现

【业务 3-4-32】(平台业务 204)　已披露管理费用增长率计算

【业务处理】

根据【业务 3-4-31】的可视化分析模型，进行管理费用增长率分析（计算结果以百分比表示并保留百分号前 2 位小数）。

具体操作流程见本业务二维码。

业务 3-4-32：已披露管理费用增长率计算

【业务 3-4-33】(平台业务 205)　工资薪酬支出分析

【业务处理】

【单选】根据【业务 3-4-31】的可视化分析模型，小熊电器工资薪酬支出最高的是（　　）年。

A. 2017　　　　B. 2018　　　　C. 2019　　　　D. 2020　　　　E. 2021

【业务 3-4-34】(平台业务 206)　工资薪酬占比分析

【业务处理】

【单选】根据【业务 3-4-32】的可视化分析模型，小熊电器工资薪酬占已披露管理费用比例最低的是（　　）年。

A. 2017　　　　B. 2018　　　　C. 2019　　　　D. 2020　　　　E. 2021

【业务 3-4-35】(平台业务 207)　利润表数据爬取

【业务处理】

使用 Python 智能编辑器从"大数据中心—证券交易所"爬取小熊电器（证券代码：002959）2018—2021 年利润表，可通过修改代码编辑器中预置的相关代码或自行编写代码完成工作任务。

具体操作流程见本业务二维码。

业务 3-4-35：利润表数据爬取

【业务 3-4-36】(平台业务 208)　利润表数据清洗

【业务处理】

承【业务 3-4-35】，利用数据清洗工具，将爬取的小熊电器 2018—2021 年利润表数据进行清洗（清洗规则：将空格替换为 0；将 2020 年和 2021 年整列删除）。

具体操作流程见本业务二维码。

业务 3-4-36：利润表数据清洗

【业务 3-4-37】(平台业务 209)　成本费用分析报告

【业务处理】

根据【业务 3-4-36】清洗后的数据，并通过 Power BI 系统选择合适的数据模型，自行

业务 3-4-37：成本费用分析报告

创建可视化分析模型,将小熊电器成本费用分析报告补充完整(金额单位均为万元;占比、增长率和毛利率计算结果以百分比表示并保留百分号前 2 位小数;成本费用"占比"如有尾差计入财务费用)。

具体操作流程见本业务二维码。

【业务 3-4-38】(平台业务 210) 经营业绩分析

【业务处理】

【单选】请根据[业务 3-4-37]分析数据,以下说法错误的是( )。

A. 与 2018 年相比,2019 年厨房小家电、生活小家电和其他小家电的收入都实现正增长

B. 与 2018 年相比,2019 年厨房小家电、生活小家电和其他小家电的支出都呈现正增长

C. 2019 年厨房小家电、生活小家电和其他小家电的毛利率都高于 2018 年

D. 与生活小家电和其他小家电相比,2019 年厨房小家电的毛利率最高

业务 3-4-39:
固定资产
折旧计算

【业务 3-4-39】(平台业务 211) 固定资产折旧计算

【背景资料】

三花电气相关资料,如单据 3-4-39-1 和单据 3-4-39-2 所示。

单据 3-4-39-1

固定资产折旧表

2023 年 3 月 31 日

使用部门	固定资产类别	固定资产原值(元)	月折旧率	本月应提折旧额(元)
生产车间	厂房			
生产车间	生产设备			
管理部门	房屋			
管理部门	运输设备			
管理部门	管理设备			
销售部门	运输设备			
销售部门	管理设备			

单据 3-4-39-2

固定资产折旧年限和折旧率

项目	房屋建筑物	生产设备	运输设备	管理设备
折旧年限	20 年	10 年	4 年	5 年
年折旧率	4.80%	9.60%	24.00%	19.20%

【业务处理】

使用 Python 智能编辑器读取"固定资产折旧表.xlsx",结合背景资料,通过补充代码编辑器中预置的相关代码,完成三花电气固定资产折旧的计算(输出结果无默认索引,输出结果表样式参照背景资料)。

具体操作流程见本业务二维码。

【业务 3-4-40】(平台业务 212)　收入成本增长率和毛利率分析

【业务处理】

业务 3-4-40:
收入成本增
长率和毛
利率分析

通过 Power BI 系统选择合适的数据模型,自行创建可视化分析模型(数据单位设置为万元),完成上市公司小熊电器收入成本增长率和毛利率分析,并与行业(所属申万 3 级行业:小家电)龙头公司苏泊尔、行业平均值进行对比(涉及收入取营业收入数据;计算结果采用百分比表示并保留百分号前 2 位小数)。

具体操作流程见本业务二维码。

【业务 3-4-41】(平台业务 213)　营业收入增长率分析

【业务处理】

【单选】根据【业务 3-4-40】的分析数据,以下说法正确的是(　　)。

A. 2018—2021 年,小熊电器营业收入增长率逐年上升

B. 2018—2021 年,苏泊尔营业收入增长率逐年下降

C. 2018—2021 年,小家电行业营业收入增长率平均值最高的年份是 2021 年

D. 2021 年,小熊电器营业收入增长率高于苏泊尔但低于行业平均值

【业务 3-4-42】(平台业务 214)　营业成本增长率分析

【业务处理】

【多选】根据【业务 3-4-40】的分析数据,以下说法正确的有(　　)。

A. 2018—2021 年,小熊电器和苏泊尔营业成本增长率都呈现逐年下降的趋势

B. 2021 年,小熊电器营业成本增长率出现负增长

C. 2018—2020 年,小熊电器营业成本增长率都高于行业平均值,也高于苏泊尔

D. 2019—2021 年,小家电行业营业成本增长率平均值呈现先降后升的趋势

【业务 3-4-43】(平台业务 215)　毛利率分析 1

【业务处理】

【单选】根据【业务 3-4-40】的分析数据,以下说法错误的是(　　)。

A. 2018—2021 年,小熊电器毛利率都高于苏泊尔

B. 2018—2021 年,小熊电器毛利率都低于行业平均值

C. 2018—2021 年,小熊电器、苏泊尔和小家电行业毛利率表现最好的是 2019 年

D. 2018—2021 年,小熊电器毛利率在 32%～35% 之间徘徊

【业务 3-4-44】(平台业务 216)　毛利率分析 2

【业务处理】

【单选】根据【业务 3-4-40】的分析数据,小熊电器经营状况最好的年份是(　　)年。

A. 2018   B. 2019   C. 2020   D. 2021

业务 3-4-45：
销售净利
率计算

【业务 3-4-45】(平台业务 217)　销售净利率计算

【业务处理】

通过 Power BI 系统选择合适的数据模型,自行创建可视化分析模型,完成上市公司小熊电器销售净利率分析,并与行业(所属申万 3 级行业:小家电)龙头公司苏泊尔、行业平均值进行对比(涉及收入取营业收入数据;计算结果采用百分比表示并保留百分号前 2 位小数,取数时数据单位设置为万元)。

具体操作流程见本业务二维码。

【业务 3-4-46】(平台业务 218)　销售净利率分析

【业务处理】

【多选】根据【业务 3-4-45】的分析数据,以下说法错误的有(　　　)。

A. 2018—2021 年,小熊电器销售净利率呈逐年上升趋势

B. 2018—2021 年,苏泊尔销售净利率呈逐年下降趋势

C. 2018—2021 年,小家电行业销售净利率平均值都高于小熊电器

D. 2018—2021 年,小家电行业销售净利率平均值都低于苏泊尔

【业务 3-4-47】(平台业务 219)　盈利能力分析 1

【业务处理】

【单选】根据【业务 3-4-45】的分析数据,小熊电器盈利能力最大的年份是(　　　)年。

A. 2017   B. 2018   C. 2019   D. 2020   E. 2021

【业务 3-4-48】(平台业务 220)　盈利能力分析 2

【业务处理】

【单选】根据【业务 3-4-45】的分析数据,小熊电器盈利能力高于苏泊尔,也高于行业平均值的年份是(　　　)年。

A. 2017   B. 2018   C. 2019   D. 2020   E. 2021

业务 3-4-49：
财务指
标计算

【业务 3-4-49】(平台业务 221)　财务指标计算

【业务处理】

通过 Power BI 系统选择合适的数据模型,自行创建可视化分析模型,完成上市公司小熊电器财务指标计算,并与行业(所属申万 3 级行业:小家电)龙头公司苏泊尔、行业平均值进行对比(存货周转率＝销售成本/平均存货,取数时数据单位设置为万元,计算结果保留 4 位小数)。

具体操作流程见本业务二维码。

业务 3-4-50：
财务指
标分析

【业务 3-4-50】(平台业务 222)　财务指标分析

【业务处理】

承【业务 3-4-49】,对小熊电器与苏泊尔和小家电行业平均值的财务指标对比进行分析。

具体操作流程见本业务二维码。

【业务 3-4-51】(平台业务 223)　客户依赖性分析

【业务处理】

【多选】通过 Power BI 系统选择合适的数据模型,自行创建可视化分析模型。下列关于 2021 年小熊电器前五大客户销售收入分析说法中,正确的有(　　　)。

A. 2021 年小熊电器前五大客户营业收入占比超过 41%

B. 2021 年小熊电器第一大客户营业收入占比超过 34%,说明对该客户依赖性较强,可能存在隐性风险

C. 与 2020 年比,2021 年度前五大客户营业额均有所下降

D. 与 2020 年比,2021 年度前五大客户营业额只有第一名有所上升